Gary E. Schwartz, PhD

A GRANDE ALIANÇA

Ciência e Espiritualidade
caminhando juntas

Tradução: Eliana Rocha

Título da edição original: *The Sacred Promise – How Science is Discovering Spirit's Collaboration with Us In Our Daily Lives.*
© 2011 by the Atria Books / Beyond Words Publishing

Direitos da edição em português
© 2011 Editora Vida & Consciência Ltda.
Todos os direitos reservados

Coordenação de arte: Marcio Lipari
Capa e Projeto gráfico: Marcela Badolatto
Diagramação: Priscilla Andrade
Tradução e preparação: Eliana Rocha
Revisão: Melina Marin e Sandra Garcia Custódio

1ª edição — 1ª impressão
3.000 exemplares – outubro 2012

Dados Internacionais de Catalogação na Publicação (CIP)
(Câmara Brasileira do Livro, SP, Brasil)

Schwartz, Gary E.
A grande aliança : ciência e espiritualidade caminhando juntas / Gary E. Schwartz ; tradução de Eliana Rocha - São Paulo : Centro de Estudos Vida & Consciência Editora, 2012.

Titulo original: The sacred promise.
ISBN 978-85-7722-210-0

1. Ciência e espiritismo I. Título.

12-01809	CDD-133.9

Índices para catálogo sistemático:
1. Ciência e espiritismo 133.9

Todos os direitos reservados. Nenhuma parte desta edição pode ser utilizada ou reproduzida, por qualquer forma ou meio, seja ele mecânico ou eletrônico, fotocópia, gravação etc., tampouco apropriada ou estocada em sistema de banco de dados, sem a expressa autorização da editora (Lei nº 5.988, de 14/12/1973).

Este livro adota as regras do novo acordo ortográfico (2009).

Editora Vida & Consciência
Rua Agostinho Gomes, 2.312 — São Paulo — SP — Brasil
CEP 04206-001
editora@vidaeconsciencia.com.br
www.vidaeconsciencia.com.br

Para Jerry Cohen,
o Programa Voyager e
"os caras".

"Se os fatos de um livro são falsos, desminta-os; se seus raciocínios são falsos, refute-os. Mas, pelo amor de Deus, permita que ouçamos ambos os lados, se o quisermos."

Thomas Jefferson

SUMÁRIO

Prefácio _____ 9
Prólogo _____ 15
Agradecimentos _____ 23

Parte I: A grande aliança

Introdução: Os espíritos podem nos ajudar
   em nossos problemas cotidianos? _____ 31
1. A importância dos espíritos _____ 39
2. Parceria com os espíritos _____ 49

Parte II: As boas intenções dos espíritos

3. Einstein ainda teria uma mente e condições
   de provar isso? _____ 61
4. A necessidade pode evocar uma mãe inventiva? _____ 73
5. O prestativo espírito mensageiro de Susy Smith _____ 89
6. O espírito da princesa Diana manifesta sua intenção
   de nos guiar e proteger _____ 105

Parte III: A possibilidade de cura com assistência espiritual

7. Os espíritos podem desempenhar um papel
   na cura física? _____ 121

8. Testando a presença dos espíritos nas
sessões de cura _____ 137

9. Uma lição de cura espiritual sobre
a ilusão da doença _____ 145

10. O papel dos espíritos na cura emocional _____ 165

Parte IV: Uma conexão espiritual mais ampla

11. O caso dos guias espirituais _____ 179

12. Testando o anjo Sophia e suas intenções _____ 189

13. Detectando a presença de anjos no laboratório
de biofotogênese _____ 207

14. O Santo Graal da comunicação com os espíritos _____ 225

15. Aprendendo a se conectar com os espíritos _____ 243

Epílogo

Os espíritos estão nos chamando _____ 259

Apêndice A: Perguntas frequentes e comentários _____ 267

Apêndice B: Riscos e vantagens da busca pelos espíritos ___ 279

Apêndice C: Seriam os espíritos uma ilusão e estaríamos
nos enganando? _____ 295

Apêndice D: Ceticismo saudável e destrutivo sobre
os espíritos _____ 303

*Não morda meu dedo; olhe para onde
estou apontando.*

Doutor Warren S. McCulloch

PREFÁCIO

Quando o doutor Gary Schwartz me pediu para escrever o prefácio deste livro, eu me senti honrado. Nosso relacionamento é profissional e não inclui reuniões sociais ou telefonemas amigáveis. Trocamos e-mails algumas vezes por ano para dizer "alô" e falar sobre nossa família, nosso trabalho, mas nunca suspeitei de que seria convidado para escrever este prefácio. Nosso relacionamento data de dez anos e inclui quatro fases de estudos sobre a sobrevivência da consciência que foram exibidos no documentário *Life afterlife* [A vida após a morte], apresentado pela HBO, e em um livro anterior do doutor Schwartz chamado *The afterlife experiments* [Experimentos sobre a vida após a morte], além de diversos debates e entrevistas — todos focalizando sua evolução pessoal e espiritual ou, mais apropriadamente, sua revolução espiritual.

Digo "revolução" não apenas como um jogo de palavras com "evolução", mas também porque Gary é um grande linguista. Sua competência para falar a plateias de todas as idades e condições sociais faz dele um grande comunicador e professor. Mas foram sua exuberância juvenil e sua paixão para partilhar seus conhecimentos que tornaram suas mensagens tão profundas.

Quando pensamos na palavra "cientista", imediatamente imaginamos um sujeito em um laboratório, usando um jaleco branco e fazendo experiências. E a palavra geralmente tem uma conotação clínica. Muitas vezes está associada a termos como "respeitado", "conceituado" ou "autorizado". Mas, na condição de médium, minha linha de trabalho é geralmente antecedida por adjetivos como "pretenso" e "suposto". Quando disse aos meus colegas que estava participando dos estudos conduzidos por Gary, recebi uma enxurrada de críticas de alguns deles.

Pessoas que ganham a vida ensinando metafísica me disseram que esses estudos eram "uma armadilha" ou que eu estava "destinado ao fracasso". Minha resposta era sempre a mesma: um reconhecido cientista de uma universidade respeitável deseja me dar a oportunidade de trazer credibilidade científica à minha paixão, ao trabalho de minha vida. Como deixar de participar?

Lembro-me de uma conversa telefônica que tive com ele logo no início dos trabalhos, quando lhe disse que as pessoas me achavam "maluco" ou "embusteiro". A resposta de Gary foi a seguinte: "Gostaria que nossas pesquisas mudassem esses termos para 'amigo'". Lembro-me de pensar que não precisava tê-lo como amigo, por mais gentis que tivessem sido suas palavras, mas nosso trabalho com certeza precisava disso. Precisava de um professor universitário que lhe conferisse credibilidade — que o fizesse deixar de ser considerado simples mágica de salão em que somente os tolos acreditam — e o elevasse a uma posição em que despertasse conversas sérias e contribuísse para o crescimento pessoal, que é o que dá início à verdadeira cura da alma.

Posso dizer que é enorme a quantidade de ataques que um médium sofre por parte dos céticos, assim como daqueles que têm medo de viver a vida da melhor maneira possível. Mas, quando alguém com verdadeira credibilidade acadêmica se dispõe a aplicar rigorosos testes duplos-cegos em uma pesquisa sobre a vida após a morte e sobre a possibilidade de medi-la, sua reputação se torna um alvo. Certa noite, quando participei de um painel do programa *Larry King Live*, alguém me perguntou por que eu não me submetia ao teste de 1 milhão de dólares proposto pelo Incrível Randi[1]. Minha

---

1 James Randi (1928-), conhecido como *The Amazing Randi* [O Incrível Randi], é um mágico ilusionista e cético que combate a paranormalidade. Ele é mais conhecido pelo *One Million Dollar Paranormal Challenge* [Desafio paranormal de um milhão de dólares], no qual a sua fundação se dispõe a pagar 1 milhão de dólares a qualquer um que provar evento paranormal, sobrenatural ou de poderes ocultos. (Nota da Tradução – N.T.)

resposta foi simples: "Você gostaria de ser testado por alguém que tem um adjetivo como primeiro nome ou por um professor conceituado como o doutor Gary Schwartz, como é o meu caso?".

Depois que disse isso, o nível dos ataques verbais ao caráter de uma pessoa que nem ao menos participava do painel para se defender ou se explicar foi quase inacreditável. Uma coisa que me impressionava em Gary Schwartz era sua capacidade de comunicação direta diante das críticas de crentes ou descrentes. Diante de desafios ao seu sistema de crenças, ou à falta dele, ele jamais perdeu a calma. Ao contrário, concentrava-se na missão de chamar a atenção para os dados de que dispunha e tirar conclusões a partir deles.

Muitos médiuns esperavam que Gary lhes concedesse autenticidade pelo fato de terem realizado comunicações mediúnicas como parte do estudo. Como essas comunicações foram bem-sucedidas, gostariam de poder dizer que foram validadas. No lado oposto do espectro, existem cínicos que comparam a pesquisa com fotos do Monstro do Lago Ness, com a lenda do Pé Grande e com a existência de fadas. Honrando seus princípios científicos, Gary nunca se desviou de seu caminho, prosseguiu com suas pesquisas e manteve sua declaração inicial de que há muita coisa em nossa área a ser pesquisada e estudada, tanto por ele quanto por outros. E continuou a repetir e ampliar seus dados, avançando cada vez mais. Somente alguém que se mantém fiel à verdade, como Gary, seria capaz de manter o equilíbrio sem se abalar com as crenças e desejos alheios.

Lembro que um dos médiuns disse que estávamos fazendo história e que provaríamos a existência da vida após a morte. Eu ri e disse: "Não! Só estamos trabalhando para a comunidade científica. Quando demonstrarmos aos cientistas que existe de fato um reino espiritual, e que somos capazes de nos comunicar com ele em condições de laboratório, isso abrirá novos campos de estudo, uma verdadeira caixa de Pandora que durará muitos anos". Fico feliz de ver que minha previsão se concretizou.

GARY E. SCHWARTZ

A revolução espiritual iniciada por Gary, tanto profissionalmente quanto em sua própria vida, é uma jornada de esclarecimento em que ele é nosso guia terreno. Ele escreveu um livro que constitui, até hoje, sua maior contribuição científica ao mundo acadêmico. Desafiando as crenças estabelecidas, ele se permitiu ir até onde sua mente de pesquisador o levou, sem nunca perder de vista sua humanidade. Elevar o nível de conscientização do mundo físico e torná-lo um lugar melhor mediante avanços nas ideias, na tecnologia e em outras áreas não seria o propósito primordial das pesquisas científicas?

Este livro põe a nu o empenho de um professor universitário de ciências, assim como sua emoção e sua consciência espiritual. Acredito que Gary realizou bem seu trabalho, no mesmo estilo de *The secret [O segredo[2]]* ou no filme *What the "bleep" do we know?! [Quem somos nós]*. A leitura de *A grande aliança* nos ajudará a fazer mais perguntas.

Como médium, tenho de admirar a tenacidade e a paixão que Gary incute em suas pesquisas, que oferecem lições esclarecedoras até mesmo sobre assuntos vagos como a tristeza. Seu trabalho o obriga a registrar e medir questões que incluem tragédias pessoais, emoções e personalidade. Uma de suas frases preferidas, que ele costumava repetir durante as pesquisas como demonstração de apoio, era: "Você só precisa encontrar um corvo branco para provar que ele existe". Quando li este livro, fiquei feliz de perceber a mesma voz científica da razão e da lógica, temperada com a constatação de que talvez, apenas talvez, este mundo de energia do qual fazemos parte tenha mais camadas do que a ciência tem sido capaz de demonstrar.

Um estímulo ao pensamento! Desafiador e revolucionário! Essas foram as palavras que me vieram à mente enquanto lia o primeiro capítulo. Este livro obriga o leitor a examinar suas experiências e

---

2 BYRNE, Rhonda. *O segredo*. Tradução de Marcos José da Cunha. Rio de Janeiro: Ediouro, 2007. (Nota da Revisão – N.R.)

questioná-las, assumindo a responsabilidade por seus pensamentos e ações. Permite-nos viver com o apoio desse elefante invisível que se encontra ao nosso lado e que conhecemos como ESPÍRITO.

Gary Schwartz é um explorador moderno que navega por partes desconhecidas de um oceano de energia ainda não mapeado. Suas credenciais lhe permitem uma travessia segura para os que lerem suas pesquisas. Como nossos oceanos terrenos ainda estão nos ensinando muita coisa, essas pesquisas prometem fazer o mesmo por muitos anos ainda.

Como sempre... aproveitem a viagem!

John Edward

Vou começar com o homem no espelho.
Vou pedir que ele mude.
E nenhuma mensagem pode ser mais clara.
Se você quer fazer do mundo um lugar melhor,
Olhe para você mesmo,
E faça uma mudança.

— da canção *Man in the mirror* [Homem no espelho],
de Siedah Garrett e Glen Ballard —

PRÓLOGO
A MENSAGEM DESTE LIVRO

Os espíritos existem? Se existem, desempenham um papel útil, se não essencial, em nossa vida individual e coletiva?

Existem fontes invisíveis de informação e orientação esperando para serem descobertas e utilizadas se lhes dermos ouvidos?

Se, em nossa essência, somos espíritos também, podemos enxergar essa possibilidade quando nos olhamos no espelho? Podemos usar com sabedoria e amor esse grande potencial interno de energia para mudar nossa conduta, antes que seja tarde demais para a humanidade?

Acredito que, além de responder a essas perguntas, a ciência tem potencial para aumentar nossa capacidade de receber informações espirituais de forma correta, para que possamos empregá-las com sabedoria e segurança.

HÁ MAIS COISAS POR AÍ

Vivemos em um período crucial da evolução humana. Estamos superpovoando e arrasando o planeta. Os efeitos de nosso crescimento descontrolado são abrangentes e estão bem documentados, desde a poluição da água, passando pela destruição da vida vegetal e animal, até a instabilidade econômica e climática.

Essa mensagem clara — de que devemos mudar para poder fazer alguma coisa pelo mundo — foi expressa na canção de sucesso *Man in the Mirror* (ou, em português, *Homem no espelho*), composta por

Siedah Garrett e Glen Ballard. Artistas criativos — escritores, compositores ou pintores — sentem muitas vezes que as informações chegam a eles por meio de fonte invisível. Frequentemente, alegam sentir as dores do mundo e a necessidade de fazer alguma coisa a esse respeito.

Um famoso compositor que também foi arauto das mudanças pessoais e globais, assim como dos contatos com os espíritos, foi o falecido John Lennon. Ele disse:

> *Quando a verdadeira música chega a mim — a música*
> *das esferas, a música que ultrapassa o entendimento —,*
> *isso não tem nada a ver comigo, pois sou apenas o canal.*
> *Minha única alegria é ter sido escolhido para transcrevê-la.*
> *Como um médium. É para esses momentos que eu vivo.*

Seriam pessoas como John Lennon artistas brilhantes, mas maus psicólogos? Seriam excêntricos ou até malucos? Ou teriam se "olhado no espelho" profunda e honestamente, descobrindo algo fundamental sobre a natureza humana e a realidade espiritual?

Pessoas falecidas, como o genial cientista Albert Einstein ou como o sensível artista John Lennon, ainda estariam por aqui, com a finalidade de continuar contribuindo com a humanidade e com o planeta? Se eles e outros seres espirituais elevados estão se revelando tanto em nossos laboratórios quanto em nossas vidas pessoais, como estudamos neste livro, a prudência recomenda que façamos contato com eles.

Pois, se algum dia houve uma oportunidade de constituir uma parceria sagrada entre nós e eles de modo criativo e responsável, esse dia é hoje.

INTEGRANDO A AUTOCIÊNCIA E A CIÊNCIA LABORATORIAL

A grande aliança trata dessa séria possibilidade. O livro se vale de lições fundamentais reunidas por métodos científicos, que podemos

A GRANDE ALIANÇA

aplicar diretamente em nossa vida cotidiana para nos comunicarmos com os espíritos de modo a obter ajuda e orientação.

Algumas das evidências relatadas neste livro provêm de minha vida pessoal, como cientista autodidata. Embora falem sobre a possível realidade do mundo espiritual e seu papel emergente em nossa vida, muitas dessas histórias também são experiências do tipo "prova de conceito", que mostram a possibilidade de se efetuarem mais pesquisas sobre a participação dos espíritos em nossas vidas. Demonstram, por exemplo, como aplicar a autociência com o propósito de utilizar a ajuda e a orientação do mundo espiritual.

Esta autociência é semelhante ao que fazemos todos os dias quando seguimos nossos palpites e intuições, ou vislumbramos conexões entre eventos aparentemente casuais, como repetidas referências a nomes ou números, mas utiliza a objetividade do método científico, isto é, o questionamento de tudo e a busca de confirmações independentes. Acredito que tais eventos sejam os cartões de visita dos espíritos. Analisaremos aqui como nos tornar mais atentos a eles e como interpretá-los.

Como parte dessa análise, relatarei fenômenos que ocorreram em experiências de laboratório concebidas intencionalmente para estudar essa realidade emergente, todas aprovadas pelo Comitê de Assuntos Humanos da Universidade do Arizona. Relatarei também as investigações exploratórias nos primeiros estágios do projeto experimental, nos quais nós, cientistas, nos testamos previamente.

POR QUE FALAR AGORA?

Embora os críticos tenham se apressado a informar que nenhuma dessas evidências é definitiva — e sou o primeiro a concordar com eles —, o leitor atento e interessado saberá reconhecer que as informações relatadas neste livro reforçam significativamente a possibilidade e a promessa do envolvimento dos espíritos em nossa vida, e de sua disposição em nos ajudar com nossos problemas cotidianos. Este é um livro de prova de conceito, que oferece provas da possibilidade e da promessa de nosso sagrado contato com o mundo espiritual.

Considerando que o tempo da humanidade pode estar terminando, sinto que é importante agir com certa urgência para aproveitar a oportunidade. Com base nas evidências relatadas neste livro, acredito que os espíritos, além de serem capazes de nos prestarem ajuda e de estarem dispostos a fazê-lo, insistem em que tenhamos uma compreensão mais ampla da urgência do assunto. Escrevi este livro agora porque acredito, do fundo do coração e da mente, que, se continuarmos a ignorar nossa verdadeira natureza espiritual, agindo de forma insalubre, perderemos a oportunidade de efetuar correções e escolhas sábias em quase todos os aspectos de nossa vida individual e coletiva.

O QUE É A GRANDE ALIANÇA?

A grande aliança é de importância vital. É mais que simplesmente o título deste livro e tem implicações abrangentes que precisam ser compreendidas. Existem três níveis diferentes de significado para a expressão:

Nível I: Os espíritos estabeleceram o compromisso sagrado de ajudar a humanidade a redescobrir sua fundamental natureza espiritual e de trabalhar em colaboração conosco, de modo a solucionar nossos prementes problemas individuais e globais — mas somente se conseguirmos despertar para a existência dos espíritos e aceitar sua ajuda.

Nível II: Os espíritos têm a capacidade de participar ativamente das pesquisas científicas e são tão confiáveis e responsáveis quanto os cientistas com quem trabalham.

Nível III: A ciência tem o potencial de determinar, além de qualquer dúvida razoável, que os espíritos existem e podem desempenhar um papel fundamental em nossa vida individual e coletiva.

O primeiro nível da aliança de que fala este livro é o compromisso tangível que o mundo espiritual estabeleceu para se associar com cada ser humano com a finalidade de resolver nossos problemas pessoais e sociais, enquanto nos guia para nossa essência espiritual.

A GRANDE ALIANÇA

Para muitos, em especial para os cientistas, pode parecer uma alegação ambiciosa. Posso assegurar que não é. E não se trata apenas de experiências pessoais, mas de evidências científicas reais — muitas das quais serão apresentadas neste livro — de que os espíritos têm disposição, capacidade e desejo de colaborar com a evolução dos seres humanos em direção à felicidade.

Para os mais cautelosos em tirar conclusões baseadas no que é claramente um trabalho em andamento do ponto de vista científico, há o segundo nível dessa aliança, que, para o cientista que existe dentro de você, é mais fácil de aceitar. As investigações e os experimentos formais relatados nas páginas seguintes indicam que os espíritos participam ativamente das pesquisas, o que constitui uma demonstração da verdade potencial de nossa hipótese mais importante: os espíritos, juntamente com a humanidade, são os responsáveis pela evolução humana.

Para aqueles que são incapazes de aceitar a segunda hipótese dos espíritos participando ativamente de nossas experiências, como parceiros científicos de igual importância, ofereço a hipótese menos controversa: a ciência já dispõe dos instrumentos para demonstrar que os espíritos existem e desempenham um papel essencial em nossa vida individual e coletiva. Para muitos, até mesmo essa hipótese é duvidosa. Como pode a ciência provar a existência do espírito? O objetivo da ciência não seria demonstrar que a existência dos espíritos não é necessária para provar nossas leis e hipóteses científicas? A simples aceitação dos espíritos não interferiria na verdadeira investigação científica? Novamente, a resposta é um sonoro "não".

Pode ser que eu esteja trabalhando nos domínios de uma nova ciência, mas minhas descobertas são verdadeiramente científicas. Não sou o único cientista a considerar a existência de um ponto zero, no qual todas as lembranças e toda a energia continuam a existir para sempre. O doutor Ervin Laszlo, por exemplo, realizou trabalhos pioneiros acerca do relacionamento entre a ciência e os registros akáshicos[3], e ele é apenas um entre diversos cientistas, de uma variedade de disciplinas, que estão criando experimentos para testar e verificar o papel do espírito na vida cotidiana.

A grande aliança tem o propósito de abrir seus olhos para o novo mundo que está diante de nós. Como Carole King escreveu e cantou: "Posso ver que sua mente mudou; mas nós precisamos é de uma mudança no coração"[4]. Minha esperança é que você leia este livro com a mente e com o coração. Nunca houve uma época em que fosse tão urgente que nossos corações e mentes desempenhassem papéis de igual relevância na orientação de nossas escolhas no dia a dia. Para mim, nossa linha de ação é clara. Mas cada um de nós tem de responder à pergunta por si mesmo. Estaremos dispostos a aceitar fortalecer os elos e trabalhar com os espíritos para criar um mundo que honre nossos corações e mentes?

---

3 Registros akáshicos (*Akasha* é uma palavra em sânscrito que significa céu, espaço ou éter), segundo o hinduísmo e diversas correntes místicas, são um conjunto de conhecimentos armazenados misticamente no éter, que abrange tudo o que ocorre, ocorreu e ocorrerá no Universo. (N.T.)

4 "I can see you've got a change in mind. But what we need is a change of heart" (trecho da música *Change of mind, change of heart*, de Carole King). (N.R.)

Às vezes, nossa luz se apaga e é reacendida pela centelha de outra pessoa. Cada um de nós tem motivos para pensar com profunda gratidão naqueles que acenderam a chama que há dentro de nós.

— Doutor Albert Schweitzer —

AGRADECIMENTOS

Este livro se tornou possível graças a muitas pessoas que acenderam a chama dentro de mim para que eu o escrevesse. Ao longo do caminho, a luz se apagou algumas vezes, apenas para ser reacendida pela chama de outra pessoa ou entidade tanto *daqui* quanto, aparentemente, *de lá*. Se este livro brilhar, é porque elas brilham.

Duas pessoas foram especialmente responsáveis por acender e reacender a chama que produziu este livro: Susy Smith e Rhonda Eklund. Ao longo dos anos, tive a bênção de conhecer algumas mulheres graciosas, generosas, inspiradoras e poderosas — e nenhuma delas exemplifica mais essas qualidades do que Susy e Rhonda.

Acredito que Susy faz questão de que a humanidade descubra que a sobrevivência da consciência é um fenômeno tão real quanto a luz das estrelas. E Rhonda, assim como sua mãe Marcia Eklund, quer muito que a humanidade descubra que os espíritos são a verdadeira realidade. Assim como minha entusiástica mãe Shirley Schwartz, essas mulheres suportaram amavelmente as repetidas perguntas do agnóstico cientista e parente na qualidade de avó emprestada, esposa e mãe.

Se você tiver a sensação de que o presente trabalho foi inspirado, em primeiro lugar, por mulheres, foi essa a minha experiência. Eu também gostaria de expressar minha humilde gratidão pela contribuição de algumas mulheres, as "coinspiradoras" que você encontrará durante a leitura. São elas:

GARY E. SCHWARTZ

Mary Occhino, estrela do programa radiofônico *Angels on Call* [Anjos de Plantão], e sua suposta equipe de anjos, que sempre me encorajam a superar meus temores e aproveitar a oportunidade de permitir que os espíritos demonstrem suas qualidades. Mary é uma autêntica exploradora do consciente, além de conselheira espiritual atuante no mundo inteiro. Só para registrar: Mary não gosta muito da palavra "espírito". Prefere termos como "energia" e "universo".

Hazel Courteney, cujos maravilhosos livros *Divine interventions* [Intervenções divinas], *The evidence for the sixth sense* [As evidências do sexto sentido] e *Countdown to coherence* [Contagem regressiva para a coerência] continuam a me impressionar e inspirar. Algumas das conversas mais emocionantes e transformadoras que tive a respeito das conexões entre a ciência e os espíritos foram travadas com ela.

A princesa Diana, cuja aparente associação com Hazel e outros médiuns pesquisadores continua a me surpreender e esclarecer.

Carrie Kennedy, diretora do Programa Corporativo do Canyon Ranch, pelo infalível apoio e encorajamento, e pelas manifestações de nossas conexões sincrônicas, que continuamente nos lembram de que há mais coisas ocorrendo aqui do que podemos enxergar.

Clarissa Siebern, coordenadora de programas do Laboratório de Avanços na Consciência e na Saúde, por sua dedicação e devoção a este trabalho, e pela coragem em nos contar sua jornada pessoal e profissional durante o desenvolvimento de suas habilidades intuitivas na comunicação com os espíritos.

Além dessas mulheres incríveis, alguns homens fizeram contribuições fundamentais para este trabalho.

O primeiro é Jerry Cohen, diretor-presidente do Canyon Ranch, a quem este livro é dedicado. Há muito tempo Jerry tem defendido, nos bastidores, a existência potencial dos espíritos e de uma realidade espiritual maior. Jerry é uma das pessoas mais inteligentes, judiciosas e ao mesmo tempo simples que já conheci. Ao lado de Mel e Enid Zuckermen, ele aos poucos, mas consistentemente, incutiu a energia e a espiritualidade no Canyon Ranch. E, ao lado de Gary Frost e Richard Carmona, tem defendido pesquisas e aplicações visionárias, porém responsáveis. Jerry é padrinho e supervisor do Programa de Pesquisas Voyager. Muitas das provas exploratórias nas pesquisas de princípios relatadas neste livro, assim como a própria existência deste livro, só foram possíveis graças a Jerry. E Jerry é um amante da ciência.

Outros homens que também inspiraram este trabalho e merecem nosso profundo reconhecimento são:

Mark Boccuzzi, meu mal pago especialista em pesquisas, cuja habilidade com computadores e tecnologia se equipara à sua compaixão pelos animais e seu compromisso com a busca da verdade, principalmente no que se refere a mecanismos energéticos e espirituais da mente e da saúde.

Robert Stek, psicólogo "aposentado" que esperou trinta anos para concretizar seu sonho de realizar pesquisas comigo. Bob ingressou no laboratório como pesquisador voluntário e acabou se tornando meu colega e amigo. Sua colaboração não tem preço, mesmo que eu pudesse pagá-la.

John Edward, que se sentou na "cadeira elétrica" do laboratório para três experiências antes de se tornar um médium famoso. E que continua a ser um grande defensor da união entre ciência e espíritos, enquanto educa o mundo para a realidade da mediunidade. Sinto-me honrado com o prefácio que ele escreveu para este livro.

Jonathan Ellerby, diretor do Programa de Espiritualidade do Canyon Ranch, meu jovem irmão espiritual, que publicou seu primeiro livro, *Return to the sacred* [Retorno ao sagrado], enquanto este livro estava sendo escrito e que me tornou tio honorário de seu filho Narayan ("Pequeno Buda"), não me deixa esquecer que este livro é destinado especialmente às crianças.

Albert Einstein, meu herói nos campos da física e da ética, cujas estátuas e bustos decoram meus escritórios na universidade e em casa, e que aparentemente insiste em tentar provar que ainda está por aqui com a mesma paixão e comprometimento com a ciência e com a paz mundial. Agora que este livro está pronto, estou pensando se já não está na hora de Albert se envolver formalmente em nossas pesquisas (risos).

Há ainda muitos homens e mulheres, não mencionados neste livro, ou mencionados com nomes fictícios, que desempenharam papéis decisivos neste trabalho. Jamais poderei lhes agradecer o bastante por sua contribuição. Entre eles estão médiuns, terapeutas, colegas de pesquisas e estudantes. Eles sabem a quem me refiro. Intencionalmente, deixei de mencionar pelo nome alguns de meus colegas de pesquisas, pois o foco deste livro é tão controverso que às vezes pode ocorrer a chamada "culpa por associação". Só para que fique registrado: este trabalho não é o *meu* trabalho; é o *nosso* trabalho, e isso os inclui, assim como suas extensas famílias espirituais.

Gostaria de destacar três pessoas muito especiais que contribuíram enormemente para a elaboração deste livro:

William Gladstone, meu agente, conselheiro e amigo, que escreveu o romance motivacional *Os doze*. Este livro existe porque ele existe.

John Nelson, o talentoso editor de *A grande aliança*, que é também um competente escritor de ficção e de não ficção. Em inúmeras conversas telefônicas, John me chamou de "irmão". Vejo este tratamento informal, amplamente usado pelos havaianos, com muita reverência. Cynthia Black, presidente da Beyond Words Publishing e seu parceiro e editor, Richard Cohn, que não só enxergaram o potencial deste livro (e, juntamente com seus colegas, transformaram um tosco rascunho em um livro elaborado e, a meu ver, muito bonito), como também insistiram para que John o publicasse.

As investigações relatadas neste livro foram totalmente financiadas por doações particulares ou de empresas. Nenhuma verba pública, federal ou estadual, foi canalizada para este trabalho. Inúmeras pessoas doaram gentilmente seu tempo e experiência ao longo dos anos, e todos nós consideramos um grande privilégio termos sido capazes de fazer isso.

Outros indivíduos doaram fundos mesmo depois de sua morte. Susy Smith, por exemplo, destinou fundos de seu pequeno espólio ao laboratório. Uma pequena parte dos direitos autorais de seus livros é destinada à Fundação Universidade do Arizona. Para proteger os doadores de solicitações indesejáveis, não incluí seus nomes neste livro. Eles sabem quem são e como suas doações têm sido preciosas. Se existe

A GRANDE ALIANÇA

uma realidade espiritual mais ampla, suas doações para este trabalho continuarão a dar frutos.

Algumas das pesquisas relatadas neste livro foram conduzidas na Universidade do Arizona, e muitas outras foram realizadas particularmente por mim e por outras pessoas. Embora eu tenha alguns detratores na universidade (e em outros lugares) que têm tentado desacreditar meu trabalho, os administradores, professores e alunos têm sido surpreendentemente compreensivos (e por vezes até encorajadores).

A Universidade do Arizona, importante instituição de pesquisas e ensino, reconhece a importância da liberdade acadêmica na busca do conhecimento de forma rigorosa e criativa. Em livros anteriores, já mencionei alguns administradores e colegas, e minha gratidão por eles aumenta à medida que meu trabalho se desenvolve. Gostaria de agradecer especialmente ao doutor Al Kaszniak, professor e ex-diretor do Departamento de Psicologia, por sua sabedoria, compromisso com a integridade e excepcional senso de humor.

Gostaria ainda de expressar meu especial apreço e admiração por Allan Hamilton, professor de cirurgia e psicologia, e ex-diretor do Departamento de Cirurgia da Universidade do Arizona. Allan é o cientista dos cientistas. Seu livro, *The scalpel and the soul* [O bisturi e a alma] é de tirar o fôlego, e seu trabalho acendeu uma chama dentro de mim. Ele tem sido um ardente defensor do financiamento de pesquisas sobre os possíveis papéis da energia e dos espíritos em curas e na melhoria da qualidade de vida. Embora talvez não saiba, Allan reacendeu minha paixão algumas vezes.

Finalmente, devo reconhecer a aparente colaboração de uma realidade espiritual maior. Cientistas não conseguem deixar de usar sensatas e cautelosas palavras como "suposto", "aparente" e "possível" — a cautela está em nosso sangue, mesmo quando estamos sendo corajosos. Entretanto, sejamos diretos por um momento. Algumas coisas, em última instância, são uma questão de "sim" ou "não":

Ou os espíritos existem ou não existem.

Ou os espíritos estão aqui, ajudando-nos a direcionar este trabalho, ou não estão.

Ou os espíritos estão nos chamando para que acordemos, descubramos nossa verdadeira identidade e realidade, e nos juntemos a eles para curar, crescer e transformar, ou não estão.

Se as respostas a essas dúvidas forem negativas, que o sejam. Aprenderemos a viver em harmonia com a natureza e com os outros, existindo ou não uma realidade espiritual mais ampla.

Entretanto, se a resposta for sim e pudermos prová-la cientificamente, então o universo é mais maravilhoso e empolgante — e mais repleto de prodígios e oportunidades — do que a maioria de nós poderia imaginar.

A história da ciência nos lembra de que possivelmente temos o poder de fazer essa descoberta, transformando nossos corações e mentes no processo.

Como Einstein nos lembra: "É possível dizer que o eterno mistério do mundo é sua compreensibilidade".

Muitos povos e culturas antigas acreditavam que os espíritos eram reais e desempenhavam um papel fundamental em nossas vidas, assim como na vida do planeta. O que a ciência pode fazer é estudar e validar essas crenças e, no processo, desenvolver nossos conhecimentos e tecnologias.

Um exemplo relevante é a invenção e evolução das técnicas de voo. Como discutiremos brevemente no capítulo 14, houve um tempo em que não existiam aviões. A capacidade de voar era apenas um sonho partilhado tanto pelos povos antigos quanto pelas culturas tecnológicas. Mas os irmãos Wright e outros pioneiros acabaram descobrindo que tínhamos o potencial de criar máquinas que nos permitiriam voar. O primeiro voo dos Wrights durou apenas 12 segundos.

A maioria de nós não poderia ter imaginado, então, que em apenas um século teríamos máquinas voadoras, de todos os tamanhos e formatos, decolando e pousando a cada segundo ao redor do mundo, 24 horas por dia, sete dias por semana. E o mais espantoso é que o que antes era inimaginável agora é lugar-comum.

Se este livro estiver certo, destaco isto mais uma vez, o avião dos espíritos parece estar decolando. Embora o voo metafórico tenha sido breve, parece que realmente se deslocou no ar. Assim, estamos vivenciando um momento de irmãos Wright.

Se nós também, em última instância, somos espíritos e temos o potencial de alçar voo, devemos aprender a voar?

Se investirmos tempo e esforço nisso, nossas conexões potenciais com os espíritos irão evoluir até se transformarem em uma coisa tão espetacular e confiável quanto os voos espaciais?

E, em um futuro previsível, isso também se tornará lugar-comum?

Se os espíritos existem de fato e estão nos chamando, a verdade é que temos com "os caras" (como Jerry Cohen os chama afetuosamente) uma enorme dívida de gratidão. Eles merecem nosso mais profundo respeito.

Apesar de meus aparentemente infindáveis questionamentos e dúvidas, à luz das evidências reveladas neste livro, parece prudente, a esta altura, conceder aos espíritos o benefício da dúvida.

Com a maior humildade e reconhecimento de sua paciência, persistência e participação, se vocês realmente estiverem aqui, muito obrigado, espíritos!

P.S. Convido você, leitor, a ler os apêndices, principalmente o Apêndice A, que inclui perguntas-chave e comentários sobre a autociência, os riscos do ceticismo, tanto saudável quanto doentio, e a oportunidade de curar o planeta.

PARTE I

A GRANDE ALIANÇA

INTRODUÇÃO

OS ESPÍRITOS PODEM NOS AJUDAR EM NOSSOS PROBLEMAS COTIDIANOS?

*Todos os grandes avanços da ciência resultaram
da audácia da imaginação.*
— John Dewey —

Nos tempos antigos, povos de todo o mundo não só aceitavam a existência dos espíritos, como também acreditavam fervorosamente que seus ancestrais continuavam a desempenhar um papel central em sua vida pessoal e da comunidade. Além de se comunicar com seus falecidos ancestrais e com o Grande Espírito, as pessoas eram encorajadas a entrar em contato com os espíritos vivos da Terra, dos animais, das plantas e até das estrelas.

Aos poucos, no entanto, a humanidade deixou de encorajar o contato direto com os espíritos para favorecer contatos indiretos com uma realidade espiritual maior através de rabinos ou padres. Nesse processo, o contato espiritual foi transformado em uma prática primordialmente reservada aos templos ou às igrejas, e até mesmo restrita aos finais de semana.

Hoje, acompanhando a crescente separação entre Igreja e Estado, a conexão direta com os espíritos é vista como mito ou superstição, ou como expressão de experiências mal orientadas de adeptos excêntricos da Nova Era.

Fui criado em um lar agnóstico e educado em um meio altamente ateísta inserido na corrente principal da ciência ocidental.

Se alguém foi encorajado a descartar a existência dos espíritos e de seu papel potencialmente benéfico na vida humana, este alguém sou eu. Entretanto, enquanto testemunhava o aumento da expectativa da vida humana com o controle das infecções bacterianas, assisti também à substituição dessas infecções por doenças como a arteriosclerose e o diabetes. Comecei, então, a pensar se nosso desligamento dos espíritos não estaria associado aos problemas emocionais e espirituais crônicos que assolam a humanidade atualmente.

Por exemplo, uma das maiores crises de saúde pública que a humanidade enfrenta, especialmente no Ocidente, é o sobrepeso e a obesidade. Há numerosas razões para essa condição:

1. A fácil obtenção de alimentos e bebidas saborosos, mas extremamente calóricos e com alto teor de gordura;
2. A publicidade maciça de restaurantes *fast-food*;
3. A relativa falta de exercícios estimulada pela televisão, pela internet e por jogos de computador extraordinariamente realistas;
4. O estresse e a consequente depressão que nos afligem, por vivermos em uma época dominada por sérias incertezas econômicas e ambientais.

E se todas essas causas forem na verdade sintomas de outra causa maior, mais primordial e mais difusa: nossa separação dos espíritos?

E se nossos crescentes sentimentos de vazio, solidão, desesperança e insignificância estiverem sendo fomentados por nossa descrença em um universo espiritual?

E se nossa fome física for, na verdade, sintoma de uma fome espiritual muito maior?

E se os espíritos estiverem de fato em torno de nós, prontos para nos incutir energia, esperança e orientação se estivermos preparados para cooperar com eles?

E se a energia espiritual for, como o ar e a água, facilmente disponível para nós se quisermos procurá-la?

A GRANDE ALIANÇA

Como prelúdio de nossa investigação sobre como a ciência está descobrindo que os espíritos não só existem, mas também podem colaborar conosco em nosso cotidiano, vamos considerar uma situação verdadeira, na qual os espíritos parecem ter desempenhado um papel surpreendentemente útil em minha própria crise de saúde. Enquanto estiver lendo esta história, peço que você se lembre de alguma crise semelhante pela qual tenha passado em sua vida. Coloque-se em meu lugar, ou imagine o que poderia ter acontecido se você estivesse ciente desse recurso.

O que acho mais curioso nessa história é que ela aconteceu comigo, um cientista de mente aberta, mas cético a respeito de tais ocorrências. Embora uma explicação científica para o fato ainda aguarde futuras pesquisas, posso garantir que o relato que você vai ler não é fruto de uma percepção equivocada ou de ilusão.

Se estivermos receptivos à existência dos espíritos e pedirmos sua colaboração ativa, podem eles nos ajudar em nossos problemas cotidianos? Como esse é o assunto deste livro, decidi apresentar esta história de autociência logo no início, antes de estabelecer os fundamentos de minha investigação sobre o envolvimento dos espíritos em nossa vida pessoal. Gostaria de pedir ao leitor que respondesse com o coração; o restante do livro apresentará o caso para o cérebro.

UM TRATAMENTO DENTÁRIO COM A ASSISTÊNCIA DOS ESPÍRITOS

Era outubro de 2008. Eu havia completado a maioria das pesquisas relatadas neste livro. Sabia que a ciência contemporânea não estava apenas verificando a possível existência dos espíritos, mas também descobrindo que eles têm potencial para desempenhar um papel muito importante em nossa vida.

Havia três meses, eu vinha sofrendo de uma grave infecção nas gengivas, que envolvia principalmente dois dentes da arcada superior direita.

Em meados dos anos 1980, um cirurgião-dentista tivera de remover um grande molar do fundo de minha boca. Ele me disse que,

33

GARY E. SCHWARTZ

como o espaço resultante era muito grande — parecia uma caverna para mim —, era provável que os dois dentes adjacentes se enfraquecessem e caíssem dentro de poucos dias.

Apesar de sua previsão, 21 anos mais tarde eu ainda tinha aqueles dois dentes. No entanto, no final do verão de 2008, a gengiva em torno desses dentes ficou seriamente inflamada, e os dentes se tornaram extremamente sensíveis ao frio e a substâncias quentes. Eu não conseguia suportar a menor pressão sobre eles sem experimentar uma dor aguda.

Meses antes, meu dentista me dissera que eu precisava consultar um periodontista o mais rápido possível e que provavelmente eu perderia aqueles dentes. Por intuição, decidi que não faria novos exames dentários nem me submeteria a intervenções invasivas naquele momento. Mais tarde, percebi que essa decisão foi um erro. (Atenção, por favor: não estou recomendando a ninguém que evite obter avaliações médicas e dentárias responsáveis, nem sugerindo que tratamentos com assistência espiritual possam substituir o tratamento médico e dentário convencional.)

A coisa chegou a tal ponto que eu só conseguia beber líquidos mornos e mastigar do lado esquerdo. Embora tivesse sido treinado em várias técnicas de cura energética enquanto efetuava pesquisas para um livro anterior — e tivesse até começado a realizar um encontro semanal no Canyon Ranch sobre técnicas de automedicação com assistência espiritual —, eu nunca pensara em aplicar o que aprendera em mim mesmo.

Certa noite, enquanto minha boca latejava e eu refletia sobre todas essas implicações, um novo pensamento pipocou em minha cabeça. Percebi que, embora estivéssemos cercados de tanto ar, deveríamos respirar mais profundamente se quiséssemos otimizar seus efeitos revigorantes. O mesmo se aplicava à água: se quiséssemos otimizar seus efeitos revigorantes, deveríamos beber mais dela. Perguntei a mim mesmo se isso também se aplicava a todos os espíritos, ou "energias espirituais", que estão ao nosso redor — e se deveríamos utilizar seus efeitos revigorantes.

A GRANDE ALIANÇA

Em termos mais simples, percebi que os espíritos poderiam ser como o ar e a água. Não podemos viver sem essas substâncias. Geralmente, consumimos esses elementos de forma inconsciente e natural. Porém, se assim decidirmos, poderemos aprender a consumi-los de modo mais eficiente e judicioso para beneficiar nossa saúde e vitalidade.

Pensei sobre o que aconteceria se eu pedisse aos meus pretensos ajudantes espirituais — inclusive pessoas falecidas e anjos — que me ajudassem a tratar a infecção de meus dentes e gengivas. Da mesma forma que devemos respirar e ingerir água todos os dias, perguntei--me se precisaríamos criar uma rotina de convidar os espíritos a nos ajudar. Além disso, perguntei-me se deveríamos ser prestimosos ao convidar os espíritos a nos assistirem e colaborar com eles de forma intencional e consciente.

Perguntei-me se, caso eles trabalhassem comigo no tratamento de meus dentes e gengivas, formando uma grande aliança, poderíamos alcançar um resultado positivo. É claro que essa não era uma experiência de laboratório formal; era uma investigação pessoal, um objeto de estudo informal e incidental.

Eu não estava tentando confirmar, por exemplo, com o auxílio de um médium experiente e confiável, se os espíritos apareceriam quando eu os convidasse a me ajudar no tratamento de minhas gengivas. E não estava sendo monitorado por equipamentos biomédicos. Eu simplesmente me deitava na cama à noite, tentando fazer algo que nunca fizera antes.

Então, disse a mim mesmo uma coisa completamente nova, esperando não me arrepender depois: fiz uma promessa específica ao Universo. Disse que, se meus dentes e gengivas apresentassem uma melhora rápida, drástica e permanente — mesmo que isso exigisse minha atenção (como quando respiramos mais e bebemos mais água) e convocação diária dos espíritos —, eu levaria essa melhora muito a sério. Não me limitaria a respeitá-la e honrá-la, mas faria com que outras pessoas também se beneficiassem dela.

Para meu completo espanto, depois de alguns dias, minhas gengivas inflamadas retornaram ao estado saudável. Pararam de sangrar quando eu as escovava e se tornaram pouco sensíveis ao toque. A persistente sensibilidade ao calor e ao frio, assim como a dor, que tinham estado presentes durante meses, diminuíram drasticamente.

Assim, estendi o tratamento dentário com assistência espiritual a toda a minha boca. No período em que estava editando este capítulo, em agosto de 2010, minha boca apresentava condições excelentes, o que não ocorria havia mais de quatro anos. Não tive coragem de retornar ao meu dentista para lhe explicar o que poderia ter ocorrido. Embora ele parecesse um profissional de mente aberta, a ideia de um tratamento dentário com assistência espiritual poderia ser intolerável para ele.

É claro que podemos especular que meus dentes e gengivas podem ter se curado por si mesmos, sem nenhuma assistência dos espíritos ou minha. O nome disso é remissão espontânea. Entretanto, esse não foi o prognóstico oferecido pelo meu dentista, com base em mais de vinte anos de prática clínica. Sua previsão foi que minhas gengivas e dentes iriam piorar, e não melhorar.

Podemos também especular que a cura resultou da influência da mente sobre o corpo. Talvez, por eu acreditar que meus problemas dentários seriam resolvidos, meus dentes e gengivas tenham atendido a minhas expectativas — o efeito placebo. Talvez nenhum espírito tenha se envolvido na cura.

Entretanto, a verdade é que eu não sabia se meus dentes e gengivas iriam melhorar. Não conhecia nenhum caso de alguém que tivesse usado a força da mente para tratar uma grave doença da gengiva e dos dentes. Pode ser que esses casos existissem, mas eu não os conhecia. Minha atitude em relação ao ocorrido foi: "Não sei. Pode ser que sim ou não. Mostrem-me os fatos. Minha mente está aberta". Essa é a essência de uma "prova de conceito": certificar-se de que houve um efeito e de que são necessárias pesquisas para determinar sua verdadeira causa.

Evidentemente, não sei o que vai acontecer com meus dentes e gengivas no futuro. Tudo que sei é o que aconteceu nos últimos dois anos. Só sei que, quando me lembro de convidar os espíritos para me ajudar com meus dentes, assim como me lembro de respirar fundo e de beber mais água, minha saúde melhora.

Por si só, minha experiência positiva de tratamento dentário nada significa em termos científicos — embora minha boca esteja muito feliz, independentemente dos mecanismos envolvidos em sua melhora. Entretanto, à luz de muitos experimentos controlados, assim como de observações investigativas sobre as quais você vai ler neste livro, meu tratamento dentário bem-sucedido é digno de nota. O fato ilustra a possibilidade de a assistência espiritual desempenhar um papel significativo tanto no tratamento dentário quanto em qualquer tratamento de saúde.

É claro que somente você vive em seu corpo e somente eu vivo no meu. Somente você pode optar por respirar mais fundo, beber mais água, comer menos, ingerir menos álcool e convidar os espíritos a fazer parte de sua vida. O mesmo se aplica a mim.

Não basta ir a uma casa de culto, rezar por ajuda e esperar que tudo seja resolvido. Ser religioso, por si só, não garante que seremos saudáveis ou felizes. O que estou dizendo é que existe uma grande aliança, uma verdadeira colaboração entre os espíritos e nós. Não se trata de um relacionamento *ou* uma parceria, mas de um relacionamento *e* uma parceria ativa.

———————

Consciente ou inconscientemente, muitos de nós presumimos que não existem espíritos que nos ajudam em nossa vida. Por causa desse vazio que nós mesmos nos impomos, tendemos a comer demais, consumir álcool e fazer uso abusivo de drogas farmacêuticas.

E se estivermos errados? Então, estaremos cometendo um erro sério.

Se vivemos em um universo povoado por espíritos, e se muitos de nossos maiores problemas decorrem, direta ou indiretamente, de nossa falsa crença em um universo sem espíritos, já está mais do que na hora de reexaminar essa crença potencialmente equivocada e realizar as pesquisas necessárias para obter uma resposta clara em um sentido ou em outro.

O que você acha? Pode imaginar-se pedindo aos espíritos que o ajudem a resolver algum problema econômico ou de saúde, ou a solucionar a crise em seu relacionamento com sua mãe ou com sua filha, ou a proteger seu filho que está no exército? Pense nisso. Mas talvez não baste pedir; é melhor acreditar e estar receptivo, o que, para muitos de nós, significa ter provas. Eis por que estou escrevendo este livro.

Enquanto estiver fazendo essa jornada de descobertas científicas, profissionais e pessoais ao meu lado, você poderá descobrir que seu modo de pensar a respeito dessa parceria será radical e permanentemente transformado pelas evidências que estou revelando.

Essa jornada o aguarda.

1

A IMPORTÂNCIA DOS ESPÍRITOS

O importante é não parar de fazer perguntas.

— Albert Einstein —

Considere as seguintes perguntas:

Será que nossa consciência, inclusive nossa personalidade e nossas lembranças, sobrevive à morte física?

Cada um de nós possui guias espirituais, às vezes chamados de anjos da guarda, que podem desempenhar um papel ativo na orientação de nossa vida?

Os espíritos desempenham um papel fundamental na cura e na manutenção da saúde?

Podemos aprender a convocar os espíritos, inclusive nossos entes queridos já falecidos, guias espirituais mais elevados e o Grande Espírito, o Sagrado, para nossa própria cura e para a recuperação do planeta como um todo?

Imagine o que significaria para você, e para o mundo todo, se conseguíssemos estabelecer cientificamente — e de uma vez por todas — que a resposta a todas essas perguntas é afirmativa.

Neste livro, você lerá, pela primeira vez, relatos sobre as pesquisas em andamento no meu laboratório, que apontam inexoravelmente para a conclusão de que todas essas possibilidades, e outras mais, são reais. E, ainda mais espantoso, vou lhe mostrar como essas possibilidades se materializam em minha vida e na vida de todos ao meu redor, e como você pode aprender a reconhecê-las em sua vida, começando a estabelecer sua própria parceria.

Einstein disse que "a imaginação é mais importante que o conhecimento". Portanto, vamos imaginar, como base de discussão, que de fato existe uma realidade espiritual mais ampla.

Imaginemos, por um momento, que somos, em essência, seres espirituais tendo uma experiência física.

Imaginemos que o que está travando nossa capacidade de nos comunicarmos com essa realidade espiritual maior é nossa relativa falta de conhecimento e maturidade como espécie, e nosso desligamento da natureza, que costuma ser o elo entre uma coisa e outra.

Imaginemos que, assim como acreditávamos que a Terra era plana, que o Sol girava em torno da Terra, que os objetos eram sólidos e que o chamado vácuo era vazio — ideias fundamentalmente erradas —, as crenças científicas ocidentais sobre um universo sem espíritos e sem inteligência também estão fundamentalmente erradas.

Imaginemos que, assim como não sabíamos até recentemente que campos invisíveis de energia podem transportar informações paralelas extraordinariamente complexas, possibilitando que bilhões de nós nos comuniquemos através de telefones celulares ou sejamos localizados através de aparelhos de GPS, esses mesmos campos invisíveis de energia transportam complexos padrões de informação associados a uma realidade espiritual mais ampla.

Imaginemos que a descoberta das leis físicas e a invenção de uma tecnologia que nos permita evoluir do telefone celular para o telefone "da alma" — uma tecnologia avançada que possibilitará nossa comunicação com essa realidade espiritual maior — é apenas uma questão de tempo.

Se você tem dificuldade de imaginar essas possibilidades, lembre-se de que houve um tempo em que as pessoas não conseguiam imaginar aviões supersônicos e naves espaciais, sistemas de comunicação global por satélites, televisão digital de alta definição ou mesmo *smartphones* computadorizados de bolso, com velocidade de 1 giga-hertz.

Imaginemos ainda que, com a ajuda dessa avançada tecnologia espiritual, será possível ter acesso a informações e orientações capazes de nos ajudar a superar nossa perigosa programação conceitual e comportamental, que perpetua práticas insalubres e insensatas, prejudiciais a nós mesmos, aos outros e ao planeta como um todo; como, por exemplo, tratar o mundo natural como se fosse algo sem vida, cuja única finalidade é ser explorado por nós.

Imaginemos que exista uma inteligência sagrada e infinita que poderemos conhecer cada vez melhor, de modo a viver em harmonia com sua finalidade maior.

E imaginemos que os progressos da ciência, criados e empregados pela mente humana, têm a capacidade de revelar tudo isso e ainda mais.

A NATUREZA DA PESQUISA

O fato é que a mídia, assim como a academia e até as religiões organizadas em geral, tem medo de que essas possibilidades sejam prováveis. Isso suplantaria sua autoridade e seu domínio, que elas talvez acreditam ser benéficos, mas que na verdade são um obstáculo à nossa evolução em direção ao mundo espiritual.

Se existe uma realidade espiritual — e enfatizo esse "se" —, esses indivíduos e instituições estão fazendo um desserviço a nossas espécies e a nosso planeta, em especial nestes tempos críticos. Estão impedindo a descoberta de uma verdade profunda que poderia encorajar nossa sobrevivência e transformar nossa vida presente e futura num verdadeiro paraíso na Terra.

Se a pesquisa emergente estiver correta — e novamente enfatizo o "se" —, então a realidade espiritual está fazendo uma promessa sagrada de nos ajudar em nossa cura e evolução; isto é, se estivermos preparados e dispostos a ouvir.

Escrevi A grande aliança para inspirar você, leitor, a considerar seriamente a possibilidade de que a ciência esteja prestes a fazer momentosas descobertas sobre a existência e a natureza da alma humana, de seres espirituais superiores e da fonte de tudo isso

— e de que eles possam estar envolvidos numa parceria conosco. Isso significa nos ajudar e nos guiar em pequenas e grandes decisões cotidianas.

Este livro "prova de conceito" é um urgente chamado para que os humanos ouçam e observem mais de perto o convite dos espíritos de colaborarem com nossa vida diária. Pela primeira vez, compartilho o fato de que a evidência de uma realidade espiritual mais ampla está se revelando não apenas no laboratório de minha universidade, mas também no laboratório de minha vida pessoal, como relatei na introdução deste livro, e da vida de outras pessoas. Estou revelando esta extraordinária pesquisa que envolveu não só a ciência praticada em laboratório, mas também a autociência, para documentar que isso não se aplica apenas ao campo da ciência, mas diretamente à nossa vida. Como já afirmei, a humanidade parece estar tendo o seu momento de irmãos Wright de excepcional importância.

A verdade é que estou revelando informações controversas e minha metodologia com grande apreensão. Sei que não estou apenas partilhando meu interesse nessas questões, mas também, ao me aprofundar em experiências pessoais, ultrapassando os limites entre uma pesquisa científica formal e a experiência pessoal, embora para isso utilize a mesma mente crítica. Assim sendo, alguns leitores podem achar que me aproximei demais de meu tema de estudo ou fui subjetivo demais em minha abordagem.

Entendo essas preocupações e essas perguntas que faço a mim mesmo regularmente. É uma atitude responsável e lúcida. Entretanto, se o que estou pesquisando neste livro for verdade — e devo registrar que tudo o que escrevi realmente aconteceu —, as implicações são profundas e teremos que reexaminar algumas de nossas crenças mais queridas, e nesse caso não posso ser covarde.

Isso é inevitável. Reavaliar nosso sistema de crenças se torna nosso maior desafio, embora nos dê a maravilhosa oportunidade de cura e transformação. Isso é fundamental para que a grande aliança se estabeleça.

A GRANDE ALIANÇA

A IMPORTÂNCIA DA AUTOCIÊNCIA, DAS INVESTIGAÇÕES EXPLORATÓRIAS E DO COMITÊ DE ÉTICA EM PESQUISA COM SERES HUMANOS

O que é exatamente uma pesquisa e como ela se relaciona com a autociência? A palavra "pesquisa" tem um significado tanto genérico quanto específico, e é fundamental que eu esclareça como o termo é usado neste livro.

Em todas as línguas, a palavra "pesquisa" tem diversas acepções. Literalmente, "pesquisa" significa uma investigação minuciosa realizada repetidas vezes. Podemos fazer vários tipos de pesquisa: pesquisa de biblioteca, pesquisa de campo, pesquisa pessoal, pesquisa informal, pesquisa exploratória, pesquisa-piloto, pesquisa sistemática, pesquisa altamente controlada, pesquisa de prova de conceito, pesquisa para testar uma hipótese e pesquisa por repetição. Pode-se pesquisar praticamente qualquer coisa, de partículas subatômicas a grupos de galáxias. Pode-se pesquisar o corpo, a mente e o espírito. Todos temos uma mente investigativa e adoramos descobrir coisas novas e entender como funcionam.

O governo federal dos Estados Unidos estabeleceu importantes diretrizes para diferentes tipos de pesquisa, inclusive aquelas com seres humanos e animais. Embora possa parecer estranho, para cumprir as diretrizes federais, as universidades costumam colocar a seguinte questão[5]:

Este projeto é uma investigação <u>sistemática destinada</u> a desenvolver ou contribuir para o <u>conhecimento</u> generalizado (podendo ser utilizado, inclusive, em teses e dissertações, publicações ou apresentações)? **Se NÃO**, *o projeto não será considerado pesquisa. A análise do Comitê de Ética em Pesquisa não é necessária.*
(<u>Sublinhados</u>, **negritos** e **MAIÚSCULAS** como constam do site; acrescentei os itálicos.)

---

5   Por necessidade, os parágrafos da citação utilizam uma linguagem técnica e formal. Portanto, sejam pacientes comigo. A citação, referente à pesquisa com humanos, foi tirada do site da Universidade do Arizona.

Sim, você leu corretamente: tal projeto *não* será considerado pesquisa. Dessa perspectiva, dois tipos de investigação relatados neste livro não são oficialmente considerados pesquisa. O argumento é que essas investigações não são passíveis de generalização — baseiam--se quase sempre num único exemplo — e frequentemente não são sistemáticas. Portanto, (1) observações cuidadosas realizadas sobre a vida pessoal de alguém e (2) investigações exploratórias nas quais os cientistas da universidade se submetem previamente a testes antes de conduzir a subsequente pesquisa controlada com sujeitos recrutados não são consideradas pesquisas aos olhos do governo federal e do Comitê de Ética em Pesquisas (IRB — Institutional Review Board).

Entretanto, essa restrição ao uso da palavra "pesquisa" não significa que observações sobre a vida pessoal (aqui denominadas investigações do tipo I) ou experimentos de pré-teste (investigações do tipo II) não sejam importantes ou informativos e devam, portanto, ser rejeitados. Muito pelo contrário: o que chamamos de autociência — observações conduzidas no laboratório vivo de nossa vida (tipo I) ou investigações exploratórias nas quais os cientistas se submetem a pré--testes (tipo II) — às vezes revela provas de conceito essenciais que servem de fundamento para a ciência avançada. Além disso, quando as informações do tipo I e do tipo II são cuidadosamente combinadas com dados obtidos em pesquisas sistemáticas em grande escala, intencionalmente concebidas para serem generalizadas (investigações do tipo III), o "todo é maior que a soma de suas partes".

Para preservar a clareza e obedecer às diretrizes federais implementadas pelo Comitê de Ética em Pesquisa da Universidade do Arizona, vamos nos referir às investigações dos tipos I e II como investigações pessoais e exploratórias, respectivamente. Entretanto, às vezes a palavra "pesquisa" precisa ser empregada no contexto da vida cotidiana, porque essa é a maneira mais clara de informar que o método científico pode ser aplicado tanto à nossa vida pessoal como aos experimentos de laboratório da universidade. O processo de autociência se estende além do uso semântico restrito do termo "pesquisa" e abrange o sentido mais profundo da palavra.

A GRANDE ALIANÇA

QUE TIPO DE EVIDÊNCIA PODERÁ PROVAR A EXISTÊNCIA DOS ESPÍRITOS?

Apesar de ser filosoficamente um agnóstico ortodoxo — ou, talvez, por causa disso —, aprecio muito a sábia afirmação: "Moderação em tudo, inclusive na moderação". Portanto, é prudente "questionar tudo, inclusive o questionamento de tudo". Em outras palavras, às vezes o questionamento ou mesmo o método científico tem suas limitações.

De vez em quando, a ciência descobre que alguma coisa é confiável e verdadeira, mesmo que os cientistas não saibam precisamente como ou por que ela funciona. Vamos considerar a lei da gravidade. Nós a vivenciamos todos os dias quando saltamos de um veículo ou descemos uma escada. Físicos e engenheiros fizeram enorme progresso ao estudar os efeitos da gravidade, a ponto de ser possível lançar e manter satélites no espaço e até mesmo pousar sondas robóticas na Lua, em Marte e além. Entretanto, é importante notar que, embora possamos realizar esses feitos incríveis de tecnologia, ainda não sabemos com certeza se a gravidade é uma força física, uma curvatura do espaço-tempo ou uma propriedade de supercorrentes que criam massa (e não o contrário). E ainda há outras teorias críveis sobre a gravidade. A analogia aqui é perceber que podemos investigar se algo existe ou não apenas por seus efeitos, mesmo que não sejamos capazes de propor, com total segurança, uma teoria explicativa.

Você está prestes a ler sobre uma série de investigações e experimentos conduzidos no laboratório da universidade (tipo III), e observações realizadas no laboratório de minha vida pessoal (tipo I) e de outras pessoas — inclusive os pré-testes a que os pesquisadores se submeteram previamente (tipo II) —, e todos apontam inexoravelmente para a existência dos espíritos e nossa colaboração com uma realidade espiritual maior. Mas nenhum dos experimentos ou investigações são *per se* definitivos. Além disso, muitos deles são excessivamente exploratórios e controversos para serem publicados em jornais científicos (e publiquei centenas de artigos científicos nesses jornais).

Mas isso não significa que faltem às descobertas aqui relatadas utilidade e validade científica. Muito pelo contrário: todos os experimentos e investigações são valiosos e oferecem conclusões significativas, na medida em que levantam questões importantes para futuras pesquisas e aplicações. Mais uma vez, afirmo que estamos na fase de prova de conceito nessa exploração do mundo espiritual e de nosso possível relacionamento com ele. Observe que é a combinação desses ousados experimentos não ortodoxos — e a natureza complementar e sinérgica de suas conclusões — que estabelece um caso convincente que levará a ciência a se dedicar a essas questões fundamentais de maneira criativa, abrangente e definitiva.

Se existe um tempo e um lugar que nos obriguem a nos manter atentos ao fato de que o todo é maior que a soma de suas partes, é aqui e agora.

Deve a ciência assumir essa tarefa? Acredito que sim. A promessa dessa pesquisa é grandiosa. As implicações para nossa vida e para a vida do planeta são amplas e profundas. E as oportunidades que essa pesquisa abrirá para a cura pessoal e global e a transformação são de longo alcance.

Sim, existem riscos na realização de tal pesquisa e na ligação com os espíritos. Trato de algumas dessas questões e preocupações na conclusão deste livro. Entretanto, se a premissa deste trabalho estiver correta, nossa sobrevivência e nossa evolução como espécie podem depender de nos mostrarmos à altura da oportunidade e realizarmos essa pesquisa crítica com cuidado, mas com ousadia.

Se a grandiosa implicação da pesquisa emergente neste campo se revelar correta, os espíritos estão formando uma aliança para nos guiar em direção à saúde coletiva e à prosperidade, e de nos ajudar a resolver alguns dos nossos maiores desafios se estivermos preparados para ouvir e agir em harmonia com eles.

Todos podemos participar dessa pesquisa, porque o chamado dos espíritos se dirige a cada um de nós, desde que, é claro, estejamos dispostos a expandir nossa mente e realizar nossa tarefa.

A GRANDE ALIANÇA

Cada vida humana é um laboratório vivo, e algumas descobertas só poderão ser feitas por nós individualmente. Se você tiver um problema de saúde, por exemplo, e pedir a ajuda dos espíritos, e uma hora depois um amigo lhe recomendar um tratamento alternativo que mais tarde se revela proveitoso, você pode dizer que foi uma coincidência ou até sincronicidade. Mas, se essa situação se repete continuamente, sua vida está lhe oferecendo a melhor prova possível: efeitos reais no mundo real.

Esse tipo de ajuda e cura espiritual indica a existência de um fenômeno que o doutor Carl Jung chamou de sincronicidade. Em poucas palavras, a sincronicidade ocorre quando dois ou mais acontecimentos parecem conectados e sujeitos a uma mesma influência ou energia, mas lhes falta uma relação de causa e efeito. A verdade é que só nós podemos observar o que acontece dentro de nós e ao nosso redor. Só nós podemos descobrir até que ponto podemos desenvolver com os espíritos uma parceria capaz de melhorar nossa vida na prática. Só nós podemos descobrir, em nossa vida, padrões de acontecimentos que se juntam de maneira significativa e nos proporcionam encorajamento e orientação para progredir.

Além de tratar desse grande propósito, escrevi este livro como uma aventura espiritual real. Como você verá, esta jornada para reunir ciência e mundo espiritual — e reconectá-lo com cada um de nós — está cheia de maravilhas, um verdadeiro prazer para mentes curiosas e corações afetuosos, e, no mínimo, uma grande diversão.

2

PARCERIA COM OS ESPÍRITOS

*Todo mundo tem direito a ter sua própria opinião,
mas não seus próprios fatos.*

— Daniel Patrick Moynihan —

Se os espíritos existem, será que eles podem desempenhar um papel fundamental em nossa vida?

Crescem as evidências científicas de que isso está ocorrendo, mas igualmente crucial é o testemunho de pessoas de todas as classes que alegam terem presenciado tais acontecimentos. Nos últimos dez anos, conheci, investiguei e acabei me tornando amigo de um grupo de pessoas que não só estão convencidas de que os espíritos existem, mas mantêm contato diário com essas entidades ou energias invisíveis. Essas pessoas insistem em que não apenas acreditam, mas sabem que os espíritos desempenham um papel fundamental em sua vida. Vivenciam a presença desses espíritos como seus guias e colaboradores. Para Clarissa Siebern, que vamos conhecer no capítulo 15, seus guias a instruem a dizer ou fazer coisas que acabam se revelando oportunas e significativas, e são uma evidência de suas habilidades intuitivas emergentes. Certa vez, ela foi induzida a me oferecer uma pintura de Salvador Dalí, *Rosa meditativa*, o que levou a uma série de sincronicidades com rosas que terminou cinco dias depois, quando conheci minha futura esposa, Rhonda, nome que, em grego, significa "rosa".

GARY E. SCHWARTZ

Essas pessoas estão convencidas de que seus guias espirituais —
que podem ser pessoas falecidas, entidades superiores como os anjos
ou o Grande Espírito — são seus amigos, companheiros, membros de
sua família ampliada e parceiros. Algumas mantêm diálogos mentais
com eles, pedindo-lhes conselhos e orientação, como fariam com
um amigo ou sábio conselheiro. Outras apenas fazem seus pedidos e
aguardam os resultados. Podem, por exemplo, fazer uma contribuição
de caridade induzidas pelo guia espiritual e, dias depois, receber uma
compensação equivalente de outra fonte. Talvez você tenha vivido
uma situação semelhante, mas não tenha feito a ligação.

Chamo a isso "parceria sagrada", porque essas pessoas recebem
ajuda dos espíritos como reflexo de um relacionamento cujo objetivo
é global e, ao mesmo tempo, pessoal. Elas estão convencidas de que
essa parceria sagrada não existe apenas para seu benefício, mas para
o bem-estar da humanidade e do planeta como um todo. Vivenciam
a sacralidade dessa parceria na forma de sentimentos de amor, confiança, gratidão, completude, reverência e transcendência.

Essas pessoas pertencem a todas as classes sociais e têm uma vida
plena de realizações. Entre elas estão:

- o vice-presidente sênior de uma importante empresa de investimentos;
- um membro da equipe de administração de uma importante
  universidade;
- vários psiquiatras e psicólogos clínicos;
- um engenheiro de computação e programador sênior da empresa de *software* Fortune 100;
- um pesquisador em biofísica que se tornou um curador espiritual;
- um ex-professor de matemática.

Neste livro, você conhecerá algumas dessas pessoas por sua contribuição às evidências científicas da hipótese da parceria sagrada.

Muitos de meus colegas acadêmicos presumiriam que essas pessoas
são ingênuas, ignorantes, tolas, iludidas, fraudulentas ou até mesmo

A GRANDE ALIANÇA

loucas. Como a história nos ensinou que alguns dos indivíduos mais insanos e destrutivos acreditavam estar a serviço dos espíritos ou do próprio Deus, é fácil entender esse ceticismo. O assassino em série David Berkowitz, por exemplo, conhecido como "Filho de Sam", alegou que seguia instruções do "Pai Sam" e estava sendo vítima de possessão demoníaca. Voltaremos a este assunto no fim do livro.

Mas as pessoas a que me refiro, e que recebem orientação dos espíritos, não mostram sinais de esquizofrenia ou de qualquer outra doença mental. Não se encaixam no estereótipo de excêntricos da Nova Era. Tampouco são pessoas de mente perturbada, embora tenham um pensamento pouco convencional. Não são impostores, nem estão envolvidos em atos destrutivos ou ilusórios.

São pessoas que ocupam cargos de responsabilidade e são, via de regra, excelentes comunicadoras. Alguns publicaram livros, outros ainda os estão escrevendo. Revelam uma grande competência, mas preferem combinar razão e intuição em sua vida cotidiana. Todos demonstram evidência de capacidade paranormal, como foi o caso do banqueiro de investimentos que seguiu repetidamente sua intuição ao recomendar tecnologias emergentes que geraram lucros inesperados para seus clientes, ou do psiquiatra que, durante as sessões com seus clientes, vê imagens oníricas que acabam gerando mudanças cruciais em sua terapia.

São pessoas gentis, afetuosas, criativas, éticas e solidárias. E todas têm um alto grau de jovialidade e apurado senso de humor, o que as torna companhias agradáveis e divertidas.

Entretanto, existe alguma evidência científica de que isso em que essas pessoas acreditam seja de fato real? Será que os espíritos existem realmente e, caso existam, podem exercer o papel de colaboradores em nossa vida?

Como disse Daniel Patrick Moynihan: "Todo mundo tem direito a ter sua própria opinião, mas não seus próprios fatos". Assim sendo, quanto do que essas pessoas alegam saber são opinião delas e quanto é de fato realidade? Onde estão as provas?

Para responder a essas perguntas desafiadoras, a sociedade quase sempre recorre à ciência. A ciência contemporânea tem nos oferecido muitas opiniões e julgamentos sobre a realidade do mundo espiritual, mas quase sempre críticos, quando não desdenhosos. Mas essas opiniões negativas se baseiam quase totalmente nas teorias materialistas dominantes e na falta de pesquisa factual sobre o mundo espiritual.

Mas isso está prestes a mudar, e o mundo que conhecemos nunca mais será o mesmo. Como revela *A grande aliança*, a ciência moderna está pronta para redescobrir o mundo espiritual de uma maneira inventiva, inspiradora e esclarecedora.

UMA HIPÓTESE ANTIGA E OUTRA CONTEMPORÂNEA SOBRE O INVISÍVEL

Desde o início da história, as pessoas acreditavam na existência de um mundo espiritual que teria prestado uma colaboração fundamental na criação, manifestação e transformação do mundo físico. Presumia-se que o mundo espiritual não era físico, porque não podia ser percebido pelos nossos cinco sentidos: visão, audição, paladar, olfato e tato.

O mundo espiritual era invisível à maioria de nós na maior parte do tempo. Entretanto, sob certas circunstâncias, certos indivíduos — chamados xamãs, curandeiros ou videntes — tinham acesso ao mundo invisível e podiam comunicar-se conscientemente e até mesmo colaborar com essa realidade supostamente mais alta.

Os xamãs maias, por exemplo, descobriram o buraco negro no centro da Via Láctea, e seus astrônomos verificaram a precessão dos equinócios muito antes da ciência moderna. E a tribo *dogom*, do Mali, conhecia a estrela Sirius B antes que a astronomia do século XX verificasse sua existência (e sem telescópios, eles só poderiam ter conhecimento desse fato através de uma experiência direta, como uma suposta viagem espiritual).

Na década de 1960, ressurgiu o interesse público no xamanismo, na cura espiritual e nas habilidades mediúnicas, entre elas a possibilidade de prever o futuro e conversar com os mortos. A mídia

A GRANDE ALIANÇA

capitalizou esse interesse público, e hoje é maior do que nunca o número de programas de rádio e tevê dedicados a esse assunto.

Uma razão dessa abertura do público ao mundo invisível é o fato de vivermos numa época em que o invisível se revelou na prática científica. Antes do século XX, esse mundo era apenas reino dos xamãs, médiuns, curandeiros e místicos. Com a descoberta das ondas de rádio e a evolução da televisão e das comunicações por satélite, essa ciência invisível passou a ter um forte impacto em nossa vida cotidiana.

Hoje temos a tevê de alta definição graças a ondas eletromagnéticas transmitidas por satélites no espaço. A comunicação é feita através de telefones celulares digitais contendo poderosos microcomputadores que permitem enviar mensagens de texto, navegar na internet, receber vídeos *on-line* da mídia ou de amigos e até brincar com jogos sofisticados.

Temos uma coleção de controles remotos para tevê, DVD, jogos e sistemas de som estereofônicos que usam micro-ondas invisíveis. E é possível cozinhar com a mesma tecnologia — a não ser que você seja um iogue que viva de puro *prana*.

Vivemos numa rede de comunicações sem fio, e toda essa incrível tecnologia baseia-se na capacidade informativa do mundo invisível de frequências eletromagnéticas. Na verdade, grande parte dessa ciência baseia-se em teorias abstratas da física quântica, que revelou o mundo microcósmico oculto dentro do mundo aparentemente sólido da ciência clássica.

Muita imaginação não é necessária para passar da tecnologia invisível atual à possibilidade do mundo invisível dos xamãs vislumbrado pelos povos antigos. Talvez nossos telefones celulares possam ser adaptados para esse uso, como as jarras de sopro peruanas. Durante séculos, acreditou-se que esses utensílios de argila fossem jarras de água, até que alguém soprou no seu bico e produziu uma frequência sonora que altera o estado de consciência. Especula-se que os xamãs usassem esse som para viajar a outros mundos.

GARY E. SCHWARTZ

POR QUE A CIÊNCIA OFICIAL PRESUME QUE O MUNDO ESPIRITUAL NÃO EXISTE?

No fim dos anos 1960, quando eu me preparava para o meu doutorado em filosofia em Harvard, ocorria uma revolução na psicologia. Conceituados psicólogos experimentais, que seguiam o sistema comportamental do professor B. F. Skinner, alegavam que nossos pensamentos e sentimentos eram ilusões ou irrelevantes para compreender como o ser humano funciona.

Nessa época, presumia-se que a experiência subjetiva, especialmente a espiritual, era um epifenômeno — um fenômeno secundário de pouca importância. Segundo o dicionário Webster, epifenômeno, no sentido médico, é "um evento acidental ou acessório no curso de uma doença, mas não necessariamente relacionado a essa doença". As palavras "mente" e "consciência" eram tabu no léxico da medicina.

Hoje sabemos que essa visão, popular à época, era míope — isso para ser gentil. Hoje ainda, as palavras "espírito", "alma" e "sagrado" são consideradas tabu por grande parte da ciência. A crença nos espíritos é considerada superstição ou estupidez. A espiritualidade é quase sempre vista como um epifenômeno, ou um efeito colateral do cérebro, ou como nossa necessidade de esperança, mesmo que ilusória.

Por que a ciência predominante rejeita a possibilidade do mundo espiritual e por que devemos nos preocupar com isso?

Primeiro, como mencionei brevemente, isso reflete a história sórdida de fraude e patologia associada a um grupo de pessoas que se proclamam espiritualistas, o que inclui famosos líderes religiosos e políticos, assim como pretensos médiuns e curadores. Entretanto, há outras razões para que a ciência oficial rejeite a existência dos espíritos:

- Historicamente, descobertas genuínas foram rejeitadas ou suprimidas por poderosas instituições religiosas. Na Idade Média, os cientistas eram ameaçados e até mesmo presos por desafiarem a doutrina da Igreja.

A GRANDE ALIANÇA

- Uma consequência dessa supressão foi que a ciência, como disciplina, precisou se divorciar de tudo que fosse religioso ou espiritual para poder buscar livremente a verdade e desenvolver métodos que permitissem discernir o fato da fé, da fantasia e da ficção.
- Nesse processo, os cientistas passaram a transferir seu foco de atenção da pura ciência e da verdade, buscando um "cientificismo" que cria seus próprios dogmas. Assim, a ciência se equiparou a uma teoria material, e não espiritual do universo. Quando os fundamentos da ciência passaram do processo de descoberta para a teoria/filosofia, a possibilidade de descobrir aspectos não físicos da natureza foi minimizada, quando não suprimida.

Entretanto, quando a ciência como instituição se concentra em opiniões em detrimento dos fatos, pode rejeitar ou ignorar alguns dos profundos desafios que a sociedade e o planeta enfrentam neste momento da história, e isso pode ter um forte impacto sobre nossas vidas. Eis um exemplo: durante oito anos, o governo Bush procurou os cientistas que contestavam a clara evidência de um aquecimento global e usou essa "ciência" para ignorar o problema. A ciência deve se apoiar em evidências, não em opiniões.

Considere uma hipótese: se você fosse um espírito e fosse convidado a participar de uma pesquisa com cientistas na Terra, você preferiria trabalhar com pessoas gentis, alegres e genuinamente dedicadas à descoberta da verdade ou com pessoas hostis e mais preocupadas em provar ou contestar determinadas teorias do que descobrir algo capaz de contrariar suas crenças? Que experiências atrairiam sua participação? Às vezes eu me pergunto se uma das razões pelas quais eu e meus colegas temos a sorte de quase sempre obter resultados positivos é os espíritos saberem que estamos preocupados em descobrir a verdade e que seguiremos os dados aonde eles nos levarem.

Este livro se concentra na realidade emergente do mundo espiritual, redescoberta através de métodos científicos expandidos pela autociência, e na promessa da ajuda cada vez maior dos espíritos. Entretanto, seu subtexto trata da divergência entre a natureza da ciência e o cientificismo, no contexto de uma realidade espiritual maior e do objetivo de viver em harmonia com o mundo físico e espiritual.

EM QUE VOCÊ ACREDITA QUANTO À EXISTÊNCIA DOS ESPÍRITOS?

Como você responderia às perguntas seguintes, usando um sistema de avaliação de -3 a +3:

+3 Definitivamente SIM

+2 Provavelmente SIM

+1 Possivelmente SIM

0 Não sei responder num sentido ou no outro

-1 Possivelmente NÃO

-2 Provavelmente NÃO

-3 Definitivamente NÃO

* Os espíritos existem e desempenham um papel fundamental em nossa vida?
* As sincronicidades que ocorrem em nossa vida podem ser obra dos espíritos?
* Podemos confiar em nossa conexão com os espíritos em busca de orientação?

As opiniões das pessoas vão da crença cética (um NÃO definitivo) à fé total (um SIM definitivo). Suas respostas a essas perguntas (mesmo que elas não lhe sejam feitas) são um barômetro para testar sua receptividade ou resistência. Em última instância, cabe ao indivíduo dar o salto em direção à fé ou ao sentimento. Mas, primeiro, você tem de saber precisamente em que pé está.

Quando iniciei esta pesquisa há mais de uma década, estava entre 0 e +1. Talvez em torno de +0,3 ou +0,4. Em outras palavras, estava um tanto receptivo à possibilidade de que os espíritos existissem e pudessem exercer algum papel em nossa vida. Observe que uso a expressão "um tanto receptivo" aliada às palavras "possibilidade", "pudessem" e "algum papel". Eu estava firmemente situado entre 0 e 1. Isso se devia em parte à minha mente questionadora e em parte ao meu conhecimento de física quântica, que deixa a porta levemente entreaberta a essa possibilidade.

Entretanto, fui criado num lar reformista judaico, que acreditava que "és pó e ao pó retornarás" e caso encerrado. E minha educação científica em psicologia e fisiologia professava que a mente era inteiramente produto do cérebro. Consequentemente, graças a meus antecedentes, qualquer experiência do mundo espiritual seria classificada como superstição ou estupidez, na melhor das hipóteses, ou como sinal de psicose, na pior hipótese. Com base na minha criação e educação, eu tinha boas razões para desacreditar na possibilidade do mundo espiritual e sabia como adotar uma posição -3. Para sua informação, ainda tenho. É como andar de bicicleta: uma vez que a gente aprende, jamais esquece.

Enquanto ler este livro, você irá descobrir como passei, lenta, mas seguramente, de um nível +0,3 ou +0,4 a +2,8 ou +2,9. Tenho esperança de que o mesmo possa acontecer com você. Depois de examinar com cuidado todas as evidências relatadas neste livro e considerar a possibilidade de essas descobertas serem apenas a ponta do *iceberg*, talvez você concorde comigo que é apenas a teimosia que motiva os obstinados descrentes. Mais uma vez, o que é fascinante em relação às evidências relatadas neste livro é que elas combinam investigações exploratórias (tipo II) e experimentos sistemáticos (tipo III), conduzidos em laboratórios científicos, com dados coletados no laboratório natural de nossa vida (tipo I). Isso é autociência, e esses dados devem ser considerados objetivamente. Evidências cuidadosamente documentadas da vida de pessoas complementam o que a pesquisa de laboratório está revelando — seja a pesquisa de laboratório conduzida fisicamente dentro do ambiente acadêmico formal, seja na casa das pessoas. Acredito que a combinação dos dois tipos de evidência (informal/pessoal e formal/laboratorial) se mostra mais convincente do que um ou outro isoladamente. Juntos, eles estabelecem uma irrefutável prova de conceito.

Uma coisa é observar um fenômeno num laboratório de ciência, outra é observá-lo em nosso cotidiano. Uma coisa é ter fatos sobre pessoas mortas confirmados num experimento duplo-cego, outra é ouvir uma voz ou ter a intuição de sair de uma estrada e escapar de uma tempestade que provoca um engavetamento cerca de dois quilômetros adiante. Quando os dois tipos de evidência convergem, e isso acontece repetidamente, não temos razões só para acreditar na realidade do fenômeno, mas também para incorporar esse conhecimento em nossa vida e agir de acordo com ele.

TRÊS CATEGORIAS DE EVIDÊNCIA E A JORNADA DE DESCOBERTA

Além de utilizar os três tipos de investigação, vamos examinar três categorias de evidência. Você será mais capaz de empreender a jornada de descoberta ao meu lado se puder entender como cheguei a minhas conclusões — e, nesse processo, tirar suas próprias conclusões —, além de partilhar a excitação, o deslumbramento, a frustração, a confusão e o prazer de realizar essa tarefa ao meu lado.

Mais uma vez, como nos lembra Carole King, essa é uma jornada da cabeça para o coração, na qual, embora às vezes possamos fazer grandes avanços, uma análise rigorosa é um bom ponto de partida. À medida que nos aprofundarmos em cada categoria, gostaria que você pensasse em sua história de vida e em como esta exploração poderá explicar acontecimentos até então inexplicáveis ou ignorados e que agora lhe vêm à mente.

A primeira categoria de evidência trata da possibilidade de a consciência sobreviver à morte física e permanecer tão viva, determinada e intencional quanto a de qualquer um de nós. Você verá como cheguei à conclusão de que as informações coletadas nas investigações e experimentos com médiuns indicam que os supostos espíritos não só parecem estar vivos e bem, mas continuam sendo inteligentes, determinados e brincalhões como nós, se não mais. Esses supostos espíritos vão de mães e pais desconhecidos à princesa Diana e Harry Houdini.

Cabe aqui um rápido, porém essencial, esclarecimento: é importante notar que uso o termo "supostos" em relação aos espíritos e que isso está sempre implícito, mesmo que eu não o afirme explicitamente. Isso também se aplica aos guias espirituais, anjos, ou mesmo ao Sagrado. Quando mencionar a presença do professor Einstein ou da princesa Diana, o invisível "suposto" também estará implícito.

A segunda categoria de evidência envolve a possibilidade da cura obtida com a ajuda dos espíritos. Os exemplos vão de estudos de caso cuidadosamente analisados, em que o espírito parece ter desempenhado um papel na cura (tipo I), a investigações de laboratório do tipo prova de conceito (tipo II) e experimentos (tipo III) que demonstram que esse tipo de cura pode ser cientificamente investigado em laboratório.

A terceira categoria de evidência é de longe a mais desafiadora e controversa. Envolve a possível existência de uma realidade espiritual maior que inclui anjos e guias espirituais. Incluo exemplos pessoais para alimentar a hipótese de guias espirituais, mas o faço com uma mente aberta, porém crítica, com o uso de instrumentos biofísicos extremamente sensíveis potencialmente capazes de detectar sua presença.

Vamos começar com uma pergunta: se os espíritos existem, como posso provar sua existência? Como você verá no próximo capítulo, um critério formal foi criado para propor essas questões a computadores inteligentes, por exemplo, e nenhum deles passou no teste. Minha prova de conceito é que, se os espíritos forem tão atentos e determinados quanto nós, eles serão no mínimo capazes de passar no teste de sobrevivência de personalidade... e talvez em outros mais.

PARTE II

AS BOAS INTENÇÕES
DOS ESPÍRITOS

3

EINSTEIN AINDA TERIA UMA MENTE E CONDIÇÕES DE PROVAR ISSO?

Você acredita na imortalidade?
"Não, e uma vida me basta."

— Albert Einstein —

Pode ser difícil de acreditar, mas vários médiuns com os quais faço experimentos de laboratório sobre a vida após a morte costumam me dizer que Einstein está vivo do outro lado e tem importantes mensagens para a humanidade. Se esses médiuns estiverem certos, a citação que abre este capítulo não é mais válida.

Embora tenha ouvido em silêncio esses relatos, até agora não fiz nada sobre eles. Não escrevi sobre as muitas alegações coincidentes e independentes desses médiuns, nem sobre suas evidências em relação à presença de Einstein no mundo espiritual. Além disso, ainda terei que convidar Einstein a participar formalmente de nossa pesquisa de laboratório.

Minha discussão sobre Einstein e a sobrevivência de sua consciência aponta um verdadeiro dilema científico que precisa ser resolvido completa e ponderadamente. Ele nos dá a oportunidade de explorar o que consideramos evidências da existência dos espíritos e por que necessitamos de critérios com foco na intenção. Esses critérios são importantes não só para estabelecer a existência dos espíritos, mas também para determinar se nossa voz interior é uma

GARY E. SCHWARTZ

projeção psicológica ou tem caráter próprio e pode ser o sussurro dos espíritos a nos guiar.

O SIGNIFICADO E O USO DA DEMONSTRAÇÃO E DA PROVA DE CONCEITO

Cabem aqui um esclarecimento e uma definição: é importante entender que cientistas não costumam usar as palavras "demonstração" e "prova", e isso me inclui. Cientistas preferem afirmações como "determinar a probabilidade de determinada explicação justificar os dados disponíveis". A palavra "demonstração" é geralmente reservada à matemática: "verificar a correção ou validade de algo por meio de demonstração matemática ou prova aritmética" [Random House Unabridged Dictionary].

Entretanto, uso intencionalmente a palavra "demonstração" no sentido mais genérico, cotidiano do termo: "submeter a teste, experimento, comparação, análise ou coisas do mesmo tipo para determinar qualidade, quantidade, aceitabilidade, características etc." (Random House Unabridged Dictionary). Além disso, como observei anteriormente, existe a fase de prova de conceito, que é similar à expressão "prova de princípio". Eis uma definição simples (que parafraseei): "prova de conceito" é um experimento, pré-teste ou mesmo protótipo que demonstra, em princípio, a exequibilidade de uma abordagem científica ou a viabilidade de um produto para verificar se um conceito ou teoria merece mais experimentação formal ou desenvolvimento do produto.

A prova de conceito é em geral considerada um marco na busca do perfeito funcionamento de um protótipo. Considero que todas as investigações preliminares ou exploratórias e observações da autociência incluídas neste livro são exemplos de provas de conceito ou provas de princípio, porque são demonstrações do uso potencial do método científico para responder às perguntas: "O espírito é real?" e "Pode o espírito desempenhar um papel em nossa vida individual e coletiva?". Ou, por exemplo: "Einstein ainda está vivo?" e "Pode Einstein desempenhar um papel em nossa vida individual e coletiva?".

As pessoas costumam me perguntar: "Você está tentando provar X, sendo X a vida após a morte, a existência do mundo espiritual ou o papel dos espíritos na cura?". "Absolutamente não!" é minha resposta. "O que estou tentando fazer é dar a X a oportunidade de se provar." Se X existe — neste caso, a ideia geral dos espíritos e de uma realidade espiritual maior —, estamos usando um método científico para otimizar a possibilidade de os espíritos, se existirem, provarem sua existência. Em outras palavras, a prova do pudim está no paladar, um preceito que os homens de negócios, assim como os cientistas, ou até mesmo as mães, usam todos os dias. Portanto, se Einstein existe, o que podemos fazer é lhe dar a oportunidade de provar isso em laboratório — se tivermos coragem suficiente.

Mas, antes de considerar essa nova abordagem, será útil conduzir um experimento *gedanken,* ou experimento mental, em que apenas se propõe uma hipótese mental. Einstein adorava *Gedankenexperiment.* Seu mais famoso experimento desse tipo foi imaginar que estava viajando num raio de luz à velocidade da luz. Nosso experimento *gedanken* requer que imaginemos que Einstein de fato ainda está aqui e tentemos nos colocar no lugar de seu ser espiritual.

COLOCANDO-SE NO LUGAR DE EINSTEIN (OU DE SUA CONSCIÊNCIA)

Vamos imaginar que a neta de Einstein procure um médium. Vamos supor por enquanto que o médium não seja uma fraude, não esteja envolvido em falsa mediunidade nem use técnicas mentais de magia. A neta de Einstein não dá ao médium nenhuma pista sobre seu avô. Na verdade, vamos imaginar que ela não diga ao médium que tem alguma relação com Einstein.

De sua posição no outro lado, Einstein está consciente de que o fato de o médium oferecer evidências de sua história passada não é suficiente para provar que sua consciência sobreviveu à morte do corpo. Ele, assim como qualquer observador objetivo, entende que é teoricamente possível que o médium seja um paranormal e esteja lendo telepaticamente a mente de sua neta. Se o médium estiver lendo sua mente, as informações acuradas que supostamente viriam dele não constituiriam prova de que elas provêm de Einstein.

Mesmo que o médium não esteja lendo a mente de sua neta, pode estar obtendo informações de outras fontes, entre elas o que alguns cientistas chamam de "campo do ponto zero". Assim como as informações codificadas na luz estelar continuam a existir no vácuo muito depois que a estrela morreu, é teoricamente possível que o médium esteja recuperando a energia que Einstein deixou no vácuo, criada enquanto ele vivia.

Vamos imaginar, ainda, que sua neta seja cética — ou pior, uma cientista como ele. Einstein tem consciência da possibilidade teórica de ler a mente, assim como do que se chama "super-psi" — ler informações dos mortos no vácuo quântico. Como essa mulher cética saberia que Einstein, em espírito, estava na verdade se comunicando com o médium? Como Einstein demonstraria à sua cética neta que ele está consciente, vivo e evoluindo do outro lado?

O QUE SIGNIFICA TER UMA MENTE, UMA CONSCIÊNCIA VIVA?

Para entender o dilema de Einstein, o dilema de minha falecida mãe ou da sua, vamos imaginar que você esteja morto. Como, estando do outro lado, você conseguiria provar que ainda está não apenas consciente, mas vivo?

Para resolver essas questões fundamentais e abrangentes, convém dar um passo atrás e considerar o que significa estar consciente e vivo, e examinar como conseguiríamos provar que estamos conscientes e vivos no mundo físico. Uma reflexão irá revelar alguns extraordinários desafios subjacentes a essas questões aparentemente simples e triviais.

Vamos considerar primeiro a consciência. Como eu poderia provar a você que estou consciente e escrevendo este livro?

A verdade é que a única consciência que conhecemos ao certo é a nossa. Eu vivencio meus pensamentos e sentimentos enquanto você vivencia os seus. Mesmo que você empatize com meus pensamentos e sentimentos, não pode vivenciá-los diretamente. Eu posso, por exemplo, lhe dizer que estou vendo um lindo pôr do sol laranjo que pode parecer laranjo a você também. Entretanto, você não pode ter certeza de que minha visão do laranjo seja a mesma experiência do laranjo que você tem, nem eu posso ter certeza de que a minha é a mesma que a sua. Só porque lhe digo que estou consciente, isso não prova que estou mesmo consciente.

Apenas como exemplo, posso programar um computador para travar um diálogo complexo, como se fosse eu.

Você poderia perguntar ao computador: "Como você se chama?".

Eu posso ter programado o computador para detectar o padrão vocal "Como você se chama?" e responder: "Meu nome é Gary".

Você poderia perguntar, então: "Onde você vive?". Da mesma forma, o programa de computador poderia detectar esse padrão e responder: "Eu vivo em Tucson, Arizona".

Então, você poderia fazer uma pergunta capciosa: "Você está consciente?". E eu poderia ter programado o computador para detectar o padrão e responder: "Evidentemente. E você?".

Eu poderia programar milhares de perguntas possíveis e conectá-las com inúmeros tipos de resposta, e assim fazer com que o computador parecesse consciente, criativo e vivo. Na verdade, se estivéssemos conduzindo esse experimento de comunicação ao telefone, você pensaria que estava de fato falando comigo!

O principal é que não posso provar que estou consciente, especialmente porque os computadores podem me representar bastante bem. O melhor que você pode fazer é inferir que estou consciente pelo meu comportamento. E posso fazer o mesmo em relação a você: inferir que você está consciente por seu comportamento.

Esse desafio fundamental (alguns diriam "problema") se agrava depois que morremos. Se não posso lhe provar definitivamente que estou consciente quando estou vivo, como poderei convencê-lo de que ainda estou consciente depois de morto? O cerne da questão é que o médium deve inferir que o espírito do morto está consciente, da mesma forma que você infere que eu estou consciente no mundo físico.

É essencial compreender que os físicos experimentais estão acostumados a inferir processos que não podem medir diretamente. Como mencionei anteriormente, por exemplo, os físicos inferem a existência de um campo gravitacional pelo comportamento dos objetos que se movem no espaço ou pelo comportamento dos números que se alternam na tela de um computador. A gravidade não pode ser vista, ouvida ou detectada por nossos sentidos. A gravidade é inferida indiretamente por seus efeitos sobre a matéria ou a luz, e o mesmo ocorre com a consciência. Sei que estou consciente e infiro que você está consciente. Você sabe que está consciente e infere que estou consciente. É muito difícil provar que estamos conscientes. Provar que somos uma consciência viva é ainda mais difícil.

Pense no seguinte: evidentemente, não há nenhuma dificuldade em provar que estou biofisicamente vivo. Você pode medir minhas ondas cerebrais, as batidas de meu coração, meu consumo de oxigênio, e assim por diante, e concluir que no momento estou fisicamente vivo. Entretanto, o que você mediria para provar que minha consciência está viva? Além disso, como eu poderia provar a você que estou mentalmente vivo?

Isso pode parecer óbvio também. Você pode me fazer perguntas e eu posso respondê-las. Mas esse processo prova que minha consciência está viva? O exemplo da programação de computador apresentado acima — às vezes chamado teste Turing, nome do cientista de computação que primeiro o descreveu — nos lembra de que o paradigma pergunta-resposta não prova a existência da consciência, muito menos que ela está viva. Embora repostas criativas e inteligentes indiquem vida, não são prova disso.

Quando um médium diz: "Vejo Einstein, e ele está pulando para cima e para baixo", isso significa necessariamente que Einstein está pulando para cima e para baixo do outro lado? Ou pode o médium estar vendo um registro histórico de Einstein pulando para cima e para baixo, ou imaginando que Einstein está pulando?

Só porque o médium diz que vê Einstein fazendo ou dizendo alguma coisa, não significa que ele esteja ali e vivo, mesmo que a informação seja muito precisa e possa ser confirmada por parentes ou outros cientistas vivos. A questão aqui não é de precisão, mas de sobrevivência da consciência e de vida.

Então, como Einstein, estando do outro lado, pode provar que ainda é uma consciência viva? Como sua neta, que em nosso experimento mental é uma cientista cética, pode chegar à conclusão de que o grande cientista — sua essência — ainda está aqui? E não importa se Einstein é um cientista morto ou Shirley, minha falecida mãe: ambos têm o mesmo problema. E agora, conceitualmente, se você está tendo contato com um ser querido que já morreu ou um guia espiritual, você também tem um problema.

MOSTRANDO AOS CIENTISTAS QUE OS MORTOS TÊM MENTE

Esta tem sido uma questão fundamental para os cientistas e pesquisadores da vida após a morte interessados em documentar se a consciência sobrevive à morte física. É relativamente fácil para os pesquisadores estabelecer definitivamente que as explicações convencionais da mediunidade não são capazes de justificar todas as descobertas. É mais difícil estabelecer que o médium não está lendo a mente consciente do sujeito.

Como discuti em meus livros anteriores, há evidências substanciais de que os médiuns não só deixam de transmitir a informação precisa em que o sujeito está pensando conscientemente, mas muitas vezes fornecem informações que o sujeito já esqueceu e das quais se lembrará mais tarde, ou até informações que o sujeito não tinha. Outros cientistas profissionais, como o doutor David Fontana, assim como cientistas laicas como Susy Smith, também discutiram o assunto em seus livros. Entretanto, permanece em aberto a possibilidade

GARY E. SCHWARTZ

de que os médiuns estejam praticando um ato de paranormalidade, como ler a mente distante de um parente ou amigo, ou ter acesso a informações deixadas no vácuo quântico.

Enquanto isso, lembre que, em nosso experimento mental, estamos imaginando que Einstein está de fato do outro lado, esforçando--se para convencer sua neta querida — assim como eu e você — de que está não só consciente, mas muito vivo. Como ele faz isso?

A resposta é que ele se manifesta criativa e convincentemente.

OS ESPÍRITOS SE MANIFESTAM
DE MANEIRAS ENGENHOSAS

A verdade é que, embora conhecesse as pesquisas realizadas ao longo de mais de um século sobre a sobrevivência da consciência, não imaginei que novas e convincentes evidências começariam a se revelar inesperada e repetidamente tanto em meus experimentos formais em laboratório quanto em minhas investigações informais de autociência, sem nenhum esforço ou controle consciente de minha parte.

Desde o início de meu programa de pesquisas, testemunhei exemplos não previstos ou planejados que sugeriam fortemente a sobrevivência do espírito. Essa evidência era acentuada, às vezes de maneira extraordinária, depois da morte de pessoas ilustres que eram cientistas amadores — especialmente Susy Smith — e que tinham grande familiaridade com as pesquisas sobre a vida após a morte. Você vai conhecer algumas dessas pessoas e as lições que elas me ensinaram nos próximos quatro capítulos.

À medida que testemunhava esses exemplos de aparente sobrevivência um depois do outro, ficou claro para mim que a maneira como determinada pessoa morta, como Einstein ou minha mãe, provava que estava viva era uma manifestação.

Elas eram capazes de assumir o controle da situação e mostrar que tinham uma intenção consciente, que chamamos cientificamente de intenção incorpórea.

A GRANDE ALIANÇA

A falecida Susy Smith era capaz de revelar que tinha uma mente própria e podia usá-la de maneira criativa, às vezes jocosa e, em certos casos, decisiva. Podia mostrar que tinha no mínimo tanta liberdade quanto eu ou você, e era capaz de tomar decisões e seguir seu próprio caminho.

Podia inclusive mostrar que não era escrava de nossos experimentos; ao contrário, tinha tanto ou mais controle dos resultados que os cientistas que os conduziam.

Em outras palavras, podia demonstrar que o médium não estava obtendo a informação, mas que a informação estava sendo dada ao médium. Como eu e a doutora Julie Beischel expressamos em nosso artigo de 2007, publicado no *EXPLORE: The Journal of Science and Healing*, os médiuns não transmitem a informação; eles a recebem.

Curiosamente, minha pesquisa revela que pessoas que exerciam o comando na vida física continuam fazendo isso na vida após a morte. Pessoas que eram afirmativas deste lado continuam sendo afirmativas do outro lado. Aqueles que eram criativos e perspicazes na Terra continuam se comportando de maneira criativa e perspicaz depois de mortos. Lembre-se de que esse critério também se aplica à sua voz interior: quem fala com você é seu complexo sistema psicológico ou algo independente de sua história e determinado por circunstâncias externas?

Usando a linguagem científica, as informações recebidas por médiuns revelaram propriedades que indicam a existência de: intenção, assertividade, tomada de decisões, autocontrole, divergência, teimosia etc., características que essas pessoas já mostravam na vida física.

Vamos considerar uma última questão importante antes de explorar as evidências de prova de conceito.

Como posso provar a você que tenho uma mente — e, por extensão, como você pode provar a mim, ou a seus entes queridos, que tem uma mente — independentemente de estar no mundo físico ou no pós-físico, do outro lado?

Se eu responder:

1. Posso interrompê-lo enquanto você está falando.
2. Posso surpreendê-lo com uma visita inesperada.

3. Você pode me fazer uma pergunta, mas posso preferir responder a uma pergunta anterior.
4. Posso discordar de uma afirmação sua.
5. Posso ignorar seu pedido para que eu pare.
6. Se você me pedir uma determinada informação, posso dizer: "Não, não vou lhe dizer".
7. Posso até mentir para você.

Se a consciência realmente sobrevive, teoricamente posso fazer essas coisas estando ou não no mundo físico. Se você me der a oportunidade de me manifestar, posso mostrar que sou a mesma pessoa.

Você pode fazer o mesmo.

Assim como Einstein.

EVIDÊNCIAS NÃO PLANEJADAS DA INTENÇÃO INCORPÓREA

O que você está prestes a ler nos quatro capítulos a seguir é uma série de exemplos surpreendentes, na maioria não planejados nem previstos por mim, que ocorreram no curso de nossas pesquisas sobre a vida após a morte. Confesso minha confusão, surpresa, prazer, descrença, frustração e deslumbramento à medida que cada relato se desenrola. Entre esses casos não planejados, há mortos desconhecidos, como minha mãe e minha sogra, e mortos famosos, como a princesa Diana. Como me ensinou um cientista falecido depois de sua morte: "A sobrevivência está em detalhes" (e você deve se lembrar do termo "suposto" quando digo isso).

Como você vai descobrir, os mortos às vezes são mais astutos e convincentes do que nós, cientistas — e muito mais maliciosos.

Se os mortos realmente sobreviveram, evidentemente sabem mais sobre a vida após a morte do que nós.

A pergunta é: será que estamos preparados e dispostos a ouvir? Estamos dispostos a, com sua orientação e colaboração, conceber e

A GRANDE ALIANÇA

conduzir futuros experimentos capazes de estabelecer definitivamente, acima de qualquer dúvida razoável, que eles ainda estão aqui?

Mais desafiador do que estabelecer cientificamente que eles ainda estão aqui é determinar sua fervorosa intenção de nos ajudar, individual e coletivamente. No entanto, é exatamente isso que a ciência deve fazer: descobrir uma maneira de documentar que a intenção dos espíritos não só existe, como está focada no nosso bem-estar.

Isso torna a justificativa científica relevante para a minha e a sua exploração do mundo espiritual. Se vamos aceitar os conselhos dos espíritos, é melhor termos certeza de que essa ajuda é real e de que não estamos nos enganando ou projetando nossas esperanças e desejos no vácuo. *A grande aliança* trata dessa grande possibilidade e oferece evidências de prova de conceito para que possamos levar essa tarefa adiante com seriedade e responsabilidade.

Lembre-se: se os médiuns utilizados nas pesquisas estiverem corretos, Einstein e outras grandes figuras históricas aguardam com certa impaciência que nós, inclusive os cientistas conservadores, finalmente levemos a sério suas intenções. E, como você verá, as percepções desses médiuns responsáveis e dedicados — por mais estranhas que possam às vezes parecer — merecem nossa consideração.

4

A NECESSIDADE PODE EVOCAR
UMA MÃE INVENTIVA?

A mãe é a necessidade da invenção.

— Anônimo —

Costuma-se dizer que a necessidade é a mãe da invenção. Minha mãe, a falecida Shirley S. Schwartz, ensinou-me o contrário: as mães podem se tornar a necessidade da invenção para seus filhos. Ao longo dos anos, minha mãe me ajudou a ter uma visão global em muitas surpreendentes e memoráveis lições de vida, quase sempre usando criatividade e bom humor, mas sempre fazendo as coisas a seu modo.

As sogras também podem ser mestras mesmo depois de mortas. Neste capítulo, vou apresentar evidências de duas investigações: uma conduzida no laboratório de pesquisa e envolvendo minha mãe, e outra realizada no laboratório da vida e envolvendo minha sogra, Marcia Eklund, e sua filha, minha esposa Rhonda. Elas ilustram de maneira clara e convincente que os mortos aparentemente podem se manifestar, provar que têm uma mente e nos ajudar.

Você pode estar se perguntando em que sentido tais observações são científicas. Além disso, você deve estar pensando se elas não refletem uma inclinação subjetiva da parte dos observadores. São preocupações válidas e fundamentais que merecem ser levadas em consideração.

Primeiro, as observações relatadas aqui são científicas no sentido de que foram registradas cuidadosamente e, em certos casos, testemunhadas por dois ou mais indivíduos. Esses fatos realmente aconteceram. Não houve fraude ou deturpação.

Em segundo lugar, as observações foram analisadas de diferentes perspectivas, o que incluiu um cuidadoso questionamento do contexto em que os fatos ocorreram, assim como de suas possíveis interpretações. Insisto em levar em consideração explicações alternativas das observações e dar a todas as interpretações possíveis a justa atenção.

Em terceiro lugar, amplas pesquisas da física quântica e da parapsicologia indicam que a receptividade e as intenções do observador — seja ele um cientista profissional ou um leigo — podem afetar o que está sendo observado e medido. A receptividade a novas descobertas e a aprovação do que está sendo mostrado podem criar um estado favorável ao surgimento de certos fenômenos genuínos, ao passo que vários observadores excluem o autoengano. Isso também se aplica aos céticos, que na vida diária podem tentar copiar algumas de minhas investigações da autociência. Entretanto, uma atitude cordial como a minha parece evocar uma reação positiva, enquanto uma postura menos receptiva pode expulsá-los sumariamente.

Finalmente, nas primeiras fases da pesquisa científica em um novo campo, estabelecer a viabilidade de conceitos inovadores, assim como métodos para investigá-los, é essencial para justificar e conceber futuras pesquisas sistemáticas nessa área. É nesse contexto que compartilho essas importantes observações pessoais de provas de conceito.

LIÇÕES DA VISÃO GLOBAL DE SHIRLEY

As mães em geral não são muito conhecidas, a não ser por seus filhos e por um pequeno círculo de familiares e amigos. Entretanto, as mães costumam ter uma influência fundamental e duradoura sobre nossa vida, e, como descobri, podem continuar exercendo essa maternidade mesmo depois de mortas.

Embora minha mãe fosse uma pianista clássica desconhecida que se tornou professora de escola fundamental — sua única e breve

A GRANDE ALIANÇA

notoriedade ocorreu quando assumiu a presidência da Associação de Pais e Mestres de nossa escola em Long Island —, ela era, por assim dizer, muito famosa para mim e para os que a conheciam. Era tida como uma boa pessoa, dona de um grande coração que transbordava de carinho, coragem e convicção. A família e os amigos íntimos sabiam que ela era uma força com que podiam contar. Ela merecia não só nosso amor e respeito, mas às vezes também nossa cautela. Aprendemos que não convinha contradizê-la.

Como mencionei no capítulo anterior, minha pesquisa sobre a vida após a morte (assim como a de outros investigadores) indica que pessoas que são muito famosas nesta vida em geral continuam assim na próxima. É curioso, e provavelmente apropriado, que a primeira evidência clara de intenção incorpórea me tenha sido ensinada, para minha grande surpresa, por minha falecida mãe.

Partes do incidente que descrevo a seguir foram reveladas em *The afterlife experiments* [Experimentos da vida após a morte]. Entretanto, já é tempo de apresentar a história completa (e controversa) e a profunda lição de intenção incorpórea que minha mãe tentou me ensinar. Digo "tentou" porque, durante quase uma década, recebi réplicas de sua intenção por parte de crianças e outros parentes mortos — testemunhadas por mim e independentemente por meus colegas e outros cientistas — até finalmente aceitar o que minha mãe aparentemente estava me mostrando. Naturalmente, isso quer dizer que a consciência e as intenções de minha mãe sobreviveram.

Eu gostaria que você participasse de novo de um experimento mental, dessa vez para tentar imaginar que você é minha falecida mãe.

Como você convenceria um cientista agnóstico e questionador como eu de que sua consciência e sua personalidade, por melhores ou piores que sejam (estou brincando, mãe), ainda estão vivas? Especialmente quando lhe pedi — em minha mente (considerando a possibilidade de que você ainda esteja aqui) — que não interferisse num determinado experimento controlado que eu estava conduzindo à época!

Estávamos no verão de 1999, e eu e meus colegas nos preparávamos para conduzir uma investigação cuidadosamente controlada com três médiuns e cinco sujeitos. Era o primeiro experimento que tínhamos concebido no qual o sujeito ficaria em completo silêncio, nunca teria permissão para falar. A investigação era financiada por uma doação do Canyon Ranch, que cobria as despesas de viagem e alojamento dos três médiuns e o uso do rancho para a condução da experiência.

Cada médium trabalhava com um investigador, ou condutor. Tive a sorte de trabalhar com John Edward, à época um médium relativamente desconhecido. Durante as sessões experimentais, os médiuns sentaram-se em salas separadas, diante de câmeras de vídeo, de costas para uma tela que ia do teto ao chão e os separava dos sujeitos da pesquisa e dos pesquisadores. Os médiuns só tinham permissão para falar com seus respectivos pesquisadores, mas nunca com os sujeitos, que também não podiam se dirigir a eles.

Eram cinco sujeitos cuidadosamente selecionados, todas mulheres que tiveram um certo desconforto com uma extensa análise pós-experimental. Depois que passaram por sessões individuais com cada um dos três médiuns, que transcrevemos as fitas e pontuamos cada item das respostas, elas receberam a desanimadora tarefa de classificar cuidadosamente as três sessões. Além de classificar cada item de suas três sessões usando uma pontuação de -3 a +3, ainda teriam que classificar todos os itens das outras doze sessões dos outros quatro sujeitos. Nosso propósito era determinar se a informação de uma determinada sessão era exclusiva comparada com as sessões de controle, isto é, as sessões de outros sujeitos do mesmo sexo.

Cada sessão da experiência tinha duas partes. Na primeira parte, o médium era solicitado a relatar as informações que pudesse obter sobre os entes queridos do sujeito. Ele não tinha conhecimento do nome do sujeito, nem dos nomes de seus entes queridos falecidos. Além disso, não podia fazer perguntas ao sujeito, que também não tinha permissão para falar.

Na segunda parte, o médium tinha permissão para fazer perguntas simples ao sujeito, que responderia apenas com sim ou não. Mas, não podendo falar, teria de responder às perguntas com um movimento de cabeça, e o investigador, que não conhecia a história

A GRANDE ALIANÇA

dos entes queridos do sujeito, diria sim ou não. A única voz que o médium ouvia durante as cinco sessões (uma para cada sujeito) era a do investigador. Portanto, a única voz que John ouviu durante a experiência foi a minha.

Cerca de uma semana antes das sessões, ocorreu-me que valeria a pena acrescentar ao experimento mais uma sessão, dessa vez sem nenhum sujeito. O investigador entraria na sala sem um sujeito e funcionaria como um sujeito secreto (em retrospecto, parece que eu queria passar por uma sessão ou estava sendo instigado a fazê-lo, como se verá).

Digo "secreto" porque os médiuns não saberiam que uma das sessões não teria um sujeito. Isso aumentaria o total de sessões de cinco para seis, e, portanto, o total de sessões avaliadas pelos sujeitos de quinze para dezoito. Além disso, cada um dos três pesquisadores seria solicitado a avaliar todas as dezoito sessões para determinar se uma informação exclusiva seria obtida quando os investigadores eram os sujeitos secretos.

Infelizmente, quando os médiuns chegaram a Tucson e ficaram sabendo que planejávamos seis sessões durante o dia de experiência em vez das cinco inicialmente combinadas, não concordaram, argumentando, com razão, que ficariam muito cansados depois de cinco sessões. Lembraram-me do estresse físico e psicológico que representava passar por uma sessão intensa depois da outra, aumentado pelo fato de não lhes ser permitido ver ou falar com os sujeitos.

Percebi que, em sã consciência, não podia negar aos cinco sujeitos previamente selecionados a oportunidade de participar. Estavam todos ansiosos para passar por essa experiência com um grupo tão seleto de médiuns. Depois de uma reunião com minha equipe de pesquisa, decidi abrir mão da sexta sessão, na qual os pesquisadores funcionariam como sujeitos secretos. Isso significava que os entes queridos dos pesquisadores não teriam a oportunidade de participar.

Depois de duas experiências anteriores com John, eu tinha fortes evidências não só de que ele era verdadeiro, mas de que as informações que recebia apoiavam a tese de que a consciência sobrevive à morte física. Assim, mentalmente, desconvidei meu pai, minha mãe e meus avós a participarem da experiência, mas lhes prometi que num futuro experimento eu funcionaria como sujeito secreto e eles voltariam a ter a oportunidade de atuar em nossa pesquisa. Como não sou médium, não tinha a menor ideia se meus parentes tinham me ouvido.

Entretanto, sem meu conhecimento, minha mãe tinha seus próprios planos. Iria se manifestar no fim do dia, deixar claro que ainda era ela que mandava e que tinha algo importante a me mostrar.

SHIRLEY INVADE A SESSÃO

Quando chegamos à quinta e última sessão, John e eu estávamos exaustos e loucos para encerrar o dia. Apesar disso, John enfrentou a última sessão, colhendo imagens e nomes de pessoas que o sujeito reconheceu e confirmou na segunda parte da sessão. Mas não demorou muito para John perceber uma diferença no que estava vivenciando. É importante prestar muita atenção às palavras precisas que John usou:

John Edwards (JE): Isso não está fluindo como normalmente. Estou recebendo uns anúncios... como os que escrevi no papel antes que todos entrassem na sala. Eles estão me dizendo que a mulher que tem nome com S está aqui, cumprimentando seus meninos. Um deve estar na área médica, porque é doutor. Que seu marido está aqui. Ela fala do signo de Gêmeos, o que pode significar alguém de Gêmeos ou gêmeos. Mas isso não é para o sujeito. Gary, pode ser para você.

Fiquei estupefato e secretamente feliz. Minha mãe, cujo nome, Shirley, começa com S, assim como seu segundo nome, Sarah, teve dois filhos, um dos quais é um doutor: eu, que, embora não seja médico, tenho doutorado. Além disso, sou de Gêmeos. Esses quatro fatos definiram um padrão que se adequava perfeitamente a mim. Mas seria a informação realmente para mim?

A GRANDE ALIANÇA

John continuou recebendo informações da mesma pessoa.

JE: Alguém quer ser chamado de "leiteiro". É estranho, porque a pessoa não está tentando mostrar que entrega leite. Ele é leiteiro... Tenho duas mães aqui. Elas não têm relação nenhuma. Gary, é para você...

Duas mães, sem nenhuma relação? Surpreso e intrigado, estimulei John a continuar recebendo as informações, fossem elas para mim ou para o sujeito. Mais informações fatuais foram reveladas durante a segunda fase da sessão e, como John identificou que elas se dirigiam a mim, as respostas se referem a mim, e não ao sujeito.

JE: ...sua vesícula foi removida?
Gary Schwartz (GS): Não exatamente.

JE: Desculpe. Houve uma cirurgia de abdômen, com remoção do apêndice?
GS: Sim.

JE: E sua mãe é falecida?
GS: Sim.

JE: É ela o S?
GS: Sim.

JE: Você tem um irmão?
GS: Hã-hã (sim).

JE: Não estou sentado com seu irmão, correto?
GS: Como?

JE: Este sujeito é seu irmão?
GS: Não.

JE: OK. Isso é para você. O leiteiro é para você.
GS: Hum.

JE: Seu pai também é falecido?
GS: Sim.

JE: Existe um Morris na família?
GS: Sim.

JE: O que vejo parece ser um tio ou um avô.
GS: Hã-hã (sim).

Depois desse diálogo, John solicitou permissão para pedir à minha mãe que ficasse em silêncio, para que ele pudesse receber informações do sujeito. Mas continuou tendo dificuldade. Então, identificou a fonte do problema: como ele já havia percebido, duas mães estavam presentes.

JE: Uma para o sujeito, outra para você. Sua mãe fala mais alto, Gary.

A interpretação de John era coerente com a personalidade de minha mãe. Ela sempre fora dominadora, para dizer o mínimo. John conseguiu se concentrar no verdadeiro sujeito da sessão, mas, embora recebesse informações significativas e precisas para ela, continuou a relatar informações precisas para mim.

Confirmou que o leiteiro que tinha mencionado antes era para mim, e, curiosamente, alegou que meu tio Morris era conhecido por dois outros nomes, que pareciam Maurice e Merle. Dois outros nomes?

Depois do experimento, liguei para meu irmão, que ligou para nosso primo, filho de tio Morris. O primo confirmou a versão de John: seu pai era às vezes chamado de Moshia e outras vezes de Moe. Como não eram exatamente os nomes que John tinha dado, era discutível se esses nomes eram suficientemente semelhantes ou não. Mas o fato de ele ser chamado por dois outros nomes, e de ambos começarem com a letra M, era um tiro no alvo. Além disso, eu não sabia disso na época.

Se eu aplicasse a pontuação de -3 a +3 às informações que, segundo John, procediam de minha família, minha avaliação seria de no mínimo 80%. A combinação de informações — mãe com nome que começa com S, um filho doutor, um geminiano, um apêndice retirado, um irmão, um pai falecido e um tio Morris que tinha outros dois nomes iniciados com M (isso não tinha correlação com nenhum dos sujeitos da experiência nem dos pesquisadores) — só se aplicava a mim. Além disso, a possibilidade de que essas informações tenham ocorrido por acaso é muito menor que uma em um milhão.

As informações sobre minha família eram em sua maioria interessantes e precisas. Mas e a referência ao "leiteiro"? Quando cheguei com todos os sujeitos e pesquisadores se algum deles tinha um relacionamento ou uma ligação com algum leiteiro, ninguém confirmou essa hipótese. Era o que eu esperava, porque estava certo desde o início de que aquela informação provavelmente era para mim. Na verdade, isso trouxe à tona uma lembrança de infância na qual eu não pensava havia décadas.

Quando criança, interessei-me por colecionar garrafas de leite, que usava para guardar as coisas que os meninos costumavam colecionar nessa época: bonequinhos de plástico de caubóis e índios, moedas, besouros mortos e vaga-lumes. Eu tinha uma grande coleção dessas garrafas, o que deve ter me colocado na lista negra de nosso simpático leiteiro, que constantemente me pedia que eu as devolvesse. O dia em que as garrafas de leite e os leiteiros foram substituídos por embalagens de papelão foi um susto para mim e para minha simpática e carinhosa mãe.

Seria a menção de John a um leiteiro uma referência à minha lembrança de infância? Evidentemente, não poderíamos saber isso com certeza. Mas eu estava inclinado a considerar essa possibilidade. Será que minha mãe trouxera isso à baila de propósito para tumultuar a sessão? Só muito mais tarde percebi outra implicação dessa referência ao leiteiro. A essa altura de minha carreira, eu estava começando a conduzir investigações exploratórias sobre a vida após a morte, mas ainda não tinha me decidido a escrever sobre elas. Sabendo disso, estaria minha mãe tentando me dizer para não guardar essas informações, como eu fizera com minha coleção de brinquedos? Para mim, seria muito perigoso dar publicidade a essas informações, em especial às descobertas feitas no laboratório de minha vida particular, e ela sabia disso.

O interessante é que, de centenas de sessões que tive o privilégio de testemunhar desde então, nenhuma foi invadida por qualquer um dos membros de minha família. Jamais um deles interferiu numa sessão, nem por um breve período. No entanto, da única vez que secretamente convidei minha mãe a participar de um experimento e depois a desconvidei, ela parece ter se manifestado assim mesmo. Como você verá no caso que revelarei a seguir, minha mãe às vezes tinha — e aparentemente continua tendo — um irreverente senso de humor.

OUTRA SESSÃO QUE ENVOLVEU MINHA MÃE

Depois que vi minha mãe chegar sem ser convidada ao Canyon Ranch e monopolizar a quinta sessão por algum tempo, senti necessidade de atuar como sujeito em uma sessão secreta com outro médium, que não soubesse o que tinha acontecido. Essa sessão ocorreu logo depois e envolveu um médium que prefere não ser identificado.

Uma noite, esse médium entrou em contato comigo alegando que sentia a presença de minha mãe e que ela queria falar comigo. Perguntei-lhe se minha mãe queria que ele fizesse uma sessão para mim. O médium respondeu que sim.

Como não se tratava de uma investigação formal, mas de uma experiência particular, a sessão não foi gravada, nem tomei notas. Entretanto, como as informações foram tão específicas, significativas e memoráveis, parece que foi ontem. Além disso, logo depois, compartilhei as informações com algumas pessoas, entre elas meu irmão.

Perguntei ao médium se minha mãe podia nos mostrar como morreu. O médium disse que ela estava mostrando que estava gravemente doente e que morreu de uma longa doença. Isso era verdade: minha mãe sofria de diabetes e hipertensão e acabou tendo uma deficiência renal.

Perguntei ao médium se minha mãe podia lhe falar sobre seu funeral. Ele respondeu que ela estava mostrando o serviço fúnebre e, depois, uma casa funerária onde fui buscar suas cinzas. Isso também era verdade: minha mãe tinha sido cremada.

A GRANDE ALIANÇA

Ele então disse algo como: "Sua mãe está me mostrando que as cinzas estavam numa caixa que parecia de sapatos. Era um recipiente grosseiro".

Fiquei espantado com o comentário do médium. Até então, eu nunca tinha ido a um crematório buscar as cinzas de alguém. Parece que, como não solicitei um recipiente sofisticado, as cinzas de minha mãe foram colocadas numa lata de café! Só eu e meu irmão sabíamos que as cinzas de mamãe tinham sido entregues dessa maneira. Embora o médium não tenha dito "lata de café", a semelhança com um recipiente grosseiro, como uma caixa de sapatos, é digna de nota.

O médium então disse: "Sua mãe está mostrando você e seu irmão viajando para a praia. E está muito frio e ventando muito". Isso era verdade. Minha mãe morreu no inverno, e tinha pedido a mim e a meu irmão que espalhássemos suas cinzas na grande baía sul, na costa de Long Island. Fomos de carro até uma praia perto da Captree Fishing Dock para realizar sua vontade. Era um dia frio e cinzento, e nevava.

O médium então disse: "Está me mostrando que você teve um problema ao espalhar as cinzas. Que elas foram sopradas pelo vento". Fiquei chocado.

A baía estava em parte congelada, e eu e meu irmão tivemos de caminhar sobre o gelo para chegar perto da água. Quando tentei lançar as cinzas na água, o vento as soprou de volta na minha direção, sujando meu casaco, minhas calças e até meu rosto.

Nós nos sentimos idiotas fazendo isso. Era irritante, mas tentávamos realizar o último desejo de mamãe — pelo menos era o que pensávamos. Minha mãe morreu no início da década de 1980, e meu irmão e eu tínhamos sido ensinados desde a infância de que "és pó e ao pó retornarás. E caso encerrado".

Foi então que o médium me deu uma das mensagens mais estranhas e confortadoras que já ouvi. Ele disse: "Sua mãe está me mostrando que ela e seu pai estavam lá". Meu pai tinha morrido alguns anos antes dela. "Ela e seu pai estão sorrindo, e ela me diz que eles acharam o que você e seu irmão fizeram muito engraçado". A experiência tinha sido traumática para mim: ser coberto pelas cinzas de minha mãe era quase como ser sufocado por sua presença, às vezes avassaladora. A mensagem do médium ajudou a curar essa ferida.

Entretanto, por mais convincentes que fossem as observações do experimento de Canyon Ranch, a ciência exige repetição. Precisei obter repetidas evidências de pessoas mortas que participaram de minhas pesquisas para finalmente me livrar de meu ceticismo arraigado e concluir que minha mãe, minha sogra (cujo caso será relatado a seguir) e, por extensão, todos os nossos entes queridos ainda estão por aqui.

O curioso é que, à medida que o tempo passou e a pesquisa se desenvolveu, as evidências de intenções incorpóreas tornaram-se cada vez mais inesperadas, aparentemente inacreditáveis e mais incontestáveis. Parecia que, quanto mais preparado eu estava para antever e entender as evidências de intenção incorpórea, mais elaboradas e criativas elas se tornavam.

Estaria eu me interessando pela hipótese de intenção incorpórea? Sim.

Por essa razão, tive todo o cuidado de ficar atento a possíveis interpretações de ausência de intenção (e, portanto, ausência de sobrevivência).

LIÇÕES DE MARCIA DEPOIS DE MORTA

As informações que vou partilhar a seguir vieram do diário de minha mulher, Rhonda Eklund, sobre suas experiências de comunicação espiritual depois da morte de sua mãe. São apresentadas em detalhes no livro que ela publicará com o título de *Love eternal*.

Vou relatar esse incidente porque ele revela outra notável maneira pela qual os espíritos podem se manifestar e não apenas provar que ainda podem estar entre nós, mas também nos ajudar em certos momentos — a essência de *A grande aliança*.

Quando conheci Rhonda, Marcia tinha morrido cinco anos antes. Rhonda tinha elaborado um cuidadoso relato de uma série de

A GRANDE ALIANÇA

incidentes extraordinários que a fizeram concluir que o espírito de sua mãe ainda estava aqui. Rhonda era filha única, e mãe e filha tinham um relacionamento excepcionalmente próximo. Marcia era uma mulher profundamente religiosa que, no fim da vida, praticara cura espiritual (esse fato será importante na parte III deste livro, quando discutiremos as pesquisas sobre a cura promovida com a ajuda dos espíritos).

Eis o relato, nas palavras de Rhonda:

Segunda-feira, 26 de novembro de 2001.
Minha semana estava ocupada em resolver as questões relaciona-das ao espólio. Marquei uma hora e fui até a empresa da qual meu pai se aposentara para informá-los do falecimento de minha mãe. Eu e ela tínhamos estado lá depois que ele ficou incapacitado. Nessa época, uma apólice de seguro, criada havia dez anos, teria de ser transferida.
Eles me informaram de que não conseguiam encontrar os papéis e não se lembravam desse acordo.
Nessa época, eu vivia rezando a Deus e conversando com mamãe. Voltei para casa e pensei que, se seguisse minha natureza, vascu-lharia cada gaveta da casa outra vez, determinada a encontrar nossa cópia dos documentos [Nota: Rhonda já tinha vasculhado a casa sem encontrar a apólice]. Mas, como precisava voltar ao trabalho em Seatle na semana seguinte, não tinha tempo para isso. Parei sob o arco que separava a sala de estar da sala de jantar e pedi: "Meu Deus, sei que o Senhor sabe onde estão esses papéis e pode revelar sua localização. E, mãe, sei que você sabe onde eles estão também e por que preciso encontrá-los. Então, se você puder me mostrar onde eles estão, por favor, faça isso".
Imediatamente, as palavras começaram a soar dentro de minha cabeça: "Vá até o armário de meu escritório e olhe atrás da ban-deira de papai que está dobrada no chão".
Não questionei nem analisei a orientação. Era fácil checá-la.

GARY E. SCHWARTZ

Caminhei até o escritório em curiosa expectativa, empurrei a porta que estava entreaberta e senti que meu coração começou a bater mais rápido quando a luz da sala inundou o armário, revelando a bandeira militar dobrada, por trás da qual se projetavam algumas folhas soltas!

Não conseguia acreditar no que via. Seriam os papéis que eu procurava?

Peguei-os, sem tempo de pensar direito nas implicações se aqueles fossem de fato os papéis que eu procurava.

Sim, eram os documentos atrás dos quais eu virara a casa de cabeça para baixo.

Naturalmente, o relato de Rhonda, por mais dramático que seja, não estabelece definitivamente que objetos perdidos possam ser encontrados, nem que um espírito tenha se envolvido ativamente nesse processo. Mas, se Rhonda não tivesse encontrado a apólice, as consequências econômicas seriam graves, além do seu desgaste emocional.

Os parapsicólogos se apressarão a argumentar — e com razão — que objetos perdidos às vezes podem ser encontrados com a utilização de uma técnica chamada "visão remota". Entretanto, é importante entender que o fato de algumas pessoas, algumas vezes, poderem encontrar objetos perdidos usando procedimentos de visualização não nos informa *como* a visão remota funciona.

Até onde sabemos, é possível que a visão remota de objetos perdidos funcione porque os espíritos às vezes ajudam o vidente a localizar os objetos perdidos, mesmo que ele não tenha consciência dessa ajuda. A verdade é que não conhecemos os mecanismos da visão remota.

Eis o que importa para a ciência, a visão maior ou a mensagem. Os exemplos de Shirley e Marcia neste capítulo revelam a oportunidade que temos de levar essas possibilidades — manifestações e descoberta de objetos perdidos — ao laboratório e submetê-las a teste. Se não estivermos abertos à ideia de que Shirley e Marcia estão de

A GRANDE ALIANÇA

fato aqui, jamais realizaremos as pesquisas capazes de verificar se os espíritos estão ou não aqui e podem nos ajudar em nossa vida.

Você está prestes a descobrir um exemplo notável de um espírito sofisticado que implementou um novo paradigma experimental, provando que uma pessoa morta pode escolher trazer outro morto até um médium — mesmo quando o médium desconhece totalmente a identidade dessa segunda pessoa, nem sabe que a primeira está vindo para uma sessão — tudo para provar uma coisa: "estamos aqui e queremos ajudar".

5

O PRESTATIVO ESPÍRITO MENSAGEIRO DE SUSY SMITH

Inverno, verão ou outono,
Você só precisa ligar
E eu estarei aí, sim, eu estarei.
Você tem um amigo.

— James Taylor —

Quando penso na falecida Susy Smith, autora de cerca de trinta livros sobre parapsicologia e vida após a morte, lembro da canção de James Taylor, You've got a friend (ou, em português, "você ganhou um amigo"). E, como acabei descobrindo, não fui o único que ganhou uma amiga, mas todos os que investigam a existência da vida após a morte e a disposição dos espíritos para nos ajudar e nos guiar.

Em meus livros anteriores, contei como conheci Susy e descrevi detalhadamente algumas das pesquisas que realizamos juntos, antes e depois de sua morte. Agora, devo dizer que relatarei qualquer coisa que seja relevante para a nossa busca atual.

Quando conheci Susy, ela tinha 85 anos e se preparava para morrer. Tinha até escrito seu obituário. Em pouco tempo, ela se tornou minha primeira (e única) avó adotiva, e costumava me chamar, brincando, de seu filho ilegítimo. E, como gostava de dizer, não via a hora de morrer para poder provar ao mundo — inclusive a mim — que ainda estaria aqui.

Mas eu jamais poderia prever, ou mesmo imaginar, as provas criativas e extraordinárias que Susy, estando do outro lado, nos daria da vida após a morte e do papel ativo que os espíritos continuam exercendo em nossa vida. Na verdade, como parte de minha busca pessoal para descobrir se Susy ainda estava aqui e continuava a ter uma influência significativa sobre mim, ela acabou revelando a este cientista adotivo um novo protocolo de pesquisa para explorar a aparente realidade do mundo espiritual e seus possíveis benefícios para todos nós.

Continuo achando notável que aquilo que faço em minha vida particular, principalmente no que se refere ao mundo espiritual, acabe trazendo informações e avanços para a minha vida profissional. Isso talvez ocorra porque a mente ou o ego separa o profissional do pessoal, assim como separa os vivos dos mortos, enquanto o mundo espiritual insiste em um todo unificado.

Curiosamente, Shirley, minha mãe biológica, e Susy, minha avó adotiva, tinham algumas qualidades em comum: uma paixão pela vida, uma bondade inerente, um profundo compromisso com suas respectivas causas e uma personalidade forte, que foi detectada repetidamente e de maneira independente por vários médiuns.

Como Shirley, Susy era durona. Se precisasse se afirmar, ela o faria. E não permitiria que eu interpretasse erradamente suas crenças, fossem elas válidas ou não. Como essa era sua personalidade quando era viva, havia boas razões para imaginar que, se sua consciência tivesse sobrevivido à morte, ela continuaria a se afirmar da mesma maneira.

Além disso, se havia alguém capaz de insistir que eu não interpretasse erroneamente as comunicações genuínas do outro lado e não as explicasse como telepatia ou captação de informações existentes no vácuo por parte de médiuns, essa pessoa seria Susy.

Isso ocorreria principalmente quando o espírito em questão fosse Susy e eu fosse o sujeito da experiência. Se Susy encontrasse uma maneira de me impedir de interpretar mal o que estava ocorrendo, ela o faria. Sua abordagem pragmática é um modelo para qualquer pessoa que esteja buscando a verdade sobre a vida após a morte e não queira se enganar.

Sabendo muito bem que eu era um agnóstico ortodoxo, Susy tinha consciência de que precisaria de muitas evidências — dentro e fora do laboratório — para me levar a crer que sua consciência sobrevivera e que a presença dos espíritos em nossa vida era constante. Como veremos, Susy providenciou evidências aos montes.

SURPRESA! ESTOU AQUI!

Como descrevi detalhadamente em *The truth about medium* [A verdade sobre os médiuns], 24 horas depois da morte de Susy, aos 89 anos, em 11 de fevereiro de 2001, comecei a conduzir sessões cegas para verificar se os médiuns podiam obter evidências da sobrevivência espiritual de Susy. Não eram experimentos conduzidos no âmbito da universidade, mas apenas investigações realizadas em minha vida privada — de autociência, como eu as chamo.

Embora essas sessões tenham sido notáveis por sua precisão e especificidade, não provaram que a consciência de Susy continuava vivendo após sua morte.

Além disso, se a situação fosse contrária — eu tivesse morrido e Susy continuasse aqui —, ela não se convenceria da minha sobrevivência espiritual com informações semelhantes.

Mas, cerca de um mês depois de sua morte, recebi um e-mail de uma suposta médium, ainda desconhecida. Para preservar seu anonimato, vou chamá-la de Joan e dizer apenas que ela vivia em Pacific Northwest. Joan alegava que era médium desde criança, mas, como tinha um bom casamento e um filho pequeno, esforçava-se para levar uma vida normal. Disse também que, de vez em quando, os mortos — pessoas conhecidas ou estranhos — se manifestavam sem aviso em sua casa.

Em seguida, contou que uma senhora idosa chamada Susy andava rondando sua casa e tinha importantes mensagens para mim. Imaginei que Joan já tinha ouvido falar de Susy Smith, uma vez que eu descrevera algumas de minhas pesquisas com ela em meu primeiro livro, *The living energy universe* [O universo de energia viva]. Joan afirmou, ainda, que não sabia se as informações recebidas eram válidas, mas que gostaria de saber se alguma delas estava correta.

Seria possível que a falecida Susy Smith tivesse se manifestado inesperadamente em uma casa em Pacific Northwest e estivesse incomodando uma dona de casa para fazer contato comigo? E se a mulher que alegava ser médium fosse louca ou estivesse querendo me passar a perna? A essa altura eu não sabia nada sobre ela.

Será que Joan teria motivos ocultos? Estaria buscando fama, dinheiro ou alguma outra coisa? Cheguei a considerar a possibilidade de que Joan fosse uma espiã do infame Incrível Randi, que tinha fama de tentar expor cientistas ingênuos e outras pessoas que investigavam manifestações paranormais. Tendo testemunhado suas farsas e engodos, teria sido imprudente não levar em conta tal possibilidade.

Talvez você esteja se perguntando: por que então investigar? Se Susy estivesse de fato viva e quisesse se comunicar comigo, seria inestimável ter alguém com seus antecedentes do outro lado como colaborador.

Escrevi a Joan, agradecendo seu contato, e sugeri que ela me transmitisse quaisquer informações que o suposto espírito que alegava ser Susy quisesse comunicar. Disse a ela que a única maneira de determinar sua veracidade seria analisar cuidadosamente essas comunicações.

Joan concordou com minha sugestão e enviou detalhadas informações que supostamente recebera de Susy. Quando li sua mensagem, verifiquei que mais de 80% do que ela dizia era factualmente preciso e, além disso, parecia ser uma comunicação de Susy. Estudando cuidadosamente as informações, percebi que o conteúdo especificamente relacionado a mim podia ser dividido em duas categorias:

À primeira categoria chamei de "informações de vigilância". Diziam respeito à minha vida atual, como por exemplo: "Susy me mostra que recentemente você passou por X". Naturalmente, isso era importante para nossa investigação para saber se os espíritos podiam e iriam nos ajudar e guiar.

À segunda categoria dei o nome de "informações proféticas". Diziam respeito ao meu futuro, como: "Susy está me mostrando que daqui a alguns dias Y acontecerá com você". Essas informações também eram importantes para nossas investigações, e uma delas se revelou crítica.

Naturalmente, a essa altura eu não sabia se Joan era honesta. Entretanto, pensei que, se Susy estava realmente me vigiando e até me oferecendo previsões, isso poderia ser verificado experimentalmente com comportamentos espontâneos e intencionalmente planejados. Num e-mail seguinte, propus a Joan que conduzíssemos uma investigação informal em que eu atuaria como uma pessoa que desejasse abordar sua vida como cientista e descobrir se esse espírito era Susy ou não.

Sugeri que em determinada semana, de segunda a sexta, Joan entrasse em contato com Susy e lhe fizesse duas perguntas:

1. O que Susy vira que me aconteceu nas 24 horas anteriores — informação de vigilância.
2. O que Susy previra que vai me acontecer nas próximas 24 horas — informação profética.

Joan então me transmitiria as informações que tivesse recebido de Susy. Mais tarde, no mesmo dia, eu avaliaria as informações, item por item. Seria relativamente fácil lembrar o que eu fizera nas 24 horas anteriores. Como a maioria das informações era de vigilância, concentramos nossa atenção nelas. Toda noite eu transmitiria minha avaliação a Joan por e-mail, para que ela pudesse acompanhar diariamente o que estava acontecendo.

Concordamos que não haveria comunicação nos fins de semana, para que Joan tivesse um descanso, mas Susy provavelmente teria que me vigiar aos domingos, para que estivesse em condições de ser entrevistada por Joan na segunda-feira de manhã. Esse procedimento revelou-se importante mais tarde.

Embora Joan admitisse estar nervosa, estava ansiosa para o teste, e decidimos iniciar nosso experimento informal na segunda-feira seguinte.

ASSISTINDO A UM FILME SOBRE BEISEBOL E COMENDO COMIDA CHINESA NA CAMA

Como você pode imaginar, eu também estava nervoso, mas por razões diferentes. Se Susy estivesse mesmo me vigiando e Joan fosse uma genuína médium, eu logo teria evidências de que os mortos, ou pelo menos Susy, podiam decidir estar conosco regularmente, estivesse eu consciente disso ou não.

Entretanto, eu sabia que não haveria evidências se Joan relatasse simplesmente que Gary escovou os dentes, tomou banho ou saiu de carro para o trabalho. Essas ações são praticadas regularmente por muitas pessoas, inclusive por mim, o que as torna cientificamente inúteis, ainda que Susy as testemunhasse realmente.

Mas se eu propositalmente decidisse fazer coisas diferentes e raras, e Joan as relatasse, supostamente através de Susy, seria algo significativo. Para dar a Joan e a Susy uma boa chance de sucesso, decidi iniciar a experiência naquele domingo assistindo a um filme diferente de uma maneira diferente.

Assisti ao vídeo do filme *Campo dos sonhos*, lançado em 1989, que eu tinha visto pela primeira vez anos antes. É um filme que trata da questão da vida após a morte e contém cenas nas quais jogadores de beisebol falecidos jogam em um campo construído numa fazenda do meio-oeste.

É importante notar que raramente vejo jogos de beisebol. Embora aprecie o jogo esteticamente, o esporte não atrai meu interesse nem prende minha atenção. Esse fato seria importante em breve.

Decidi também pedir comida chinesa, algo que não fazia havia dois ou três anos, já que preferia comer comida chinesa em restaurantes. Nessa época, eu costumava pedir comida italiana.

A GRANDE ALIANÇA

Finalmente, assisti ao filme e comi minha comida chinesa na cama — três coisas que nunca fizera. Como aprendi naquela noite, comer com pauzinhos reclinado na cama não é fácil!

Na manhã seguinte, com certa apreensão, abri o computador e vi um e-mail de Joan. No meio da mensagem Joan escreveu: "Susy está me mostrando algo sobre beisebol; você assistiu a um jogo de beisebol na noite passada".

Pensei: "Hum... eu estava assistindo a um filme sobre beisebol".

Joan então escreveu: "Susy está me mostrando você comendo uma comida estrangeira". Ela não usou a palavra "chinesa". Embora eu tivesse comido uma comida estrangeira na noite anterior, a palavra também se aplicaria à comida italiana. Como costumo pedir alguma comida estrangeira pelo menos duas noites por semana, não dei muito crédito a essa informação, embora jantar comida chinesa em casa fosse certamente uma novidade. E comer com pauzinhos é mais estrangeiro que usar um garfo.

Entretanto, o que aconteceu em seguida chamou minha atenção. Joan escreveu: "Estou tentando ver onde você está jantando. Susy não me mostra você sentado à mesa da cozinha ou da sala de jantar. Não entendo, mas ela me mostra que você está comendo reclinado. Isso faz sentido?".

A palavra-chave aqui é "reclinado", porque foi exatamente o que fiz. Eu me reclinei na cama para comer comida estrangeira com utensílios estrangeiros enquanto assistia a um filme sobre beisebol. Eu não conseguia me lembrar quando fora a última vez que comi na cama assistindo a um filme, e com certeza não tinha sido comida chinesa com pauzinhos.

Quando todas as informações foram avaliadas, o resultado do primeiro dia foi cerca de 80% de precisão.

Estimulados pelo sucesso inicial, continuamos nossa exploração, cinco dias por semana, por mais de dois meses. As informações atingiram uma média de 80% de precisão. Monitorei cuidadosamente minhas atividades e descobri que não vinha sendo vigiado por meios convencionais. Eu não dizia a Joan quando estaria viajando, nem

GARY E. SCHWARTZ

para onde. Se estivesse mesmo me vigiando, achei que seria capaz de me seguir para qualquer lugar.

Às vezes as informações de Joan eram bastante misteriosas, principalmente quando se revelavam em forma de advertências. Uma manhã, Joan escreveu que Susy dissera que eu precisava verificar os pneus do meu carro. Não fiz nada em relação a seu suposto pedido. Mais tarde, naquele mesmo dia, descobri no estacionamento do laboratório que meu carro tinha um pneu vazio. Eu não me lembrava da última vez em que tinha tido um pneu vazio. Decidi trocar os quatro.

Os céticos teriam razão de levantar a hipótese de que Joan pudesse estar trapaceando. Era possível que ela tivesse arranjado alguém para me vigiar, ou até mesmo esvaziar meu pneu. Entretanto, Joan também me contou que uma determinada mulher, que chamarei de Martha, estava prestes a me fazer mal. Três horas depois de receber o e-mail, fiquei sabendo por uma terceira pessoa que Martha tinha de fato tentado me prejudicar. Isso aconteceu no contexto de uma questão legal, e era muito improvável que Joan e Martha estivessem em conluio.

Diante de tudo isso, pareceu-me razoável concluir que no mínimo algum fenômeno paranormal estava ocorrendo. Entretanto, por mais confiáveis e surpreendentes que fossem as evidências, não eram suficientes para concluir que Susy estava de fato me vigiando e, às vezes, dando-me avisos úteis.

Era possível, como já discutimos, que Joan fosse apenas uma paranormal, com poderes de visão remota e precognição — a capacidade de prever eventos futuros. O fato de Joan não ter interpretado as evidências como visão remota não era por si só uma justificativa para concluir que havia algo mais que isso.

Mas o que aconteceu em seguida superou minha mais louca imaginação. Na verdade, transformou-se numa descoberta transformadora proporcionada pela falecida, mas espiritualmente viva, Susy Smith, um espírito intrometido por excelência.

96

A GRANDE ALIANÇA

UM ESPÍRITO NO BANCO DE TRÁS DO CARRO

Era o outono de 2001. Eu estava na costa leste para um compromisso de trabalho e, ao mesmo tempo, uma viagem de lazer (para preservar o anonimato das pessoas envolvidas, manterei a localização vaga). No sábado, saí da cidade para o subúrbio para visitar um casal de idosos que tinha perdido uma filha recentemente em consequência de um câncer cerebral. Tanto o marido quanto a esposa eram sobreviventes do Holocausto. Nessa viagem, a filha mais velha do casal, que chamarei de Alice, contou-me um pouco da história de sua irmã falecida.

Alice gostaria de ter uma conversa convincente com um médium para ter certeza de que a essência de sua irmã estava viva. Queria que seus pais soubessem que as pesquisas científicas contemporâneas alimentavam sua esperança de que houvesse vida depois da morte e de que eles pudessem algum dia reencontrar a filha.

Ouvindo Alice, percebi que estava tendo uma experiência científica singular com Joan. Estava recebendo o tipo de informação que, embora não pudesse convencer um cientista cético, daria grande conforto a pessoas leigas em busca de evidências de que seus entes queridos estavam bem.

A verdade é que comecei a me sentir culpado. Desejei profundamente que Alice e sua família tivessem o mesmo consolo que eu estava tendo sobre a possibilidade da vida após a morte.

No dia seguinte, domingo, de volta à cidade, chequei meus e-mails e não pude acreditar no que li. A mensagem de Joan continha uma história inacreditável.

Joan começou dizendo que sabia que era fim de semana, mas algo muito estranho, até mesmo para ela, acontecera e por isso estava me escrevendo. Contava que na manhã de sábado, mais ou menos no horário em que viajei para encontrar o casal de idosos — naturalmente, eu não tinha contado a Joan sobre minha viagem nem sobre o que faria lá —, ela estava dirigindo seu novo carro por uma estrada. De repente, Susy e uma pessoa desconhecida apareceram no carro.

Presumo que deve ter sido perturbador e até mesmo perigoso dirigir com pessoas mortas como passageiros. Joan sabiamente parou no acostamento, falou com Susy e acabou fazendo uma sessão com a mulher desconhecida. Susy a instruiu a me passar a informação sobre essa sessão imediatamente, insistindo que eu saberia o que fazer com ela.

Pensei: será que naquele sábado, enquanto eu me sentia culpado e pensava em Susy e em nosso experimento, ela me ouviu e quis ajudar aquela família?

Será que a irmã falecida de Alice estava no carro quando Alice falava sobre ela e Susy a tinha encontrado?

Será que, ouvindo Alice e lendo meus pensamentos e desejos, Susy tinha percebido que podia invadir o carro de Joan e lhe pedir para fazer uma sessão improvisada com a irmã morta para consolar sua família?

Analisando as informações de Joan, não pude dizer se alguma delas era precisa, exceto por alguns detalhes.

Era a manhã de domingo e eu tinha um novo dilema: deveria ligar para Alice, dizer-lhe o que tinha acontecido e então verificar se as informações correspondiam à sua irmã falecida? Será que Alice pensaria que eu estava louco? Ou ficaria feliz com a oportunidade de receber uma mensagem inesperada?

Acabei decidindo que a única maneira de responder a todas essas perguntas, assim como atender ao aparente desejo de Susy, era reunir coragem e telefonar para Alice. Fiz isso no domingo à tarde. Expliquei que algo incomum, se não totalmente sobrenatural, tinha acontecido e expliquei as circunstâncias. Perguntei a Alice se gostaria de ouvir o que estava escrito no e-mail e avaliar cada item cuidadosamente. Ela disse que sim, e passamos uma hora analisando as informações.

Para minha surpresa, a avaliação de Alice indicou uma precisão superior a 80%.

Entretanto, como mencionei anteriormente, a sobrevivência está nos detalhes. Uma informação singular foi crucial para a investigação.

A certa altura de seu e-mail, Joan dizia que a falecida dissera que as águias eram importantes para ela. Que eu precisava falar com a família sobre as águias e eles entenderiam o que isso significava.

Nesse momento, do outro lado do telefone, Alice soluçava. Lembre-se de que Joan não sabia que eu me encontrara com Alice e sua família, nem que tinha viajado para a costa leste. Então, Alice me contou que a irmã tinha paixão por águias. A águia era como um animal totêmico para ela.

Aparentemente, depois que ela morreu e foi cremada, em vez do recipiente com suas cinzas, a imagem de uma águia esculpida em vidro foi colocada sobre a mesa no serviço memorial, e a família tocou a canção *Fly like an eagle* [Voe como uma águia]. E, para que eu pudesse constatar tudo isso, eles me enviaram um vídeo da cerimônia.

Enquanto Alice me explicava tudo isso ao telefone, passou pela minha cabeça que Susy tinha revelado um potencial paradigma de pesquisa novo para a prova de conceito. Esse experimento surpreendente conduzido pelo outro lado indicava que uma pessoa morta podia trazer uma segunda pessoa morta até um médium. Em outras palavras, a primeira pessoa morta podia atuar como uma espécie de pesquisador sobre a vida além da morte.

Imaginei que, usando esse novo paradigma, seria possível ir além dos experimentos duplos-cegos convencionais e o sucesso do estudo iria requerer a colaboração ativa do outro lado. Além de impedir que o médium lesse telepaticamente a mente do sujeito ou do investigador, esse paradigma também garantiria que o médium não recebesse simplesmente informações perdidas no espaço, já que a precisão das informações exigiria a cooperação intencional de um espírito no papel de coinvestigador. Isso forneceria novas provas da intenção incorpórea — os espíritos agindo com a mesma intenção dos vivos — que ajudariam a comprovar sua presença e, no mínimo, sua capacidade de oferecer conselhos e orientação.

Possíveis experimentos futuros relampejaram em minha mente. Naturalmente, eu não podia partilhar esses planos com Alice, que estava imersa na dor emocional e no conforto de descobrir que as informações correspondiam à irmã falecida. Tudo isso implicava que a irmã cooperara com outra pessoa falecida para convencer uma médium, que de nada suspeitava, a realizar uma inesperada sessão para convencer sua família de que ela estava viva do outro lado.

Terminada a conversa com Alice, eu estava inspirado e perplexo. Inspirado porque o que tinha acabado de testemunhar superava quaisquer previsões de visão remota ou mesmo do que se costuma chamar de super-psi. O que eu testemunhara era potencialmente revolucionário: uma pesquisa sobre evidências da existência do mundo espiritual concebida e implementada por alguém do outro lado.

Eu estava consciente de que, antes de propor uma pesquisa formal na universidade usando o novo paradigma com dois espíritos, eu precisaria verificar particularmente se essa situação se repetia muitas vezes antes de concluir que o que eu experimentara pessoalmente era um protocolo legítimo. Como acabaria se revelando, o que eu testemunhara era metaforicamente o indício da luz do alvorecer surgindo por trás das montanhas. Com o tempo, essa luz se tornaria tão intensa que só poderíamos olhar para a brilhante bola amarela através de lentes dotadas de filtros poderosos.

EXPLORANDO O PARADIGMA DOS DOIS ESPÍRITOS

Nos seis meses seguintes, aproveitei todas as oportunidades que se apresentaram espontaneamente em minha vida particular para determinar se o paradigma dos dois espíritos, criado por Susy, se repetiria. Todas essas investigações de autociência foram um sucesso. Vou relatar brevemente uma delas.

Decidi testar o paradigma dos dois espíritos com Mary Occhino. Mary é uma médium extraordinária, que apresenta o programa de rádio diário *Angels on Call* [Anjos de Plantão], de grande sucesso. Conheço Mary desde 2003, e constatei a precisão de suas informações mediúnicas em várias ocasiões. Vamos falar mais dela na parte IV deste livro, quando analisarmos se os anjos são reais e exercem um papel de proteção em nossa vida.

A GRANDE ALIANÇA

A princípio testamos o paradigma informalmente. Esse teste pessoal com Mary envolveu originalmente a neta de uma médium falecida. É importante que eu mantenha a identidade de todas elas em segredo. Contei à filha e à neta sobre a pesquisa do novo paradigma. Acabei descobrindo que Susy e a médium em questão tinham se conhecido quando estavam vivas.

Disse à neta que escrevera um e-mail a Mary convidando-a a participar do experimento informal. Nessa mensagem, eu lhe pedira para entrar em contato com Susy e lhe explicara que ela traria um segundo espírito, de uma pessoa desconhecida, e que ela deveria fazer uma sessão com essa pessoa e nos passar as informações por e-mail.

Na manhã do dia da sessão, liguei para Mary para me certificar de que ela tinha recebido meu e-mail. Ela me contou que, enquanto conversávamos, apareceu uma senhora idosa, que ela me descreveu. Mary me perguntou se essa seria a pessoa que Susy traria, e eu lhe respondi que não estava autorizado a confirmar ou negar essa possibilidade.

Entretanto, depois que desliguei o telefone, perguntei-me se essa seria a médium morta e mencionei o que tinha acontecido de passagem a uma moça com quem eu estava saindo na época. Muito surpresa, minha namorada disse que a mulher que Mary descrevera parecia sua querida avó morta! Essa moça tinha quase a mesma idade da neta da médium que Susy deveria trazer até Mary.

Será que eu estava recebendo o presente de duas avós falecidas pelo preço de uma?

Liguei de novo para Mary e perguntei se ela faria duas sessões: uma com a mulher que se manifestara espontaneamente e outra com a que Susy deveria trazer. Mary concordou gentilmente. No início da tarde, ela terminou as duas sessões. Lembre-se de que ela não conhecia a identidade das avós nem das netas. Eu mesmo só sabia alguma coisa sobre a médium falecida, mas nada sobre a outra avó.

No fim da tarde, convoquei as duas netas e lhes pedi que avaliassem os dois conjuntos de informações provenientes das sessões. Elas identificaram pronta e corretamente qual das sessões pertencia à avó delas. A porcentagem de precisão foi de cerca de 80% para suas respectivas avós e de 40% para a outra mulher.

Embora eu não esteja autorizado a revelar detalhes sobre essas sessões, as informações específicas obtidas através de Mary eram tão impressionantes que uma avaliação cega teria produzido exatamente os mesmos resultados.

Esse surpreendente teste informal do paradigma dos dois espíritos foi especial porque um deles tinha se manifestado espontaneamente. Eu não sabia nada sobre a avó da minha namorada: ela literalmente invadiu a cena.

Pense no seguinte: se o paradigma dos dois espíritos fosse legítimo, as informações deveriam corresponder com maior precisão à pessoa que o espírito investigador estava trazendo para a sessão diante do sujeito-alvo, ou seja, a pessoa que esperava que seu ente querido fosse trazido por Susy.

O TESTE DUPLO-CEGO DO PARADIGMA DOS DOIS ESPÍRITOS

Com base nos testes informais inspirados por Susy Smith, concebi um teste formal de prova de conceito sobre o paradigma dos dois espíritos com a utilização de dois médiuns e dois espíritos colaboradores. Haveria também vários pesquisadores como eu e vários sujeitos (as pessoas que recebem as sessões), todos em condições de um experimento duplo-cego, ou seja, em que os médiuns e os sujeitos não entram em contato. Realizei essa investigação em caráter privado, com a colaboração de um cientista que também estava investigando particularmente se os médiuns poderiam fornecer evidências da sobrevivência espiritual de sua filha falecida.

As duas médiuns que participaram da investigação foram Joan e Mary. Havia dois investigadores: eu em Tucson e um cientista na costa leste, a quem chamarei de doutor Ortega. Os dois espíritos colaboradores eram Susy Smith e Elizabeth Ortega — nome que vou usar para identificar a filha falecida do doutor Ortega.

A GRANDE ALIANÇA

Eram cinco sujeitos situados em diferentes partes dos Estados Unidos. Todos eram profissionais e meus amigos pessoais. Dois eram mulheres: uma médica e uma terapeuta de luto; e três eram homens: um médico, um assistente social e o presidente de uma pequena fundação. Susy trabalhou com a médium Joan, e Elizabeth, com a médium Mary.

Na primeira fase da investigação, Susy e Elizabeth vigiaram um dos sujeitos num determinado dia. Joan entrou em contado com Susy para a sessão, e Mary com Elizabeth. Ambas enviaram suas informações por e-mail a um terceiro pesquisador, que as codificou e em seguida as enviou a cada um dos cinco sujeitos, que deveriam verificar se alguma informação se relacionava com eles. Durante cinco dias, cada sujeito foi vigiado duas vezes, uma vez por Elizabeth e outra por Susy. Usando cinco envelopes em ordem aleatória, eu abria um deles num determinado dia e pedia a Susy que visitasse o sujeito nomeado.

O doutor Ortega tinha um conjunto de envelopes correspondentes, também em ordem aleatória. Ele abria um dos dois num determinado dia e pedia a Elizabeth que visitasse o sujeito nomeado. O doutor Ortega não me deu conhecimento da ordem das visitas determinadas por seus envelopes, e fiz o mesmo em relação aos meus. Como os sujeitos não foram avisados em que dias seriam vigiados, nem por qual espírito, não sabiam dizer quais relatórios dentre os dez eram os seus.

A segunda fase da investigação envolveu o paradigma dos dois espíritos. Susy e Elizabeth, os dois espíritos colaboradores, foram instruídas a levarem até Joan e Mary, respectivamente, a pessoa morta relacionada a um determinado sujeito, que, mais uma vez, era escolhido aleatoriamente.

A análise das sessões revelou que o paradigma dos dois espíritos era plausível como protocolo experimental. Efeitos estatisticamente significativos foram obtidos para os dois sujeitos do sexo feminino nas duas fases da investigação, assim como para os espíritos colaboradores e as médiuns. Os resultados dos sujeitos do sexo masculino não revelaram importância estatística, porque as duas médiuns não conseguiram obter informações sobre um dos sujeitos. Em outras palavras, essa incapacidade de leitura foi relatada independentemente por ambas as médiuns. Curiosamente, esse homem tinha perdido seus entes queridos havia muito tempo, de modo que não sentia mais uma forte necessidade emocional de fazer contato com eles. Exceto em seu caso, os resultados dos outros dois homens foram semelhantes aos das mulheres.

Este capítulo mostra a possibilidade de estabelecer, de uma vez por todas, que a consciência (uma consciência viva e intencional) sobrevive e que nossos entes queridos falecidos podem continuar ao nosso lado — e até mesmo nos educar, ajudar e guiar — se estivermos dispostos a ouvir. Em outras palavras, é possível provar cientificamente que a existência de uma forte aliança é de fato um pacto solene entre os espíritos e nós.

Por mais profundo que seja o paradigma dos dois espíritos, é apenas uma estrela brilhando num céu noturno cheio de outras estrelas esperando para serem descobertas.

Estamos prestes a investigar outro paradigma experimental com ajuda espiritual, mais uma vez revelado por Susy Smith. A descoberta desse paradigma envolveu uma celebridade: a falecida princesa Diana. Parece que personalidades famosas como a princesa Diana são no mínimo tão persistentes em suas tentativas de se fazerem ouvir quanto personas desconhecidas, como Susy, Shirley, Marcia e Elizabeth. Algumas delas parecem ter a intenção de colaborar em futuras pesquisas e ajudar a curar o mundo — e nós devemos usar toda ajuda que pudermos obter.

6

O ESPÍRITO DA PRINCESA DIANA MANIFESTA SUA INTENÇÃO DE NOS GUIAR E PROTEGER

Estou ciente de que as pessoas que amei e morreram estão no mundo espiritual cuidando de mim.

— Princesa Diana —

Se a consciência sobrevive e, portanto, a intenção incorpórea — a genuína capacidade de inteligência, criatividade, decisão, vontade e bom humor — permanece depois que morremos, a principal premissa de muitos filósofos espiritualistas é plausível: existe vida após a morte. Líderes espirituais, assim como leigos, frequentemente alegam que, quando estamos no plano físico, não só somos vigiados pelos espíritos, mas também protegidos por eles. E sua proteção pode se manifestar de maneiras surpreendentes e até mesmo intricadas, como demonstra este capítulo.

No capítulo anterior, mencionei dois exemplos de minhas investigações com Joan, nas quais Susy intencionalmente me advertiu de riscos futuros: um pneu vazio e um ato potencialmente prejudicial por parte de uma mulher mal-intencionada. Como, no curso daquela investigação, eu estava focado nas afirmações fruto da sua vigilância, e não nas advertências proféticas visando minha proteção, talvez Susy tenha achado que ignorei sua carinhosa preocupação comigo.

Imagine uma possibilidade: se você estivesse morto e tentasse oferecer orientação e proteção a seus entes queridos, e eles recebessem a informação, mas não a levassem a sério, como você se sentiria? Lembre-se de que, além de ser amorosa e durona, Susy tinha a missão de provar que ainda estava por aqui. Às vezes brinco que Susy deu um novo significado à frase: "Nunca terminamos nosso trabalho". Aparentemente, a missão de vida de Susy foi estendida para a vida após a morte.

O relato seguinte narra uma ocorrência surpreendente e bizarra durante um experimento formal cuidadosamente concebido e aprovado pelo Comitê de Ética em Pesquisa, no qual Susy me ensinou uma profunda lição sobre a vida após a morte: a capacidade que têm os espíritos de nos proteger, escolhendo que informação irão ou não nos oferecer. Além disso, o relato ilustra a cooperação criativa que pode existir do outro lado quando espíritos sofisticados se juntam não apenas para participar de uma pesquisa, mas para ensinar importantes lições sobre a realidade da vida após a morte, e a intenção constante de alguns espíritos de nos ajudar. Como afirmei anteriormente, num sentido profundo, a sobrevivência está nos detalhes. O que você vai ler pode parecer ficção científica espiritual, mas é tudo verdade, embora alguns nomes e detalhes de menor importância tenham sido suprimidos para preservar o anonimato dessas pessoas.

Como você verá, parece que os espíritos podem não só ocultar informações importantes, mas mentir para nos proteger, como nesse exemplo. E podem ainda atrapalhar uma pesquisa cuidadosamente concebida por um propósito maior — revelando nesse processo um novo paradigma para documentar a vida após a morte e a ajuda espiritual.

TESTANDO A CAPACIDADE SOBRENATURAL DE UM MÉDIUM

Na primavera de 2005, fui contratado por uma produtora de cinema americano que estava realizando um documentário sobre uma médium europeia, a quem vou chamar de Sandra. A produtora me perguntou se eu estava disposto a testar Sandra diante das câmeras. Ela alegava que Sandra era extraordinariamente dotada e forneceria importantes dados para minhas pesquisas.

A GRANDE ALIANÇA

Eu nunca tinha testado formalmente um médium europeu. A mulher estaria em Connecticut na época do experimento. A produtora pagaria a pesquisa, e o teste ocorreria no verão — uma época adorável para tirar férias e voltar à minha casa em Guilford, Connecticut, visitar a Universidade de Yale e explorar as lindas cidades litorâneas.

Além disso, a filmagem do documentário me daria a oportunidade de conduzir um experimento único sobre a vida após a morte em três locações: Arizona, Connecticut e Europa. Eu queria que o segmento duplo-cego do experimento fosse conduzido pela doutora Julie Beischel — na época, detentora de uma bolsa William James de pós-doutorado sob minha orientação — por telefone, de Tucson. A médium, a produtora, o diretor, os câmeras e eu estaríamos em Connecticut, e os dois sujeitos secretos da experiência, na Europa.

A doutora Beischel e eu acrescentamos essa médium ao experimento sobre mediunidade que realizávamos na universidade. No segmento duplo-cego da experiência — no qual não existe contato entre o médium e o sujeito —, a doutora Beischel, falando por telefone do Arizona, fez à médium, em Connecticut, uma série de perguntas padronizadas sobre os parentes falecidos dos sujeitos. Os sujeitos, situados na Europa, não estavam ao telefone e, portanto, não ouviram as sessões. As informações das sessões foram transcritas e passadas por e-mail aos sujeitos, que as avaliaram sem saber qual conjunto de informações era o seu. No segmento duplo-cego do experimento, conduzido por mim em Connecticut, a médium teve permissão para falar com os sujeitos na Europa por telefone. Nas duas partes do experimento, a médium não tinha conhecimento da identidade dos sujeitos nem de seus entes queridos falecidos.

O teste foi realizado durante um fim de semana. Para um dos sujeitos e seus parentes falecidos, o segmento duplo-cego do experimento seria realizado pela manhã, e a outra parte à tarde. Embora esse experimento fosse novo em certos sentidos, não incluí técnicas específicas que pudessem revelar a sobrevivência da consciência. Estávamos testando a capacidade da mediunidade, não a vida após a morte.

107

GARY E. SCHWARTZ

Por exemplo: não utilizei o paradigma dos dois espíritos, porque seria muito difícil explicá-lo ao público do documentário. Assim sendo, indivíduos como a falecida Susy Smith não foram convidados a participar da pesquisa, uma vez que não precisaríamos de um espírito intermediário. Vou repetir: Susy não participaria desse experimento.

Se o teste tivesse resultados positivos, o projeto da experiência não excluía uma leitura telepática dos pesquisadores e dos sujeitos por parte da médium, nem a captação de informações perdidas no espaço. O teste visava determinar se médiuns, como Sandra, tinham capacidade mediúnica, e não provar que eles estavam de fato recebendo comunicações intencionais dos espíritos.

Entretanto, como se verá, o experimento não saiu como planejado. Surgiram complicações inconvenientes, que se descobriu terem sido provocadas por um espírito e acabaram revelando um novo e poderoso paradigma de prova de conceito. Embora tudo o que você vá ler tenha de fato ocorrido, ainda acho difícil acreditar que aconteceu.

A PRINCESA DIANA PARTICIPA DO EXPERIMENTO

A produtora concordou que eu mantivesse sob sigilo a identidade dos dois sujeitos e de seus parentes falecidos para ela e sua equipe, assim como da médium. Escolhi dois sujeitos, que estavam na Europa na época do teste.

Vou chamar o primeiro sujeito de senhora Parker. A pessoa da qual ela queria ter notícias era seu marido falecido, que vou chamar de professor Parker. Ele fora um conhecido cientista e professor de psicologia que trabalhava na Holanda (essas informações foram alteradas a fim de preservar a identidade dos envolvidos). Tive o privilégio de conhecer o professor Parker, que fora um herói para mim. Em respeito ao desejo da família, ocultei sua identidade. O segundo sujeito era Hazel Courtney, uma conhecida jornalista inglesa, autora de muitos artigos e livros no campo da medicina alternativa. Ela narra sua experiência nessa investigação em seu livro *Evidence for de sixth sense* [Evidências do sexto sentido].

A pessoa de quem ela queria ter notícias era a princesa Diana. Hazel conhecera Diana e, mais tarde, tivera experiências espirituais com a princesa falecida, que verifiquei numa pesquisa sobre mediunidade. Hazel estivera gravemente doente e sentira que a princesa Diana, em espírito, tivera uma influência protetora e curativa em sua recuperação. A princesa Diana teria recomendado tratamentos e feito previsões que Hazel confirmou mais tarde.

Havia a possibilidade de que a médium recebesse informações que as famílias não gostariam de tornar públicas. Em toda pesquisa que envolve pessoas, o anonimato do sujeito deve ser protegido. Essa exigência era ainda mais rigorosa no caso de nosso experimento devido à visibilidade dos espíritos e de suas famílias, além do fato de a pesquisa estar sendo conduzida para um documentário que seria exibido na televisão.

Obedecendo às diretrizes da universidade e do governo federal, negociei com a produtora um contrato formal segundo o qual toda a filmagem da pesquisa estaria sob proteção e eu teria a última palavra sobre o conteúdo que seria incluído no documentário.

De posse desse acordo legal, eu poderia mostrar a cada um dos sujeitos que informações a produtora queria divulgar, e eles poderiam escolher que aspectos aceitariam revelar. Entretanto, eu não tinha controle sobre o rolo B, as sequências suplementares filmadas fora do contexto formal da pesquisa. Os produtores têm controle sobre sua obra, com todo o direito, desde que os participantes assinem um acordo legal concedendo-lhes esse controle.

Os dois sujeitos do experimento foram informados de que a pesquisa seria conduzida para um documentário, mas sabiam que as informações provenientes da pesquisa estariam protegidas por força de documentos aprovados pela universidade. Como se viu, essas proteções legais não seriam suficientes para resguardar plenamente os direitos dos sujeitos e das famílias das pessoas falecidas por causa do que poderia transpirar nas sequências do rolo B. Eu não sabia dessa limitação, já que não posso prever o futuro, mas, aparentemente, meus espíritos colaboradores sabiam e estavam decididos a fazer alguma coisa. E, curiosamente, a revelação dessas complicações legais coube a ninguém menos que Susy Smith!

LAMENTO, MAS SEU FALECIDO MARIDO ESTÁ DORMINDO

Cheguei a Connecticut na sexta-feira à noite, conversei rapidamente com a médium Sandra, com os produtores e com a equipe. Sandra estava evidentemente nervosa. Nunca tinha sido formalmente testada por um cientista, com a agravante de que, dessa vez, seria avaliada como parte de um documentário sobre seu trabalho. Revisamos os procedimentos de teste, que se iniciaria na manhã de sábado. Os membros da equipe entenderam que a identidade dos sujeitos e das pessoas falecidas tinha que ser preservada e não sabiam que os sujeitos e os falecidos eram europeus. Nossa reunião foi gravada.

No sábado de manhã, assim que as câmeras foram ligadas, telefonei para a doutora Beischel no Arizona, e o experimento teve início. A doutora Beischel seguiu o protocolo padrão que usávamos à época. Depois de se apresentar, pediu a Sandra que se dispusesse a receber qualquer informação que pudesse obter das pessoas mortas relacionadas com o sujeito ausente. Sandra não sabia o nome do sujeito, nem dos mortos.

Sandra começou a falar. Disse que estava vendo uma mulher, que descreveu, juntamente com outras informações sobre ela. Como eu não conhecia a história dos parentes mortos da senhora Parker — a não ser alguma coisa sobre o professor Parker —, não tinha ideia de quem poderia ser e nem se Sandra estava obtendo dela alguma informação válida.

Depois de cerca de dez minutos, a doutora Beischel fez a segunda pergunta, dessa vez mais direta. Disse à médium que o sujeito estava interessado em ter notícias de uma pessoa específica, seu falecido marido, que costumava chamá-la por um determinado apelido carinhoso. Nós sabíamos que, quando a solicitação é mais direta, o médium

A GRANDE ALIANÇA

costuma fornecer informações mais diretamente relacionadas com a pessoa falecida que o sujeito quer contatar.

O que aconteceu em seguida foi total e absolutamente bizarro. A médium declarou que o espírito da mulher estava dizendo que o marido morto estava dormindo no andar superior e que não iria acordá-lo!

O quê?! Um espírito estava interferindo na sessão? Uma mulher morta alegava que a pessoa com quem a médium queria se comunicar estava dormindo?

Meu primeiro pensamento foi que Sandra era uma fraude e não seria aprovada no rigoroso teste da pesquisa. Aquilo poderia ser um truque de sua parte para esconder seu fracasso e pôr a culpa no espírito. Em dez anos de pesquisas, eu nunca presenciara um incidente igual. A doutora Beischel, que só estava havia alguns anos nessa área — seu doutorado era em toxicologia e farmacologia, não em psicologia cognitiva ou parapsicologia —, estava sem fala.

Não havia sentido em continuar essa fase do experimento, em que seriam feitas perguntas mais diretas, como "Qual é a aparência da pessoa morta?" "Como ela morreu?" "Quais eram seus *hobbies*?".

Mas, antes que a doutora Beischel desligasse, pedi a Sandra, diante das câmeras, que conversasse com a mulher e verificasse se ela estava disposta a acordar o cavalheiro mais tarde, já pensando na fase que conduziria à tarde. Segundo a médium, a mulher disse "talvez".

Talvez? Eu estava pasmo, mas extremamente cético quanto ao que estava ocorrendo. A parte formal da sessão terminou. A doutora Beischel desligou, totalmente confusa.

Sandra estava perturbada; aparentemente, fracassara na primeira parte do teste de mediunidade. As câmeras continuaram filmando quando conversei com Sandra sobre as sequências do documentário que não faziam parte da pesquisa. O que aconteceu em seguida passou do bizarro ao francamente alarmante. Sandra começou a obter informações sobre o sujeito e seu relacionamento com o homem morto, e percebi que elas eram acuradas. Além disso, algumas coisas que Sandra dizia eram muito pessoais, e duvidei de que a senhora Parker quisesse divulgá-las num documentário.

111

Não consegui discernir se Sandra estava obtendo essas informações lendo minha mente, praticando visão remota ou através de seus guias. O que estava claro é que elas não vinham do falecido professor Parker. Sandra não falava como se estivesse se comunicando com o morto. Ela não dizia: "O espírito está me mostrando isso" ou "O homem está me dizendo aquilo".

Percebi rapidamente que não teria controle sobre essa parte informal. A produtora e o diretor pareciam encantados com as informações sensacionalistas que estavam sendo reveladas, o que me deixou muito preocupado. Como aquilo que estava acontecendo não fazia parte da pesquisa formal, eu não teria condições de proteger a senhora Parker, dando-lhe a opção de impedir que essas informações espontâneas fossem incluídas no documentário.

Estava diante de um dilema ético e soube imediatamente o que precisava fazer. Disse à produtora, diante das câmeras, que algumas informações que Sandra estava obtendo naquele momento não pareciam se relacionar com a senhora que estava atuando como sujeito e seu marido falecido, e que eu duvidava de que ela quisesse divulgá--las. Disse-lhe que teríamos que emendar nosso contrato para incluir meu controle sobre qualquer sequência que tivesse relação com a pesquisa, ou eu interromperia o experimento e abandonaria o projeto.

A produtora ficou furiosa, mas, embora relutante e de má vontade, concordou em refazer o contrato. Decidimos fazer um intervalo e marcamos uma reunião para dali a uma hora para acrescentar as modificações necessárias. Terminadas as mudanças, concordei em conduzir a segunda parte do experimento. Sandra estava estressada e exausta. Como se verá, a médium não tinha a menor culpa de todas as complicações.

Saí no carro que alugara e liguei para a doutora Beischel. Informei-a dos últimos acontecimentos e perguntei se ela fazia ideia de quem poderia ser a tal mulher falecida. Em umas poucas ocasiões, sua mãe tinha se manifestado espontaneamente nos experimentos que ela conduzia. Relendo as características da mulher intrometida transmitidas por Sandra, percebemos rapidamente que não se tratava da mãe da doutora Beischel.

A GRANDE ALIANÇA

Entretanto, comecei a entender que no mínimo 80% das informações — que incluíam traços de caráter — correspondiam a alguém que algumas vezes já se intrometera em nossas pesquisas: Susy Smith!

Então me lembrei de que Susy conhecera o professor Parker quando ambos eram vivos. Na verdade, Susy admirava o professor e seu trabalho. Além de nossa pesquisa, ela com certeza se preocuparia com ele e com sua viúva. Será que Susy se intrometera, possivelmente de acordo com o professor Parker, para proteger a senhora Parker, meu laboratório e nossa pesquisa? Estaria eu testemunhando uma nova possibilidade de prova de conceito? As perguntas eram lógicas e razoáveis.

Naturalmente, eu não tinha meios de ter certeza, principalmente àquela época, se Susy se manifestara com o explícito propósito de nos proteger. Cabe lembrar que isso não fazia parte do protocolo ou do planejamento do experimento.

Mas, diante do histórico do meu relacionamento com Susy antes e depois de sua morte — assim como da descoberta do paradigma dos dois espíritos —, as evidências apoiavam fortemente a hipótese de que Susy fosse um espírito intermediário criativo, inteligente, carinhoso, persistente e durão. Não percebi que aquilo era apenas um preâmbulo de surpresas ainda maiores e de lições que surgiriam no curso daquele fim de semana transformador.

Naquela mesma tarde, supervisionei uma sessão por telefone entre Sandra e a senhora Parker. Como a médium agora tinha permissão para falar com a senhora Parker, rapidamente reconheceu seu sotaque estrangeiro. De acordo com a senhora Parker, e com tudo que eu sabia sobre seu marido, Sandra obteve informações precisas e significativas relacionadas ao professor Parker.

Mas Sandra disse algumas coisas, supostamente ouvidas do professor Parker, sobre certas preocupações dele em relação à esposa, que ela rejeitou, embora a tenham perturbado. Formado em psicologia clínica, percebi o potencial e a precisão das percepções da médium e a dificuldade da senhora Parker em aceitar algumas das preocupações e orientações supostamente manifestadas por seu falecido marido.

GARY E. SCHWARTZ

A SURPREENDENTE REVELAÇÃO DA MÉDIUM

Tanto Sandra quanto a produtora ficaram aliviadas quando a entrevista telefônica terminou. Sandra parecia ser uma médium genuína, apesar de a primeira fase do teste, o segmento duplo-cego, ter sido um completo fracasso, pelo menos em obter qualquer informação relacionada ao cavalheiro que estaria dormindo.

Subimos ao andar superior para os coquetéis e o jantar. As câmeras continuavam ligadas. A certa altura, Sandra me disse: "Talvez você não saiba, mas já tive alguns clientes muito famosos. Uma pessoa da qual fui especialmente próxima foi a princesa Diana, e vou confessar isso no documentário".

Não pude acreditar no que acabara de ouvir.

Pense no seguinte: eu tinha escolhido Hazel como o sujeito secreto da sessão de domingo e a princesa Diana seria o espírito secreto, e agora ficava sabendo que a médium tinha um longo relacionamento com a princesa Diana!

Qual seria a probabilidade de eu escolher a princesa Diana para participar secretamente de um experimento e o médium em questão ter um secreto e profundo relacionamento com ela? Sabíamos que a princesa Diana costumava consultar médiuns e paranormais, mas quantos eles seriam? Muito poucos, eu imaginava.

Se Sandra fosse uma médium genuína e de fato conhecesse a princesa Diana intimamente, logo reconheceria quem era a pessoa falecida no segmento duplo-cego do experimento, que por isso deixaria de ser duplo-cego! Em outras palavras, a segunda fase do experimento também fracassaria, dessa vez por um motivo diferente.

Dois experimentos fracassados em dois dias? Por outro lado, lembrei que, como tinha controle sobre a edição de qualquer parte da filmagem relacionada com a nossa pesquisa, poderia proteger qualquer informação sobre a princesa Diana que viesse à tona. Se havia uma pessoa falecida e uma família que merecessem ter seu anonimato preservado eram a princesa Diana e sua família.

A GRANDE ALIANÇA

Então eu me perguntei: será que Susy tinha conhecimento desse fato? Será que ela e o professor Parker se juntariam à princesa Diana para garantir a proteção de todas as partes, pelo menos no segmento duplo-cego daquele experimento cuidadosamente concebido?

Embora estivesse aliviado por ter conseguido proteger legalmente o material que pudesse surgir, temia que essa parte do experimento fosse um fracasso.

Mais uma vez, porém, eu estava errado. O que veio à tona foi inacreditável e profundamente significativo no que diz respeito à proteção e às lições que os espíritos podem nos oferecer.

A INCRÍVEL SESSÃO COM A PRINCESA DIANA

Na manhã do domingo, liguei para a doutora Beischel e ela conduziu a sessão duplo-cega. Ela se reapresentou e pediu a Sandra que recebesse quaisquer informações que pudesse obter sobre os entes queridos mortos do segundo sujeito. Como na sessão duplo-cega de sábado, Sandra não sabia o nome do sujeito nem das pessoas falecidas. Teoricamente, qualquer pessoa poderia se manifestar.

Sandra disse que via uma mulher. Era bastante alta, magra e estava no campo. Curiosamente, não mostrava seu rosto. Então a doutora Beischel fez a segunda pergunta, mais direta. Disse a Sandra que o sujeito estava interessado em ter notícias de uma determinada pessoa, uma mulher que era conhecida sua. Não pronunciamos o nome Diana por razões óbvias. Sandra continuou a descrever a mulher misteriosa que aparentemente não diria seu nome nem mostraria seu rosto. Pensei mais uma vez que aquilo podia ser um truque de Sandra, que usava o espírito para se desculpar de sua incapacidade de obter informações, o que é relativamente fácil para um médium dotado. Ou alguma outra coisa estaria acontecendo? Então a doutora Beischel fez uma pergunta específica: "Que aparência tem essa mulher?". Em resposta, Sandra descreveu uma mulher alta e magra, com cabelos castanho-aloirados curtos e lisos. Usava um vestido longo e

115

GARY E. SCHWARTZ

simples e estava num lugar no campo, perto de uma típica casa de fazenda. Mais uma vez, Sandra afirmou não conseguir ver o seu rosto.

Quando a doutora Beischel lhe perguntou: "Quais eram os *hobbies* da mulher?", Sandra disse que via a mulher esquiando com os filhos e que ela se preocupava muito com eles.

À medida que ouvia as informações, percebi que a descrição podia facilmente corresponder à princesa Diana, desde que se soubesse quem era a mulher falecida. As informações específicas não correspondiam à mãe da doutora Beischel, nem à minha, tampouco a Susy Smith. Eu esperava que Sandra dissesse: "Reconheço essa mulher. É a princesa Diana". Mas Sandra afirmou que não tinha ideia de quem era aquela mulher falecida!

Depois que a doutora Beischel terminou a parte formal do experimento, entramos na parte informal. Pressionei Sandra, perguntando-lhe se ela não tinha ideia de quem seria a mulher. Sandra reafirmou que a mulher não estava próxima e que não conseguia ver seu rosto ou saber seu nome. E insistiu que a mulher sussurrou frequentemente durante a sessão.

Quem já ouviu uma pessoa morta sussurrar? Sandra disse que estava tão confusa quanto eu. Quanto mais eu a pressionava, mais ela resistia. Fui obrigado a concluir que ou Sandra era a atriz mais talentosa que eu já vira ou estava realmente frustrada e não sabia mesmo quem era o misterioso espírito feminino.

Naturalmente, se Sandra realmente não pudera identificar a morta, o segmento duplo-cego do experimento podia ser considerado um sucesso. Eu temia que a sessão fosse prejudicada pelo relacionamento anterior de Sandra com a princesa Diana, mas a parte duplo-cega do experimento parecia ter funcionado bem.

Pense no seguinte: se Sandra tivesse lido minha mente (ou da doutora Beischel), saberia que se tratava da princesa Diana.

Foi então que pensei: será que Susy e o professor Parker podiam ter escondido intencionalmente informações durante a sessão duplo-cega de sábado? E será que a princesa Diana teria ocultado intencionalmente sua identidade durante a sessão do domingo?

A GRANDE ALIANÇA

Lembre-se de que a princesa Diana já tinha participado de um experimento de mediunidade comigo e Hazel Courtney. No entanto, a ideia de que ela estivesse escondendo sua identidade parecia razoável à luz do que estava se desenrolando, mas eu não sabia se isso era verdade.

Terminada a sessão informal, fizemos um intervalo de uma hora. Fui para o meu hotel e liguei para a doutora Beischel. Contei-lhe o que tinha acontecido e ela concordou que as informações recebidas na sessão caíam como uma luva na princesa Diana. E, como eu, teve muita dificuldade de acreditar que Sandra não tivesse reconhecido sua suposta amiga, Diana.

Voltei para a sessão da tarde mais confuso do que nunca. Liguei para o segundo sujeito, Hazel Courtney, em Londres, e deixei que Sandra se apresentasse. Presumo que Sandra tenha percebido imediatamente que Hazel tinha um sotaque britânico. Para minha enorme surpresa, Sandra disse: "Vejo a mulher falecida, e ela está se virando... Oh, meu Deus, é a princesa Diana!". Começou a soluçar, e uma certa confusão se seguiu.

Embora meu coração estivesse com Sandra, meu primeiro pensamento foi: "Ótimo, agora essa parte do experimento também está arruinada! A médium descobriu quem é a pessoa falecida e, pior, a conhece intimamente".

Hazel então confessou que queria ter notícias da princesa Diana. Em seguida, Sandra disse entre lágrimas: "Agora entendo por que ela me sussurrava. Em várias ocasiões, a princesa Diana me ligou em busca de conselho espiritual. Eu me comuniquei com parentes mortos e espíritos que se preocupavam com ela. Era importante para Diana que as pessoas não soubessem que ela mantinha contato com uma médium, e por isso costumava sussurrar ao telefone".

Quem poderia imaginar que um espírito se manifestaria sussurrando por ser tão importante e conhecido?

Quem imaginaria que esse pequeno detalhe confirmaria a hipótese de que não só a consciência sobrevive com intenção, mas espíritos inteligentes, criativos e afetuosos podem assumir o controle de

GARY E. SCHWARTZ

um experimento cuidadosamente elaborado, conduzido com a supervisão de uma universidade, e oferecer lições valiosas para todos nós — desde que estejamos dispostos a ouvir. Estava nascendo uma nova possibilidade de pesquisa de prova de conceito.

PROVANDO QUE OS ESPÍRITOS TÊM CONTROLE DA INFORMAÇÃO

Tente resolver o enigma. Presumindo que Sandra, a doutora Beischel, Hazel e eu não estivéssemos envolvidos numa fraude — e posso afirmar categoricamente que não estávamos —, as informações reveladas durante esses dois dias de testes não podiam ser plausivelmente explicadas por uma leitura telepática por parte de Sandra, que teria lido a minha mente, a da doutora Beischel e a dos dois sujeitos.

Além disso, as informações, na forma como vieram à luz, não pareciam ter sido captadas no espaço por Sandra. Ao contrário, pareciam ter sido transmitidas a Sandra com a intenção de proteger e, ao mesmo tempo, informar. Susy Smith, o professor Parker e a princesa Diana pareciam ter tido a intenção de demonstrar não só que estavam presentes e no controle de sua vida, mas também que se preocupavam com seus entes queridos e com a pesquisa sobre a vida após a morte.

Se você acha difícil acreditar nisso, bem-vindo ao clube! Se aprendi alguma lição ao participar dessa pesquisa, foi a seguinte: esteja preparado para surpresas.

Iniciamos este capítulo com uma pergunta: Podem os espíritos proteger os vivos? E terminamos o capítulo com outra pergunta: Podem os espíritos controlar suas informações?

Será que os espíritos são capazes de ocultar ou revelar determinadas informações. Se são, e continuarmos documentando essa possibilidade em futuras pesquisas controladas, isso ajudará a provar a premissa fundamental de que a sobrevivência da consciência é real e os espíritos podem decidir como vão interagir em nossa vida individual e coletiva?

A GRANDE ALIANÇA

Embora o documentário aparentemente nunca tenha sido concluído, a produtora estava certa. Sandra de fato me fornecera dados importantes de pesquisa, muito mais do que eu poderia imaginar.

E se você acredita nisso, a jornada está apenas começando, e mais estrelas brilhantes vão aparecer.

PARTE III

A POSSIBILIDADE DE CURA COM ASSISTÊNCIA ESPIRITUAL

7

OS ESPÍRITOS PODEM DESEMPENHAR UM PAPEL NA CURA FÍSICA?

*A doença pode oferecer oportunidades de manter
contato com poderes que ultrapassam o plano físico.
Quando estendemos a mão, o mundo espiritual se torna nosso.*

— Doutor Allan Hamilton —

Quando eu era criança, participei de muitas cerimônias da Páscoa judaica, que celebra a passagem do Antigo Testamento que conta como Moisés salvou o povo judeu da escravidão no Egito. A história contém muitos elementos sobrenaturais, entre eles o milagre da divisão do mar Vermelho, que permitiu que os judeus fugissem e fez com que os soldados do exército egípcio que os perseguiam morressem afogados.

Apesar de simpatizar com a libertação dos judeus, como eu faria com qualquer povo cruelmente escravizado, achei impossível acreditar que um volume gigantesco de água se dividisse misteriosamente movido por um poder invisível. Até onde sei, não há evidências históricas de que tal coisa tenha acontecido, nem provas científicas de que isso seja possível. (Recentemente, porém, tive conhecimento de que cientistas especularam se, sob circunstâncias muito especiais de vento, águas relativamente rasas cobrindo um sulco profundo no solo do mar poderiam ser temporariamente sopradas para longe.)

Nessa época, eu achava que acreditar em curas espirituais era como acreditar na divisão do mar Vermelho. Fui ensinado a acreditar que a cura espiritual era mito, mentira ou efeito do poder da mente sobre o corpo.

Mas a verdade é que, se seres espirituais superiores realmente existem, em teoria seriam capazes, se não de curar, pelo menos de orientar o tratamento de doenças físicas e mentais. E devo acrescentar que o contrário é igualmente possível. Na América do Sul, legítimos profissionais de saúde mental consideram a possessão dos espíritos uma doença psiquiátrica e conseguiram curar pessoas depois de exorcizar espíritos malignos. Sei que alguns podem considerar esse tipo de diagnóstico um absurdo, mas existem evidências de sua veracidade.

Portanto, se Susy, Shirley, Marcia e a princesa Diana continuam existindo, como exploramos na segunda parte deste livro, Einstein também poderia existir, assim como talentosos cirurgiões, enfermeiras e outros profissionais de saúde mortos. E, se eles estão dispostos a nos ajudar a encontrar documentos perdidos, como aconteceu no caso de Marcia, imagine qual seria sua motivação para ajudar seus entes queridos doentes.

À luz das observações relatadas na segunda parte deste livro, não é mais um erro teórico justificar o poder de cura dos espíritos, ajudando os profissionais de saúde aqui na terra ou trabalhando diretamente conosco num processo de autocura.

Por razões científicas e pessoais, fui levado a encarar essa possibilidade. Descrevo dois exemplos transformadores. À medida que eu os relatar, tente imaginar como você se sentiria em meu lugar (1) vendo um conhecido psicólogo enfiar um instrumento de quebrar gelo na face sem dor e nenhum sinal de ferimento ou (2) sentindo uma violenta dor nas costas desaparecer depois de espíritos terem sido convidados a removê-la. Convido você a imaginar como seria testemunhar e vivenciar esses fatos impressionantes. A que conclusões você chegaria?

De antemão eu o previno de que o que você vai ler contém afirmações e informações bizarras que inevitavelmente fogem do pensamento ocidental convencional. Relato esses fatos não só porque realmente aconteceram, mas porque colocam em contexto uma questão abrangente: se os espíritos podem e estão dispostos a desempenhar um papel na cura e se podemos documentar isso cientificamente.

DEMONSTRAÇÃO DE UM DANO CORPORAL DELIBERADO E DA RÁPIDA CURA "SUFI"

No inverno de 2002, dei uma palestra no congresso da Associação Internacional Qigong que se realizava em São Francisco, onde conheci um respeitado psicólogo clínico que me contou uma história inacreditável que aconteceu com ele.

Antes, porém, vou fazer um breve retrospecto. Seu nome é Howard Hall, e ele tem dois doutorados: um em psicologia experimental pela Universidade de Princeton e outro em psicologia clínica pela Universidade Rutgers. Além disso, o doutor Hall é professor titular da Case Western Reserve University em Cleveland, onde pratica medicina comportamental familiar, em especial com crianças que sofrem de doenças crônicas. Tem experiência em terapia comportamental, hipnose e *biofeedback*. Sua mulher também é profissional de saúde.

O doutor Hall é um homem muito espiritualizado, discípulo e seguidor do sufismo, ramo da fé islâmica que tem uma série de crenças e práticas místicas. O sufismo é para o islamismo o que o hassidismo representa para o judaísmo. Muita gente conhece a dança giratória dos dervixes sufis, que é na verdade uma forma de meditação ativa.

Uma das práticas controversas da escola sufi no Iraque, chamada *tariqa casnazaniyyah* (que numa tradução aproximada significa "caminho do segredo que ninguém conhece"), consiste num dano corporal deliberado. Segundo o doutor Hall, os dervixes deliberadamente se infligem ferimentos, que se fecham com uma rapidez surpreendente, sem sangramento e com total controle de infecções.

Alega-se que essa prática inclui, mas não se limita a martelar adagas no crânio, a inserir pregos e agulhas de aço no corpo, mastigar e engolir vidro e lâminas de navalha, resistir ao fogo e a cobras venenosas. Afirma-se que ela não causa danos ao corpo, nem sangramento ou dor, e fecha as feridas em dez segundos.

Os praticantes acreditam que esses eventos são possíveis graças à ajuda dos ancestrais sufis aliados a Alá — o nome que eles dão ao Sagrado. Para os céticos, eles fingem infligir-se ferimentos. Não há dúvida de que as fraudes existem, e que há pessoas que trapaceiam e são descobertas.

Até conhecer o doutor Hall e participar de uma investigação exploratória do fenômeno, eu também achava que as manifestações dos sufis eram fraudes. Como se viu, minhas suposições estavam erradas. Nem todas as manifestações eram falsas, e algumas eram tão reais quanto uma lâmina de aço.

Essa prática não é exclusiva dos sufis. A dança do sol dos índios americanos pode incluir a inserção de estiletes na pele, e os devotos hindus às vezes perfuram o corpo com agulhas, anzóis e estiletes. Os médiuns indianos são famosos por se golpearem com a espada, e no Sri Lanka há quem se pendure por ganchos fincados no corpo. Entretanto, certos membros da escola *tariqa casnazaniyyah* parecem levar essas práticas ao extremo.

Por muitas razões éticas e práticas, esse fenômeno não tem sido estudado de maneira sistemática em pesquisas de laboratório do Ocidente. (Os Laboratórios Paramann de Aman, na Jordânia, conduziram uma pesquisa sobre os ferimentos autoinfligidos pelos dervixes.) A razão mais evidente envolve o risco potencial aos sujeitos humanos — além dos riscos legais às universidades. Quem se apresentaria como voluntário para colaborar com tais pesquisas? Como o fenômeno envolve a suposição de que os espíritos protegem humanos de graves ferimentos, está dentro de meu interesse de pesquisa.

Uma investigação precursora foi conduzida pelo doutor Eric Peper e seus colegas, que estudaram um iogue japonês de 63 anos, com 37 anos de experiência e o título de *samrat*. O iogue era capaz de enfiar um estilete de metal na língua sem manifestar nenhuma dor e supostamente sem revelar o menor sinal de sangramento ou de ferimento, como uma escara ou uma inflamação.

Através de um eletroencefalograma, o doutor Peper e seus colegas registraram as ondas cerebrais do iogue antes, durante e após a

A GRANDE ALIANÇA

perfuração da língua. Durante a perfuração, verificou-se um aumento de ondas de baixa frequência, principalmente ondas subdelta, delta e teta, um padrão que indica que o iogue conseguia desligar o cérebro de estímulos externos, inclusive corporais.

Entretanto, não sabemos como o cérebro do iogue se desligava dos estímulos. Será que ele fazia isso sozinho, ou seja, só com a força da mente? Ou será que ele recebia ajuda dos ancestrais, além da conexão com o Sagrado? Os mestres iogues acreditam no poder dos ancestrais — mestres iogues falecidos —, assim como em sua conexão com a Fonte original. Ioga significa literalmente "união".

Tendo ouvido falar dessa prática mística, o doutor Hall quis testemunhar o fenômeno pessoalmente. Mal sabia ele que acabaria se tornando voluntário num teste. Em novembro de 1998, ele viajou de Cleveland para Bagdá e recolheu vídeos e fotos de feitos aparentemente impossíveis de danos físicos autoinfligidos. Depois que o doutor Hall testemunhou e gravou um xeique iraquiano praticando uma grande variedade de danos corporais, o xeique sugeriu ao doutor Hall que tentasse o mesmo. Como costumava praticar meditação na tradição sufi, o doutor Hall estava aberto a acreditar na cura com ajuda espiritual. Aceitando a sugestão do xeique, mas com forte temor, ele começou a orar, pedindo ajuda dos ancestrais sufis e da Fonte.

Em seguida, um estilete de metal foi inserido na face do doutor Hall. Para sua surpresa, ele não sentiu a menor dor. Além disso, quando o estilete foi removido, não surgiu nenhum sangramento, e o ferimento fechou em menos de um minuto, sem mostrar sinal de inflamação ou escara.

Embora não quisesse abusar da sorte, o doutor Hall percebeu que seria importante repetir esse aparente resultado em laboratório. Quando a National Geographic quis fazer um documentário para a televisão sobre os fenômenos de danos corporais autoinfligidos, fui convidado a participar de uma investigação exploratória em que o doutor Hall seria filmado perfurando a face com um furador de gelo sem causar ferimento. Nessa investigação, o doutor Hall se submeteria ao teste e nós avaliaríamos os efeitos.

GARY E. SCHWARTZ

Decidimos registrar dezenove canais de ondas cerebrais antes, durante e depois que o doutor Hall perfurasse a face. Resolvemos também usar um equipamento de eletrofotografia que utiliza o sistema GDV (Gas Discharge Visualisation ou, em português, visualização da descarga de gás), desenvolvido pelo doutor Konstantin Korotov, professor de física na Universidade de São Petersburgo, na Rússia. A câmera GVD foi concebida para medir os campos energéticos biofísicos ao redor do corpo. Gravamos uma série de registros de GDV antes e depois do experimento.

Os instrumentos que usamos em meu laboratório — EEG e câmera GDV — foram aprovados pelo Comitê de Ética em Pesquisa de várias universidades, inclusive a Universidade do Arizona. Como essa investigação exploratória (1) estava sendo conduzida para um documentário da National Geographic; (2) o sujeito da pesquisa era o doutor Hall, cientista universitário e professor clínico; (3) o doutor Hall solicitou que essa demonstração consensual de autociência fosse conduzida no meu laboratório; e (4) estávamos usando instrumentos de registro biofísico previamente aprovados, permiti que a demonstração do doutor Hall fosse filmada em meu laboratório. Afinal, não se tratava de um projeto de pesquisa oficial da Universidade do Arizona.

A equipe do laboratório presente na investigação incluiu um técnico em EEG, uma enfermeira, um médium e um doutor em psicologia apenas como observador, além do doutor Hall e de mim. E esperávamos que do outro lado houvesse outros tantos.

Para garantir que não haveria truques, comprei um instrumento perfurador de gelo de metal numa loja de departamentos em Tucson e posso confirmar que foi esse instrumento que o doutor Hall usou durante o experimento.

Antes que as eletrofotos GDV fossem batidas, o doutor Hall fechou os olhos, meditou e rezou por quase noventa minutos. Fizemos contínuos registros de EEG durante esse período. O doutor Hall nos fez um sinal de que estava pronto para perfurar a face. Nunca tentei perfurar a face com um furador de gelo, nem a de qualquer outra pessoa, aliás. Aparentemente, não era nada fácil. O doutor Hall forçou

A GRANDE ALIANÇA

o instrumento por cerca de um minuto antes que ele conseguisse perfurar a bochecha de lado a lado. Ele manteve os olhos fechados por cinco minutos, durante os quais registramos seu EEG.

Terminado esse período, o doutor Hall foi solicitado a remover o furador de gelo. Ele fez isso praticamente sem esforço e sem nenhuma reação verbal ou física a uma possível dor. Sua face foi imediatamente examinada pela enfermeira e por mim. Uma única gota de sangue surgiu cerca de vinte segundos depois da remoção do instrumento. A gota foi removida com algodão. Depois de cerca de sessenta segundos, o local do ferimento foi examinado em busca de alguma inflamação ou corte. Nem eu nem a enfermeira encontramos o menor sinal de ferimento.

Foram então feitas as fotos GDV pós-perfuração, e o doutor Hall foi entrevistado. Ele nos contou que ficara surpreso e preocupado com a dificuldade de perfurar a face com o furador de gelo. Mas afirmou não ter sentido dor durante ou depois da perfuração. Eu sabia que, se o doutor Hall estivesse mentindo ou se enganando, sinais de estresse ou dor seriam registrados no EEG. Numa conversa posterior, depois que voltou a Cleveland, o doutor Hall me contou que não tivera nenhum sinal de inflamação, escara ou infecção nos dias e semanas que se seguiram ao experimento.

Posteriormente, foram feitas análises dos EEGs em três períodos de cinco minutos: os primeiros e os últimos cinco minutos de meditação e oração, e os cinco minutos intermediários que durou a perfuração. Os períodos de meditação e oração não revelaram nada de notável, a não ser um cérebro relaxado com ondas de baixa frequência — teta e delta — na região frontal.

Entretanto, durante o período de perfuração, as frequências foram extraordinárias. Não houve evidência de aumento da atividade cerebral, como seria de se esperar se o doutor Hall estivesse sentindo dor ou estresse, tampouco houve aumento de tensão do músculo craniano. Ao contrário, seu cérebro revelou baixas frequências, principalmente teta e delta. A atividade cerebral era semelhante à demonstrada pelos iogues no experimento do doutor Peper, que, presume-se, estaria realizando a investigação em conexão com os espíritos.

GARY E. SCHWARTZ

Quando analisamos os registros de GDV, os padrões do período anterior à perfuração não revelaram nada de extraordinário. Os sinais do campo energético revelados na tela eram relativamente uniformes no crânio e nos ombros do doutor Hall. Entretanto, os padrões do período posterior à perfuração foram notáveis. Verificou-se uma surpreendente ausência de campo energético mensurável no lado esquerdo do rosto do doutor Hall, onde tinha sido feita a perfuração. Esse padrão não podia ser explicado em função do procedimento de registro.

Embora tenha afirmado que não tinha se hipnotizado, o doutor Hall revelara um estado de relaxamento. Evidentemente, algo tinha acontecido.

É óbvio que o doutor Hall acredita na filosofia do sufismo; seria possível que esses resultados se devessem inteiramente aos efeitos mente-cérebro-corpo? Em teoria, sim. O teste do doutor Hall não explica como o fenômeno de dano autoinfligido ocorre. Apenas demonstra que ele pode ocorrer em determinadas condições.

Entretanto, era possível que os espíritos estivessem envolvidos na produção desse registro surpreendente e que ele indicasse sua assistência durante o experimento? Convido você a imaginar o que teria pensado e sentido se tivesse testemunhado tudo isso. Além disso, peço que você imagine o que teria pensado e sentido se estivesse em meu lugar e tivesse entrevistado o médium e o psicólogo, que também era um médium bem-dotado.

Ambos declararam ter visto muitos espíritos no laboratório durante os períodos de oração, meditação e perfuração. Tive grande dificuldade de acreditar nisso, mas os dois afirmaram que Maomé tinha se manifestado (e isso seria o mesmo que Jesus aparecer numa cerimônia cristã).

Como nem o médium nem o psicólogo desconheciam o objetivo do experimento, é evidente que tratamos seus relatos com cautela. É possível que sua visão tivesse sido influenciada por sua expectativa. Como se tratava de uma investigação exploratória realizada pelo próprio doutor Hall, e não um experimento sistematicamente

A GRANDE ALIANÇA

controlado, não considerei suas observações dignas de serem registradas em vídeo ou relatadas em detalhes.

Por outro lado, ambos haviam sido submetidos a numerosos testes em laboratório sem conhecimento do objetivo do experimento e revelado repetidas e impressionantes evidências de mediunidade. Embora sua visão de espíritos durante nosso experimento não seja definitiva, ambos merecem nossa consideração — em especial à luz dos notáveis registros GDV. O importante é que a combinação de resultados indica a necessidade de pesquisas futuras para demonstrar se os espíritos são capazes de se manifestar nessas sessões e ter um papel de proteção e cura. Embora não veja pessoas mortas, tampouco alegue ter relacionamento com anjos — duas manifestações que são credos do sufismo —, o doutor Hall acredita que o que ele experimentou e nós testemunhamos foi possível graças aos espíritos.

Vale a pena lembrar que o doutor Hall não é um *swami*, um xamã ou um curandeiro espiritual. É um respeitado psicólogo clínico e experimental de Princeton e de Rutgers e professor de uma importante universidade. Uma coisa é rejeitar as alegações de um iogue *samrat* de 63 anos; outra muito diferente é descrer de um cientista e psicólogo de alto nível educacional.

Embora o doutor Hall não conhecesse minha história nesse campo, tenho grande familiaridade com a cura espiritual e com os supostos efeitos terapêuticos da ação dos ancestrais e outros seres espirituais. Meu experimento de prova de conceito constatou uma rápida e impressionante eliminação de grave dor nas costas, seguida por um total e inesperado restabelecimento de uma dor ainda mais grave.

Exceto por meus colegas e amigos mais próximos, até agora não partilhei essa experiência com ninguém. Entretanto, percebi que, com a decisão de escrever este livro, particularmente este capítulo, é o momento de revelar essa experiência esclarecedora. Como esperar que alguém acredite nas palavras deles se eu mesmo não fizer isso?

Regra geral, as descobertas feitas nos laboratórios das universidades, embora sejam importantes para a ciência e o conhecimento, não têm consequências para toda a vida. Entretanto, evidências pessoais são surpreendentes e transformadoras.

O que você está prestes a ler não envolve medições de EEG ou GDV. Não havia câmeras ou enfermeiras presentes para monitorar a situação. Sou apenas eu lançando-me em novas experiências, como a de móveis em movimento. Apesar disso, o fato não deixa de ser real ou importante.

COMO SABER QUE ISSO NÃO É O EFEITO PLACEBO?

Há cerca de vinte anos, quando eu era professor em Yale, fiz uma coisa muito tola. Eu havia comprado um relógio de madeira antigo de quase dois metros de altura e resolvi tentar carregá-lo sozinho em uma escadaria.

Quando me abaixei para erguer o imenso gabinete do relógio, senti um estalo nas costas, seguido de uma dor insuportável. Tive enorme dificuldade de me colocar na posição ereta. Um exame médico indicou que eu poderia ter estirado um ligamento ou rompido um disco da coluna. Nessa época, eu morava em Connecticut e pertencia a uma importante escola de medicina (Yale) que considerava quiropráticos e massoterapeutas praticantes de magia negra. Fui aconselhado a tomar relaxantes musculares e banhos, e a colocar o menor esforço possível nas costas. Na primeira semana, passei a maior parte do tempo na cama.

Durante quase três meses, reduzi ao mínimo o tempo em que ficava sentado. Instalei meu computador no meu escritório a uma altura que me permitia digitar em pé. No início, a dor era terrível. Mas, com o tempo, foi cedendo, e não precisei de uma cirurgia na coluna.

Embora tivesse se recuperado, minha coluna ficou fraca e dolorida. A cada seis meses, como um relógio (sem intenção de trocadilho), minhas costas doíam, e eu precisava lhes dar um descanso. Às vezes acontecia porque eu tinha feito algo estúpido, como levantar uma caixa de livros. Outras vezes acontecia por qualquer coisa, como me curvar para colocar um livro numa prateleira baixa da estante.

A GRANDE ALIANÇA

Durante anos, eu ouvira dizer que o melhor remédio para as costas era o repouso, dar a elas e ao resto do corpo umas férias. De fato, alguns dias de repouso eram suficientes para me permitir retomar minhas funções normais.

Era 1º de janeiro de 2000. O novo milênio começava sem grandes acontecimentos, e a prevista pane mundial nos computadores não tinha ocorrido. Entretanto, eu tinha acabado de tomar o que chamei de minha "resolução do milênio": uma resolução para os próximos mil anos. Era uma decisão simples, mas profunda. Decidi viver o resto de minha vida como se a sobrevivência da consciência fosse verdade.

Nessa época, eu estava terminando o rascunho de *The afterlife experiments*, de modo que essa hipótese ocupava minha cabeça. Vou repetir: decidi viver o resto de minha vida como se a sobrevivência da consciência fosse verdade. As palavras fundamentais são "decidi" e "como se". Eis o meu raciocínio:

Por um lado, se a sobrevivência da consciência não existisse, quando eu morresse perderia tudo, inclusive a consciência. Portanto, como não existiria mais, eu nunca saberia se minha decisão tinha sido um erro. Jamais saberia que estava errado por viver como se a sobrevivência da consciência fosse verdade.

Por outro lado, se a sobrevivência da consciência existisse, quando eu morresse continuaria a ter consciência, a pensar, a ter lembranças, a tomar decisões e assim por diante. Portanto, como eu existiria, saberia que tinha tomado a decisão correta. Saberia também que me preparar para o futuro além do corpo tinha sido prudente e valido a pena.

Lembre-se de que esse era um experimento mental, do tipo que Einstein costumava fazer quando estava no plano físico.

Eu não estava tirando uma conclusão prematura sobre a vida após a morte. O que eu estava fazendo era considerar as opções e tomar certas decisões conscientes, entendendo que a sobrevivência da consciência podia ser verdade. Eu não sabia que seria imediatamente posto à prova, por assim dizer, para ver se eu agiria de acordo com minha resolução vitalícia. Eis o que aconteceu.

No dia 2 de janeiro de 2000, quando me curvei para colocar um livro numa prateleira baixa, minha coluna se deslocou. De uma hora para outra, a dor veio terrível. Fazia no mínimo oito meses desde o último episódio semelhante. Mas, como queria ir até meu laboratório na universidade, decidi tomar um banho. Com todo o cuidado, entrei na banheira, abri a torneira e, mesmo parado, a dor continuava.

Foi então que me ocorreu que não tinha posto em prática minha resolução do milênio. Eu tinha sido treinado em várias técnicas de cura, inclusive *reiki* e *johrei*, e sabia que curadores experimentados costumam evocar a ajuda dos espíritos na forma de pessoas mortas, anjos ou energia divina. Jamais pensara em pedir a ajuda dos espíritos para mim (nem para qualquer outra pessoa).

Ali estava eu, de pé sob o chuveiro, e decidi fazer o pedido mentalmente.

Disse para mim mesmo: "Se alguém em espírito pudesse ajudar a curar minha dor nas costas, eu ficaria muito grato". Enviei meu pedido a vários seres falecidos que tinha conhecido, entre eles o fundador do Movimento Johrei, e até a Shemuel, nome hebraico de Deus.

Cerca de cinco minutos depois, quando saí do chuveiro e comecei a me enxugar, fiquei chocado ao perceber que a dor nas costas diminuíra uns 80%. Numa escala de 0 a 10, em que 0 representaria a ausência total de dor e 10 uma dor grave, minha dor caíra de 8 ou 9 para 1 ou 2.

Não pude acreditar. A dor tinha diminuído drasticamente em minutos. Isso nunca tinha me acontecido.

Quando acabei de me barbear e começava a me vestir, pensei numa possível explicação para a drástica redução da dor. Enquanto vestia as calças, fiz a seguinte pergunta mentalmente: "Como saber que isso não é o efeito placebo?". Lembre-se de que sou um cientista investigativo e, evidentemente, essa é uma pergunta fundamental.

O que ouvi em seguida me pegou de surpresa. Enquanto escrevo estas palavras, ainda posso me ver no meu quarto como se tudo tivesse acontecido ontem.

A GRANDE ALIANÇA

"Nós simplesmente vamos retirar nosso apoio", ouvi claramente dentro de minha cabeça. Imediatamente, senti uma dor fortíssima — no mínimo tão terrível quanto no dia em que tentara carregar o relógio. Numa escala de 0 a 10, seria no mínimo 12.

Caí na cama e me encolhi em posição fetal, com as calças meio vestidas. Nunca sentira nada como aquela dor. Era tão forte que eu nem conseguia acabar de vestir as calças. Estava imobilizado de dor.

Enquanto isso, minha cabeça intelectual e acadêmica teve o seguinte pensamento: "Isso pode ser um superefeito placebo!".

Percebi que, das duas uma:

1. Ou eu tivera uma reação de duplo-placebo, na qual:
   A. imaginei que os espíritos ajudaram a curar minha dor e depois;
   B. imaginei que os espíritos disseram que iriam retirar seu apoio, e que minha dor voltou ainda mais forte.

2. Ou agora eu entendia — de um modo novo e profundo — o significado maior da conhecida frase: "Podia ser muito pior".

Se você é um cético e/ou um psicólogo convencional, presumirá que o que experimentei foi um evento raro e/ou um tipo de efeito duplo-placebo (mente-corpo). Seja como for, a explicação nada teria a ver com os espíritos.

Mas e se os espíritos tivessem algo a ver com o rápido alívio da dor seguido de uma dor ainda mais forte?

E se os espíritos na verdade nos ajudam o tempo todo, mas não percebemos isso?

E se a frase "Podia ser muito pior" se aplica o tempo todo, porque o mundo espiritual, normalmente invisível, nos oferece constante apoio e orientação?

E se for possível, se assim quisermos, pedir ajuda adicional aos espíritos com sinceridade e de fato recebê-la?

E se todos nós tivermos guias espirituais, assim como acesso às energias espirituais de cura?

Naquela hora, deitado na cama, dobrado de dor, eu não tinha condições de resolver esse mistério. Entretanto, percebi que me fora dada a oportunidade de pensar sobre esse mistério e decidi dar à minha coluna o tempo de repouso necessário.

Passei os dias seguintes lendo livros sobre temas espirituais que nunca tivera tempo de explorar, entre eles A *autobiografia de um iogue* e um livro do fundador do Johrei, de modo a não perder contato com a mensagem espiritual.

QUANDO OUVIR RUÍDO DE CASCOS DE CAVALOS, NÃO PROCURE PRIMEIRO POR ESPÍRITOS

Existe uma frase muito usada no serviço médico de emergência que também se aplica à ciência: "Quando ouvir ruído de cascos, procure por cavalos, não por zebras". O raciocínio é o seguinte:

Na emergência médica, na qual decisões de vida ou morte precisam ser tomadas com rapidez, é prudente considerar primeiro as causas mais prováveis de uma determinada situação e só depois passar à menos provável. Em outras palavras, se a situação ou o sintoma forem, metaforicamente, ruídos de cascos de cavalos, a frase correta seria: "Quando ouvir ruídos de cascos de cavalos, procure primeiro por cavalos".

Se a hipótese não for confirmada pelos fatos, o médico da emergência deve considerar a hipótese seguinte mais provável (continuando com a metáfora, um pônei ou uma mula). Não seria conveniente procurar por uma zebra enquanto as possibilidades de ser um cavalo, um pônei, uma mula ou um burro não se esgotassem.

Se considerarmos os dois experimentos relatados neste capítulo — o aparente ferimento aufoinfligido pelo doutor Hall, demonstrado no laboratório da universidade, e a aparente redução e posterior recaída de minha dor nas costas, ocorrida no laboratório de minha vida particular —, a explicação mais apropriada para o ruído de cascos de cavalo seria o cavalo (o placebo/mente-corpo), e não a zebra (a ajuda espiritual).

A GRANDE ALIANÇA

Entretanto, quando levamos em conta as informações apresentadas na parte II do livro, há razões para recepcionar a hipótese de que os espíritos existem. Consequentemente, é prudente incluir a zebra — a assistência dos espíritos — em nossa lista de explicações possíveis. Bem, agora é possível para a ciência testar se os espíritos realmente se manifestam nas sessões de cura. Agora a cura espiritual pode ser conduzida mesmo que a pessoa doente não saiba que está recebendo a cura, como se verá no próximo capítulo.

8

TESTANDO A PRESENÇA DOS ESPÍRITOS NAS SESSÕES DE CURA

O amor intenso não se mede; ele apenas se doa.

— Madre Teresa —

Você deve se lembrar de que o doutor Hall acredita que espíritos invisíveis podem ter uma participação fundamental em sua capacidade de perfurar o rosto (1) sem sentir dor, (2) com sangramento mínimo e (3) com um fechamento quase imediato do ferimento. Além disso, o médium e a psicóloga que participaram da pesquisa alegaram terem visto um grupo de espíritos presentes durante nossa investigação exploratória com o doutor Hall.

Como discutimos no capítulo anterior, a ciência recomenda que se considerem várias hipóteses racionais — como fraude, erro de percepção, efeito placebo ou mente-corpo — antes de levar em conta hipóteses menos racionais, como a assistência de médicos falecidos, anjos e, em última instância, do Sagrado.

Entretanto, surge uma pergunta desafiadora: é possível documentar cientificamente se os espíritos estiveram de fato presentes em determinada sessão de cura? Se não soubermos responder a essa pergunta fundamental, não faz sentido tentar responder se os espíritos têm um papel de orientação, ou até mesmo de mediação, no processo de cura. Este capítulo e o seguinte apresentam os resultados de duas novas investigações exploratórias conduzidas em minha vida pessoal — e a

GARY E. SCHWARTZ

repetição da investigação em laboratório —, que tratam desta questão: é possível documentar a presença dos espíritos em sessões de cura?

Embora ambas as investigações da vida real pareçam ter ocorrido fortuita e acidentalmente, os curadores e médiuns que dela participaram alegaram que um grupo de espíritos se envolveu intimamente para que essas surpreendentes descobertas ocorressem. Além disso, os curadores e médiuns afirmaram que os resultados que documentamos eram na verdade uma doação de amor.

A AJUDA ESPIRITUAL DE UM MÉDICO FALECIDO

Logo depois de minha resolução para o milênio, conheci um doutor em psicologia que realizava curas energéticas e alegava, entusiasmado, que sua avó, uma médica falecida, costumava ajudá-lo em suas curas. Para preservar seu anonimato, vou chamá-lo de doutor Michaels, e sua avó, de doutora Jones (alguns outros pequenos detalhes também foram modificados).

O doutor Michaels me relatou uma série de experiências aparentemente extraordinárias em que a doutora Jones se manifestou para ajudá-lo em sessões de cura. Ele contou que às vezes a doutora Jones lhe mostrava onde devia colocar as mãos e, outras vezes, entrava literalmente em seu corpo e as guiava.

O doutor Michaels amava e admirava profundamente a avó. Embora a doutora Jones tivesse uma formação ocidental, era uma pessoa dotada de grande compaixão e espiritualidade. Muitos de seus antigos pacientes estavam convencidos de que as curas da doutora Jones envolviam mais do que os remédios e tratamentos que ela prescrevia. Ela aparentemente rezava por seus pacientes e pedia a ajuda dos espíritos para sua recuperação.

Em sua experiência clínica, o doutor Michaels descobriu que, sempre que convocava a ajuda da avó — tanto em suas curas quanto em sua vida pessoal —, ela o ajudava.

Perguntei ao doutor Michaels como ele sabia que a avó estava presente. Ele disse que às vezes a via aos pés da mesa de massagem, outras a ouvia e outras ainda apenas sentia sua presença. E contou que alguns de seus pacientes chegaram a relatar ter visto um espírito feminino na sala.

Entretanto, ele afirmou que sempre sentia as mãos aquecidas quando a doutora Jones estava pronta para trabalhar com ele. Às vezes, as mãos se aqueciam no início da sessão, na fase de diagnóstico de energia, e outras vezes ele sentia as mãos ganhando calor no transcorrer da sessão, pouco antes de iniciar a fase de cura energética. Essa afirmação em particular me chamou a atenção, porque percebi que havia um procedimento que poderia ser manipulado e medido.

Minha "doença chamada ciência" imediatamente se manifestou: a crença do doutor Michaels — "Às vezes sinto minhas mãos se aquecendo no início da sessão e outras vezes mais tarde, quando a doutora Jones se manifesta" — se transformou numa questão: o fato de as mãos do doutor Michael se aquecerem no início ou no meio da sessão depende do momento em que a doutora Jones se manifesta?

Isso levou a uma hipótese e um prognóstico: se a doutora Jones se manifesta no início da sessão, as mãos do doutor Michaels se aquecem mais cedo; se a doutora Jones se manifesta mais tarde na sessão, as mãos do doutor Michaels também se aquecem mais tarde. Então, fiquei pensando como poderíamos testar a hipótese experimentalmente em linguagem científica, o que se chama *operacionalizar*.

Uma possibilidade era que um médium de pesquisa de grande precisão pudesse se comunicar com a doutora Jones e trabalhar com ela em várias sessões para verificar se ela se manifestaria no início ou no meio de uma determinada sessão do doutor Michaels.

Para entender meu raciocínio, é conveniente lembrar que, depois de sua morte, algumas pessoas parecem manter um relacionamento contínuo com seus entes queridos e estabelecer novas ligações com pessoas do plano físico.

Você deve se lembrar, por exemplo, do capítulo 5, em que a falecida Susy Smith, além de me ajudar em minha pesquisa, parece ter criado um longo e bem-sucedido relacionamento com uma médium que chamamos de Joan. Em numerosas ocasiões, observamos evidências de que os espíritos podem se manifestar em experimentos formais em laboratório. Você deve se lembrar também de que Susy Smith aparentemente se manifestou no carro de Joan sem ser convidada, trazendo com ela um espírito feminino desconhecido que mais tarde foi identificado.

Felizmente, um médium que vou chamar de Philip tinha participado de sessões com o doutor Michaels e fora capaz de obter informações precisas sobre a doutora Jones. Philip e o doutor Michaels viviam em estados diferentes, de modo que as sessões teriam de ser conduzidas a longa distância, por telefone.

E se antes de uma determinada sessão Philip pudesse entrar em contato com a doutora Jones e juntos decidirem se ela iria se manifestar no início ou no meio da sessão? Philip manteria segredo de sua comunicação com a doutora Jones e sobre o momento de sua visita. Será que o doutor Michaels, que não saberia quando a doutora Jones se manifestaria na próxima sessão de cura, poderia se lembrar quando suas mãos se aqueceram e registrar isso para uma análise subsequente?

Se essa investigação particular de prova de conceito chegasse a resultados positivos, sofisticados experimentos poderiam ser conduzidos futuramente na universidade. Um dos meus experimentos dos sonhos era usar uma moderna câmera termográfica (de raios infravermelhos) para medir as mudanças de temperatura das mãos de um curador durante sessões de cura. A grande vantagem desse tipo de câmera é que ela registra momento a momento as mudanças de temperatura de uma distância de no mínimo trinta centímetros. Portanto, não interferiria nos movimentos espontâneos do curador nem nos sensores de temperatura ligados às suas mãos.

Raciocinei que (1) se pudesse constatar a coincidência de fatos dez vezes — com Philip e a doutora Jones determinando secretamente quando ela se manifestaria numa determinada sessão e o doutor Michaels registrando quando suas mãos se aqueciam — e (2) se os resultados se repetissem como Philip e o doutor Michaels acreditavam, então (3) dez experimentos independentes seriam suficientes para obter um resultado estatisticamente significativo.

A GRANDE ALIANÇA

Para garantir que os procedimentos fossem seguidos apropriadamente, eu atuaria como pesquisador assistente. Entraria em contato com Philip e lhe pediria para ter uma sessão secreta com a doutora Jones. Aguardaria que Philip me ligasse de volta para confirmar que tinha tido sucesso e anotara quando a doutora Jones se manifestaria. Eu não teria conhecimento dessa informação.

Então, entraria em contato com o doutor Michaels e lhe pediria para registrar quando a doutora Jones se manifestaria na próxima sessão de cura. Considerando os compromissos de todos os envolvidos e que essa investigação exploratória seria parte do trabalho clínico normal de Philip, levaríamos cerca de dez semanas para completar as dez tentativas.

Não solicitei a Philip e ao doutor Michaels que me fornecessem cópias de seus registros de chamadas telefônicas de longa distância em casa e no escritório. Imaginei que, se eles estivessem em conluio e quisessem me enganar, poderiam usar seus celulares ou e-mail. Como conhecia os dois razoavelmente bem, supus que sua motivação fosse genuína. Entretanto, não aceitaria resultados positivos da parte deles como totalmente legítimos, mas lhes daria o benefício da dúvida e consideraria suas descobertas como merecedoras de futuras investigações.

Não houve dificuldade de registrar e analisar os resultados. Segundo Philip, em cinco de dez sessões, a doutora Jones disse que se manifestaria no início da sessão de cura, e nas cinco outras sessões, ela indicou que se manifestaria mais tarde. Estatisticamente, a ordem de mais cedo ou mais tarde numa determinada sessão era completamente aleatória, como um cara ou coroa.

Quando comparei as anotações de Philip sobre os momentos em que a doutora Jones se manifestaria com o registro do doutor Michaels sobre quando suas mãos se aqueceram em cada sessão de cura, a porcentagem de acerto foi de 100%. Além disso, só posso dizer como os dados foram constatados. As evidências não só confirmaram a experiência do doutor Michaels; elas o fizeram com total perfeição.

Diante de um resultado aparentemente tão perfeito, deve-se levar em conta que os testes só foram realizados dez vezes num período de dez semanas. Como todos sabemos, o doutor Michaels poderia não ter acertado na décima primeira tentativa e nas subsequentes. A probabilidade de dez acertos ocasionais em dez tentativas é muito pequena: uma em 1.024, ou aproximadamente 0,1%. Entretanto, não é tão desprezível quanto uma em 1.000.000.024. Portanto, não poderíamos interpretar os resultados desse experimento como "perfeitos".

Será que esse tipo de investigação poderia "provar" que a doutora Jones estava de fato presente? Embora o projeto da experiência fosse novo e altamente sugestivo, não era definitivo.

Mesmo que conduzíssemos um experimento formal numa universidade e conseguíssemos obter os mesmos resultados muitas vezes (1) usando diferentes médiuns, curadores e espíritos; (2) acrescentando medições biofísicas objetivas, como uma câmera termográfica de altíssima sensibilidade; e (3) eliminando qualquer possibilidade de fraude, os resultados não justificariam uma conclusão definitiva de que a doutora Jones ou qualquer outro espírito tivesse se manifestado. Outras hipóteses possíveis podem ser imaginadas.

Por exemplo, era possível que o doutor Michaels fosse capaz de ler a mente de Philip e que suas mãos se aquecessem devido à sua expectativa de que a doutora Jones se manifestasse em determinado momento da sessão. Teríamos que conduzir futuros experimentos para determinar se curadores como o doutor Michaels eram capazes de ler a mente de um médium e se as mãos do curador se aqueciam porque ele sabia quando os espíritos iriam se manifestar ou quando o médium dissera que eles se manifestariam.

Outra hipótese é que o doutor Michaels usasse técnicas de visão remota e lesse as anotações de Philip. Nesse caso, teríamos que realizar futuros experimentos para determinar se curadores como o doutor Michaels eram capazes de ler escritos secretos. Mas futuros experimentos poderiam ser ainda mais inovadores e convincentes. Um médium como Philip, por exemplo, poderia entrar em contato com uma médica falecida, como a doutora Jones e, em vez de decidirem *quando* ela se manifestaria, poderiam decidir *se* ela se manifestaria em determinada sessão.

A GRANDE ALIANÇA

A ciência progride passo a passo, resultado após resultado, uma investigação após outra, um experimento após o outro. Dependendo de combinações específicas de resultados positivos e negativos que surgem nos experimentos, determinadas hipóteses podem ser confirmadas ou rejeitadas, aceitas ou excluídas. Se estivéssemos analisando isoladamente a investigação exploratória sobre o doutor Michaels e Philip, eu estaria inclinado a dizer que a hipótese de leitura da mente ou de visão remota é mais provável que a hipótese da presença de espíritos.

Entretanto, se considerarmos todas as informações reveladas na parte II deste livro e, portanto, analisarmos a investigação do doutor Michaels e de Philip nesse contexto mais amplo, seria razoável considerar que a presença de espíritos é mais provável do que a leitura da mente ou a visão remota.

O fato é que, *se pudermos enxergar o quadro mais amplo e reter todo o conjunto de evidências em nossa mente,* seremos capazes de chegar a uma conclusão acertada sobre as duas questões fundamentais: os espíritos existem e podem desempenhar um papel de orientação em nossa vida individual e coletiva?

Enquanto isso, mais uma vez, eu o convido a fazer um experimento mental.

Desta vez, tente imaginar como seria estar no lugar do doutor Michaels. Tente visualizar como seria não só sentir a presença de sua querida avó médica durante o trabalho de cura, mas participar corajosamente de uma investigação particular para testar a validade de sua crença de que sua avó continua ao seu lado.

Como você se sentiria tendo que esperar para saber se a investigação foi um fracasso ou apenas uma indicação de sua hipótese, e depois ficar sabendo que os resultados não poderiam ter sido mais positivos? É muito difícil chegar a um nível de acerto de 100%.

E você também pode tentar imaginar como seria estar em meu lugar e ter a estranha experiência de convidar os espíritos a ajudá-lo pela primeira vez, sentindo que a dor nas costas se reduz drástica e rapidamente, para retornar imediatamente depois de você ter feito a pergunta "Será isso o efeito placebo?" e ouvido "Vamos retirar o

GARY E. SCHWARTZ

nosso apoio". E depois, enquanto conduzia um novo experimento particular, ter evidências altamente positivas de que um médico falecido pode se manifestar regularmente em sessões de cura.

Convém lembrar a sábia afirmação do doutor McCulloch na abertura deste livro: "Não morda meu dedo; olhe para onde estou apontando". Embora a natureza desta exploração de prova de conceito seja quase sempre confusa, fascinante e às vezes apavorante, quase sempre é divertida e muitas vezes excitante.

Enquanto isso, mantenho contato com curadores dotados, que contam histórias surpreendentes sobre como são ajudados regularmente por profissionais de saúde falecidos, guias espirituais, anjos e o próprio Sagrado.

9

UMA LIÇÃO DE CURA ESPIRITUAL
SOBRE A ILUSÃO DA DOENÇA

31 de janeiro de 1904

Eu costumava curar com uma palavra. Vi um homem amarelo por causa da doença e, no momento seguinte, olhei para ele e vi que sua cor era normal; ele estava curado. Eu sabia como isso ocorria tanto quanto um bebê, apenas que acontecia todas as vezes. Nunca falhei; quase em um tratamento, nunca em mais de três.

— Mary Baker Eddy, em *Notes on the course in divinity* —

Se aprendi alguma coisa na vida, foi sempre estar preparado para surpresas.

Curiosamente, apesar de ter aprendido essa lição, algumas vezes me vi despreparado para o grau de novidade e mistério contido nas surpresas aparentemente impossíveis que sacudiram minha vida. Seriam elas fruto da vontade dos espíritos?

A inspiração para escrever A *grande aliança* nasceu quando eu sofria de uma gripe extremamente forte. A doença me atacou de repente, aparentemente sem aviso, e em pouco tempo me incapacitou. Fiquei de cama, com febre, durante cinco dias, seguidos de mais cinco dias de extrema fadiga, acompanhada de uma tosse crônica e espasmódica.

Uma semana antes da gripe, eu viajara de Tucson a Toronto para dar uma palestra sobre meu livro *The energy healing experiments* [Experimentos sobre a cura energética] num congresso de psicologia.

GARY E. SCHWARTZ

Quando estava lá, iniciou-se uma série de 24 sincronicidades que continuaram depois que retornei a Tucson. Devo acrescentar que o fenômeno da sincronicidade foi cientificamente formulado pelo doutor Carl Jung, criador da psicologia e da psicoterapia jungianas. Muita gente já experimentou o fenômeno da sincronicidade. Ele ocorre, por exemplo, quando pensamos espontaneamente em alguém que não vemos há bastante tempo e, em poucas horas ou alguns dias, sem mais nem menos, essa pessoa nos procura.

Em poucas palavras, a sincronicidade é a ocorrência de dois ou mais acontecimentos que ocorrem próximos uns dos outros. A coocorrência de fatos é altamente improvável, o que significa que a probabilidade de que eles ocorram em sequência apenas por força do acaso é muito pequena, se não minúscula. A coocorrência não pode ser explicada pela lei de causa e efeito — e a ela Jung chamou de conexão acausal. Para explicar a natureza não aleatória da coocorrência, é preciso pressupor a existência de influências ou energias invisíveis. As coocorrências em geral se dão em períodos significativos da vida, embora o verdadeiro significado da coocorrência seja mais como uma simbologia onírica.

Observei o fenômeno da sincronicidade durante mais de vinte anos. Contei minha primeira experiência convincente de sincronicidade, que aconteceu quando eu era professor em Yale, em meu livro *The G.O.D. experiments*[6]. Originalmente, o capítulo deveria constar do corpo do livro, mas meu editor e meu parceiro na autoria acharam-no demasiado controverso — demasiado "estranho" — para ser incluído no livro. Por isso, nós o incluímos entre os apêndices. Entretanto, a verdade é que as singulares coocorrências que se deram à época são uma evidência convincente de que, no universo, existe um processo de "orientação, organização e planejamento" que se expressa em nossa vida.

---

6   O G.O.D. no título, além de uma referência a Deus (*God*), é a sigla do que o autor chama de "*guiding-organizing-designing process*", ou seja, "processo de orientação, organização e planejamento". (N.T.)

A GRANDE ALIANÇA

Quando escrevi este capítulo que você está lendo, já tinha reunido mais de 150 evidências de coocorrências extremamente improváveis. Hoje penso que as sincronicidades com tigres aqui relatadas e o contexto em que elas ocorreram mostraram a mim e a Rhonda, minha mulher, que às vezes, se não sempre, os espíritos podem usar as sincronicidades para revelar a cooperação entre o mundo espiritual e o nosso mundo na criação desses efeitos.

Não é essencial repassar a série de eventos que chamo de "Toronto Tiger" [Tigre de Toronto]. O importante é perceber que, quando os sintomas da gripe começaram, ocorreu uma série de convincentes sincronicidades com tigres. Eu as descrevo porque elas ajudam a entender que sua convergência era um prelúdio para as curas espirituais que experimentei. Essas sincronicidades me levaram a reexaminar meu entendimento do papel sinérgico dos espíritos nas curas, assim como seu papel na revelação da presença dos espíritos, uma espécie de cartão de visitas.

No curso de minha doença, três curas espirituais secretas me foram oferecidas sem que eu tivesse consciência delas. As curas foram secretas porque não me foi dito que eu as receberia, e, quando elas ocorreram, eu não sabia que elas estavam sendo oferecidas.

Em todos os casos, o tratamento secreto foi imediatamente acompanhado de uma drástica redução dos sintomas. Naturalmente, a significativa redução dos sintomas podia ser uma coincidência. Em outras palavras, a ocorrência de uma ou mesmo duas curas espirituais com redução de sintomas podia ser simplesmente obra do acaso. Entretanto, quando isso aconteceu não uma ou duas, mas três vezes, a relação entre a cura secreta e uma redução de sintomas se revelou suficientemente improvável para merecer uma séria consideração.

Evidentemente, não foi um experimento conduzido no laboratório de uma universidade. Eu estava doente e recebi três curas secretas. Como pratico a filosofia da ciência em minha vida particular, fui capaz de testemunhar essa cura aparentemente ajudada pelos espíritos no laboratório de minha vida pessoal. Embora possam parecer subjetivos e pouco científicos, os exemplos obedecem aos parâmetros das observações e experimentações de prova de conceito.

Para que a atenção se concentre nas três curas — e não nas sincronicidades com tigres (que são bastante curiosas) —, vou começar descrevendo o primeiro tratamento de cura que ocorreu depois de seis dias de febre. Depois revelarei as sincronicidades e explicarei como elas prepararam o terreno para a segunda e a terceira cura. Como elas começaram quando os sintomas estavam apenas começando, será necessário retroceder aos primeiros dias de minha doença.

CURA ESPIRITUAL Nº 1: O TRATAMENTO SECRETO E A SUSPENSÃO DA FEBRE

Durante seis dias e seis noites consecutivas, minha temperatura oscilou entre 37,5º e 38,5ºC. Tomei minha temperatura com um moderno termômetro digital que mostra a temperatura em décimos de grau. Nesse período, não saí da cama. À noite, eu fechava a porta do quarto, e Rhonda concordou sabiamente em dormir na sala de estar.

Era meia-noite do dia 12 de novembro de 2008. Eu vinha monitorando minha temperatura mais ou menos a cada hora. Comecei a notar que estava me sentindo um pouco melhor e, por volta de 1 hora, verifiquei que minha temperatura tinha caído abaixo de 37ºC. Continuei checando a cada hora, já que era constantemente acordado por acessos de tosse. Para minha surpresa, a temperatura se manteve entre 36,5ºC e 37ºC, nunca chegando a 37,5ºC. Por alguma razão, minha febre finalmente tinha cedido.

Enquanto isso, sem que eu soubesse, Rhonda acordou por volta da meia-noite ouvindo uma voz que lhe dizia que devia fazer uma cura para mim. Como fora criada num lar luterano e adepto da Ciência Cristã, ela estava familiarizada com a prática da cura espiritual desde criança. Como na vida adulta seu conhecimento e seus interesses se estendiam muito além do cristianismo e dos ensinamentos convencionais da Ciência Cristã — ela também tinha formação em cura reconectiva —, Rhonda acredita ardentemente na premissa fundamental de que tudo é, em última instância, expressão da perfeita mente divina e que a mente humana pode se elevar e estar em

A GRANDE ALIANÇA

harmonia com a mente universal. Essa premissa fundamental não é exclusiva do cristianismo e da Ciência Cristã; é fundamental para muitas tradições de cura energética e espiritual ao redor do mundo, inclusive do judaísmo e do sufismo.

O leitor deve entender que, além de não ser um cristão convencional ou adepto da Ciência Cristã, questiono seriamente algumas de suas crenças e práticas. O que importa neste capítulo não é saber se certas crenças ou práticas do cristianismo ou da Ciência Cristã são verdadeiras, mas a ocorrência fatual e concomitante de curas específicas e nosso sincero esforço para entender o fenômeno.

Rhonda me contou que foi guiada ao escritório e orientada a escolher passagens do "Livro Azul", uma coletânea dos ensinamentos de Mary Baker Eddy, fundadora da Ciência Cristã, feita por seus discípulos. Durante o tratamento secreto, Rhonda notou passagens do livro que afirmavam que a senhora Eddy tinha realizado curas milagrosas apenas pronunciando certas frases aos doentes. Um homem que estava paralisado há anos, por exemplo, caminhou depois que ela lhe disse que "Deus ama a todos".

Eis uma citação de seu livro *Notes on the course of divinity* [Observações sobre caminho da divindade]:

12 de março de 1907
Um deles era um dos piores aleijados que já vi. Eu caminhava por uma rua — andava a pé porque não tinha um centavo — e vi um aleijado com um joelho encolhido até o queixo; seu queixo se apoiava sobre o joelho. A outra perna estava virada para o lado oposto, subindo pelas costas. Eu me aproximei dele e li num pedaço de papel preso ao seu ombro: "Ajude este pobre aleijado". Como não tinha dinheiro para lhe dar, sussurrei ao seu ouvido: "Deus o ama". E ele se levantou perfeitamente ereto. Correu para dentro da casa e perguntou a uma mulher (acho que seu nome era Allen): "Quem é essa mulher?". A mulher lhe disse: "Esta é a senhora Glover" [depois senhora Eddy]. "Não, não é", ele disse. "É um anjo." E então lhe contou o que acontecera.

Aparentemente, Rhonda tinha ouvido a Voz nas duas noites anteriores, mas a ignorara. Por alguma razão, naquela noite de quarta-feira resolveu lhe dar ouvidos. Ela convidou sua mãe falecida (praticante certificada pela igreja), assim como a falecida Susy Smith e seres espirituais superiores (como os anjos) a ajudar o Divino na cura.

Depois de cerca de uma hora, sentindo que o tratamento estava completo, Rhonda voltou para a sala e dormiu. Na manhã seguinte, fiquei surpreso ao saber da estranha "coincidência" entre a não planejada e secreta cura espiritual de Rhonda e a drástica redução da minha febre.

Seria apenas um fato fortuito ou aquela conexão era, como dizia Susy Smith, "coincidência demais para ser ocasional"? Pensei se não haveria uma lição a ser tirada daquele fato.

Para explicar melhor o que ocorreu nas duas curas espirituais subsequentes, vou voltar um pouco no tempo e analisar a instalação e a progressão da febre. Observe que as sincronicidades com tigres se revelaram importantes porque, como você verá, estavam diretamente relacionadas à senhora Eddy e, por mais incrível que pareça, à sua explicação sobre a cura da Ciência Cristã.

AS SINCRONICIDADES COM TIGRES INDICAM UM QUADRO MAIS AMPLO

Foi numa manhã de quinta-feira, 6 de novembro de 2008, que meus esporádicos acessos de tosse, que tinham começado alguns dias antes, se tornaram tão fortes que eu já não conseguia falar sem tossir prolongada e incontrolavelmente. Acabei tendo que cancelar todos os meus compromissos daquele dia, enquanto tentava diminuir os espasmos com pastilhas para a garganta, xarope e repouso. Naquela noite, notei que tinha um pouco de febre.

A certa altura, tive um impulso de checar a lista de filmes disponíveis em *pay-per-view* na tevê a cabo. Um deles era O *tigre e o dragão*[7].

---

7   Em inglês, *Crouching tiger, hidden dragon* [Tigre agachado, dragão escondido] (N.T.).

A GRANDE ALIANÇA

Eu ouvira falar do filme, mas ele me pareceu complicado demais para meu estado, de modo que simplesmente registrei sua presença na lista.

Naquela noite dormi muito mal. Na manhã seguinte, a febre tinha subido a mais de 38°C e eu me sentia péssimo. Decidi ficar na cama e dar ao corpo mais um dia de descanso. Quando fico doente de verdade, a única coisa que gosto de fazer é reler os romances policiais de Robert B. Parker que têm Spenser como protagonista. Trata-se de um ex-policial e detetive particular de Boston que adora cozinhar e citar poesia. Sua namorada é uma psicóloga formada em Harvard, e ele é um homem dedicado à verdade, à integridade, à ética e a fazer o melhor que pode.

Fui até a garagem, abri a caixa onde guardava meus romances de Spenser e puxei o volume que estava no alto da pilha, *A Catskill eagle*. Quando relia o romance, notei que o autor usava as palavras "tigre" e "agachado" muitas vezes. Uma vez, Parker usou a palavra "tigre" de uma maneira inesperada: "Cada porta que abríamos era crucial. Haveria uma senhora ali? Ou um tigre?". E outra vez ele usou a palavra "tigre" de uma maneira surpreendente, referindo-se a alguém "[...] que segurava a ponta do rabo de um tigre".

Na sexta-feira, comecei a reler o segundo romance de Parker (no qual não há menção a "tigre") e continuei lendo-o no sábado. Nesse dia, passei algum tempo assistindo a um jogo de futebol entre a Universidade do Alabama e a Universidade do Estado da Luisiana, realizado no estádio da Universidade da Luisiana, que descobri era a sede dos Tigers (tigres). Havia até a imagem de um tigre no estádio.

Ao mesmo tempo, em outro canal, realizava-se outro jogo de futebol universitário entre a Universidade Estadual da Pensilvânia e a Universidade Estadual de Iowa. Surpreso, ouvi os apresentadores conversando sobre *Tony, the Tiger* [Tony, o Tigre]. Duas menções a tigres na televisão relacionadas com futebol e ao mesmo tempo? Comecei a tomar notas.

Rabisquei algumas observações sobre essas possíveis sincronicidades na página de rosto de *A Catskill eagle*. Eu sabia que esqueceria os

GARY E. SCHWARTZ

detalhes se não registrasse os fatos à medida que eles fossem acontecendo, em especial porque estava doente e um tanto grogue.

Depois descobri que um filme de James Bond estava passando em
outro canal. Quando sintonizei esse canal, Bond estava num carro
dirigido por uma agente e sendo perseguido pelo carro do bandido.
A cena se passava no Japão. Então Bond falou ao telefone com um
homem estrangeiro. Para minha surpresa, seu codinome, como você
pode imaginar, era Tiger.

Pense no seguinte: foram três menções a tigre na televisão durante um curto período. Então, acrescentei a referência do filme de
James Bond à lista de improváveis sincronicidades.

Na manhã seguinte, domingo, 9 de novembro de 2008, comecei a
reler o terceiro romance policial de Parker, *Taming a seahorse*. Notei
que um dos personagens principais trabalhava em um lugar chamado
Tiger Lilies. Na página 23, alguém atendia ao telefone dizendo "Tiger
Lilies" e, na página 87, havia seis menções a tigres. Como eu logo
descobriria, não só a palavra "tigre" era importante no caso, mas
também sua ligação com lírios (*lilies*).

Fiz uma pausa na leitura e liguei a tevê. Num canal em espanhol,
estava sendo exibido um jogo do time mexicano dos Tigres.

Então Rhonda entrou no quarto e me disse que seria exibido na
tevê um documentário chamado *Growing up tiger*. Pensei na impro-
babilidade de um documentário sobre tigres estar sendo exibido naquele momento. Apesar de minha dificuldade para me concentrar
— em meio às dores, náuseas e vertigens da doença —, não resisti
a assistir ao programa, que mostrava dois filhotes de tigre durante
o primeiro ano de vida. O macho chamava-se Sergeant; e a fêmea,
Tiger Lily. Exatamente isso: Tiger Lily[8].

Primeiro eu tinha lido sobre um lugar chamado Tiger Lily no romance de Parker e agora via um filhote de tigre chamado Tiger Lily.

---

8   *Tiger Lily* é o nome genérico de uma espécie de lírio nativo do norte e leste da Ásia,
    inclusive do Japão, cujo nome latino é *Lilium lancifolium* ou *L. tigrinum*. Em português,
    é chamado de lírio tigrado. (N.T.)

152

A GRANDE ALIANÇA

E ambos no mesmo dia. Qual era a probabilidade disso? A resposta é: minúscula. Eu mal podia esperar para contar a Rhonda sobre a ligação.

Quando o documentário terminou, Rhonda voltou ao quarto excitada. Antes que eu dissesse qualquer coisa, ela me lembrou de que sua querida cadela da raça borzói que morrera havia mais de dez anos chamava-se Lila. Rhonda e eu estávamos pensando em adotar outro borzói, que Rhonda pretendia chamar de Tiger Lily. E sua inspiração sobre o nome de nosso futuro cão não podia ser mais propícia.

Outra notável sincronicidade ocorreu na manhã seguinte. Recebi um telefonema do doutor Robert Stek, que estava em Regina, no Canadá, fazendo uma apresentação de nosso artigo sobre Sir Arthur Conan Doyle, cuja história envolvia o espiritualismo, e nossa mais recente pesquisa sobre a vida após a morte envolvendo Sir Arthur. Num segundo livro, ainda em elaboração, escrevi sobre uma série de sincronicidades com tigres e mencionei que algumas delas envolviam o doutor Stek. Ambos os livros ilustram como a autociência pode ser usada para descobrir e documentar a existência de séries de sincronicidades em nossa vida — que chamo de supersincronicidades — e como a ciência e a espiritualidade estão avançadas no exame desses fenômenos.

Bob tinha ligado não só para relatar o que tinha acontecido na Conferência Internacional sobre Sherlock Holmes, mas também para me contar uma curiosa sincronicidade que envolvia a bandeira da província de Saskatchewan, cuja capital era Regina. No centro da bandeira havia uma flor: precisamente um *tiger lily*.

Eu estava começando a acreditar que as sincronicidades com tigres durante a minha doença eram muitas para não terem algum significado, mas não tinha ideia de qual fosse. A essa altura, a febre já durava quatro dias, a mais longa que tivera em anos.

Na quarta-feira, sexto dia de febre, eu estava irritadíssimo. Tinha aprendido várias técnicas de autocura energética que poderia ter aplicado se tivesse localizado um sintoma físico específico, como dor nas costas ou sangramento. Mas, em meio à febre, tontura, náusea, dor e fadiga, não conseguia focar minha atenção e usar nenhuma delas. Tudo que eu fazia era ver um pouco de televisão e reler os romances policiais de Parker (nessa quarta-feira, Rhonda saiu para consertar nosso carro e notou um lindo tigre de pelúcia na vitrine de uma drogaria. Ela o comprou para mim, e lhe dei o nome de Tiger Lily. Esse fato eu não podia considerar uma sincronicidade. Embora Rhonda o tivesse encontrado por acaso, ela também estava atenta a tigres).

Então, na noite de quarta-feira, por volta da meia-noite, minha temperatura caiu de repente e, na manhã seguinte, como já contei, fiquei sabendo da cura espiritual praticada por Rhonda sem eu saber. Observe que essa cura espiritual não tinha nenhuma ligação óbvia com tigres. Além disso, jamais passou pela minha cabeça ou de Rhonda que as sincronicidades com tigres pudessem ter alguma ligação com uma cura espiritual subsequente.

CURA ESPIRITUAL Nº 2: O TRATAMENTO SECRETO E O FIM DA TOSSE

Posso dizer que, com a suspensão da febre, as sincronicidades com tigres também cessaram. Reli um total de quinze romances de Parker durante minha doença, e só o primeiro e o terceiro faziam menção a tigres.

De quinta-feira a sábado, senti como se uma frota de caminhões tivesse passado sobre meu corpo. Embora estivesse extremamente cansado, a ausência de febre era uma bênção. Entretanto, os acessos de tosse tinham piorado, especialmente à noite. Eu acordava a cada quinze ou quarenta minutos com acessos incontroláveis. Rhonda continuou dormindo na sala, mas às vezes a tosse também a despertava.

Então, no sábado à noite, por volta de uma hora, tive um acesso de tosse particularmente grave. Acho que foi o pior que já tive. Mas, depois desse acesso, notei que a tosse cedeu. Na verdade, uma hora depois, consegui dormir, e dormi até as oito da manhã praticamente sem tossir. Mal podia esperar para contar a Rhonda que minha tosse parecia ter cedido de repente.

Pela manhã, quando encontrei Rhonda na sala de estar, ela estava ansiosa para falar comigo. Disse que me ouvira tossir, como acontecera nas noites anteriores, mas dessa vez ouvira uma voz que dizia

A GRANDE ALIANÇA

que ela precisava me aplicar um tratamento. Ela foi até o escritório e, dessa vez, escolheu ao acaso um capítulo do clássico de Mary Baker Eddy, *Ciência e saúde com a chave das Escrituras*.

Rhonda mal pôde acreditar no que leu. A senhora Eddy usava a metáfora de um tigre! A princípio, pensei que ela estivesse brincando, mas logo percebi que estava errado. Eis a citação do parágrafo que traz a metáfora do tigre:

> Sem a chamada mente humana, não pode existir nenhuma ação inflamatória ou letárgica do sistema. Elimine o erro e você destruirá seus efeitos. *Encarando um tigre nos olhos sem medo, Sir Charles Napier o enviou, tremendo de medo, de volta à selva.* Um animal pode enfurecer outro encarando-o nos olhos, e ambos vão lutar por nada. O olhar do homem, fixado corajosamente num animal feroz, em geral o faz fugir aterrorizado. Essa ocorrência representa o poder da Verdade sobre o erro — o poder da inteligência exercido sobre as crenças mortais para destruí-las; enquanto a hipnose e a perfuração higiênica, adotadas para curar a matéria, são representadas por duas bases materiais erradas (grifos meus).

Rhonda estava assombrada. Tente se colocar no lugar dela. Seu marido estava sofrendo com uma gripe violenta. Ela esperara seis dias para fazer um tratamento espiritual — você deve se lembrar de que não lhe pedi que fizesse isso. Ela acabou fazendo o primeiro tratamento (e os dois subsequentes) sem que eu soubesse. No momento em que realizou o primeiro tratamento, ela não sabia o que estava ocorrendo ao mesmo tempo, ou seja, que minha febre tinha cedido.

Tive a impressão de que Rhonda relutava em praticar a cura por respeitar as crenças e valores dos outros. Ela me disse que sentiu a necessidade de me curar apenas porque ouviu uma voz dentro de sua cabeça. E, para sua surpresa (e minha), seu esforço foi recompensado com a suspensão da febre.

Agora, tente imaginar como foi para Rhonda acordar quatro noites mais tarde com o sentimento de que devia realizar um segundo tratamento secreto. Ela estava ouvindo o marido tossir como louco. Foi até o escritório, folheou *Ciência e saúde* e começou a ler um capítulo. Duas páginas depois, deparou-se com uma passagem que se referia a um tigre e ao processo de cura!

Dessa vez Rhonda soube que seu tratamento provocara a redução dos sintomas da minha gripe, porque percebeu que parei de tossir. Nós dois dormimos o resto da noite, e só pela manhã fiquei sabendo do segundo tratamento e do que Rhonda lera sobre um tigre.

Mais tarde naquele dia, voltei ao escritório de Rhonda e reli a passagem. As sincronicidades com tigres apontavam para a mensagem contida naquela passagem sobre a mente humana e suas crenças: "Essa ocorrência representa o poder da Verdade sobre o erro".

Como já disse, estava pensando em escrever um livro sobre nossa parceria com os espíritos, mas tinha sido impedido pela falta de experimentos científicos que confirmassem o que eu sabia dentro do meu coração e vivenciava em minha vida: que os espíritos estão dispostos a nos ajudar. Ousaria eu ir adiante usando a autociência como um dos parâmetros? Mas eu também estava admirado com a forma como a mensagem chegara até mim. Eu poderia ter tirado o *I Ching* e obtido uma mensagem semelhante, mas parecia que os espíritos quiseram me mostrar que nossa vida é a metáfora para o mundo espiritual e seus efeitos.

OS TIGRES DE TOMBSTONE

Senti necessidade de celebrar a aparente emergência de uma lição que envolvia não só a cura espiritual, mas também um entendimento mais completo sobre nossa parceria com os espíritos, um dom que Rhonda e eu estávamos recebendo individual e coletivamente. Além disso, dali a três dias seria nosso aniversário de casamento. Sugeri a Rhonda que, se ela estivesse disposta a dirigir, poderíamos ir a Tombstone, no Arizona, almoçar num pequeno restaurante e talvez comprar alguma coisa para comemorar nosso aniversário e a misteriosa cura relacionada aos tigres.

A GRANDE ALIANÇA

Rhonda dirigiu até Tombstone. Almoçamos no Pioneer Grill, famoso por sua maravilhosa culinária caseira, e depois caminhamos até a Arlene's, a melhor loja de produtos nativos americanos. Já tínhamos adquirido algumas peças de arte nativa naquela loja.

Os nativos americanos em geral não costumam esculpir ou pintar tigres, uma vez que não são naturais da América do Norte. Entretanto, por alguma razão, Rhonda fez ao vendedor uma pergunta que me pareceu totalmente descabida: haveria na loja alguma peça de arte com tigres?

Para nossa surpresa, o vendedor explicou que, na semana anterior, tinham recebido um conjunto de esculturas de divindades indígenas, e uma delas era de um tigre! Na verdade, o proprietário solicitara a escultura de uma divindade nativa em forma de tigre — algo que jamais fizera.

Aquilo era ridículo. A escultura de um tigre numa loja de artigos indígenas da América do Norte? Infelizmente, a peça era muito cara, de modo que não a compramos, mas o vendedor nos permitiu tirar algumas fotos.

O proprietário da Arlene's tinha outra loja de arte contemporânea. Fomos visitá-la e descobrimos uma pequena estátua de um tigre, que compramos como lembrança. Chamei-a de Mary, em homenagem à senhora Eddy.

Quando voltamos de Tombstone, eu estava esgotado. Tivera aventuras suficientes para um dia. Liguei a tevê e vi que estava passando o filme *A volta do todo-poderoso*, uma comédia espiritual estrelada por Morgan Freeman, que pedia a Evan Baxter, um novo membro do Congresso, representado por Steve Carrell, que construísse uma arca para Deus.

Eu vira *A volta do todo-poderoso* pelos menos umas dez vezes, em parte porque John Debney — que compôs a música para o filme, assim como para *O todo-poderoso* e *O mistério da libélula* — era um amigo muito querido. Rhonda e eu tivemos o privilégio de estar em Los Angeles quando John regeu orquestra e coro para a trilha do filme.

Para minha surpresa, a cena encontrada por acaso tinha tigres. Das outras vezes, eu não prestara atenção aos tigres. Mais tarde descobri que havia cinco cenas com tigres. O que foi significativo para mim foi ter visto *A volta do todo-poderoso* com outros olhos logo depois de ter colocado Mary, a estatueta de tigre, sobre minha mesa.

Exatamente quando *A volta do todo-poderoso* chegava ao fim, Rhonda entrou no escritório e me disse que o documentário do History Channel chamado *The brain*, apresentado pelo doutor Dean Radin, estava prestes a começar. Sintonizei o canal e comecei a assistir ao documentário. Eu já o tinha visto antes, mas fazia certo tempo. Na verdade, não me lembrava de que Dean falava da pesquisa sobre precognição ou da pesquisa sobre a vida após a morte.

Durante o documentário, tive o prazer de ver Dean falar sobre a relação entre as capacidades mediúnicas e o golfe, usando Tiger Woods como exemplo! Havia até uma cena em que Tiger dava uma tacada.

Por que a volta das sincronicidades com tigres? Eu me perguntei. Será que Rhonda e eu tínhamos mais o que aprender?

Estava claro que em duas ocasiões — uma vez durante a febre e outra durante os acessos de tosse — eu percebera uma coincidência entre as drásticas remissões de meus sintomas e a cura secreta realizada por Rhonda. Podia ter havido uma dupla coincidência, mas uma tripla ocorrência sugeria que era coincidência demais para ser acidental.

Como acabou acontecendo, houve um terceiro tratamento. E ele ocorreu na manhã de nosso aniversário de casamento.

CURA ESPIRITUAL Nº 3: O TRATAMENTO SECRETO E O FIM DA TOSSE NOTURNA

A aventura do domingo foi demais para meu sistema imunológico enfraquecido, porque naquela noite a tosse voltou com força total. Rhonda me ouviu tossir, mas aparentemente não se mexeu ou não foi impelida a fazer outro tratamento. Para falar a verdade, não pedi que ela me curasse. Minha tosse continuou até segunda-feira. Mas, naquela noite, os acessos foram épicos. Sem que eu soubesse, Rhonda foi inspirada a fazer um terceiro tratamento. Mais uma vez, no meio da noite, minha tosse de repente cedeu, exceto por alguns momentos de tosse fraca.

Na manhã de terça-feira, nosso aniversário, Rhonda confessou que tinha feito um terceiro tratamento. Nesse momento, senti a necessidade e a responsabilidade de saber exatamente o que ela estava fazendo. A verdade é que eu nunca lhe pedira para escrever, detalhadamente, em que consistia seu tratamento de cura.

Abaixo, a experiência de Rhonda, segundo suas próprias palavras. Em nome da clareza, inseri alguns comentários quando julguei apropriado.

> 17 de novembro de 2008
> Esta noite, fui dormir no sofá novamente, para dar a Gary espaço para relaxar e dormir em paz.
> A certa altura, fui despertada por um acesso violento de tosse. Imediatamente e com firme autoridade, declarei em um sussurro: "Não, não, não! Essa não é a verdade. Gary não está doente. Ele nunca teve um resfriado ou tosse. E não estou impressionada ou com medo do que está acontecendo. É uma mentira, e não aceito nem acredito no que aparentemente estou ouvindo".

Para aqueles que não estão familiarizados com a filosofia da Ciência Cristã, os praticantes acreditam que a essência de uma pessoa é espiritual, e não física, e que não existe doença em sua essência espiritual. O que se vê como doença é considerado uma ilusão, porque o que parecem sintomas não representam a verdadeira essência ou a realidade de uma pessoa.

Naturalmente, os sintomas estão ocorrendo: o termo "ilusão" refere-se à nossa interpretação do significado dos sintomas físicos, não à existência de sintomas físicos em si.

Ao contrário, a presença de sintomas físicos é vista como consequência de erros na compreensão da essência da realidade. Os praticantes acreditam que, quando se conectam honestamente com a essência superior da realidade — que eles chamam de "Verdade

Divina" —, a verdadeira natureza de uma pessoa se expressa. Nesse sentido, eles estão "encarando o tigre da doença".

> Então, mentalmente, afastei meu pensamento de Gary e as evidências sensoriais (as evidências que experimentamos com os sentidos), e só me concentrei em Deus. Permiti que a totalidade de Deus preenchesse minha consciência, sem deixar nenhum espaço para qualquer outra coisa, e prossegui com um tratamento metafísico de oração, mais ou menos como a seguinte:
> *Deus, o Espírito, é o todo — nada mais existe. Deus preenche todo o espaço e criou tudo o que existe, e sua criação é espiritual e perfeita, imutável através de toda a eternidade. Gary é uma ideia espiritual mantida por Deus na sua Mente — perfeita em forma e função. Não existe inação, ação exagerada ou reação nos atos divinos. E, na equipolência de Deus, todas as pressões e temperaturas são estáveis, porque são governadas e controladas por Deus.*

Observe que essa oração é muito diferente da típica prática de cura energética, assim como de várias outras práticas de cura espiritual baseadas na oração. Em nenhum momento Rhonda me enviou conscientemente uma amorosa energia de cura. Em nenhum momento ela tentou conscientemente usar sua intenção e sua energia para melhorar meu sistema imunológico ou suprimir minha tosse, nem rogou a Deus para me curar ou me devolver a saúde. E Rhonda também não aplicou as técnicas da cura reconectiva.

Em vez disso, Rhonda fez uma série de afirmações filosóficas sobre sua crença na essência e na realidade do universo, na unidade e totalidade de tudo o que existe, e encheu sua consciência com essa filosofia. Isso era novo para mim:

> Normalmente, isso encerraria meu tratamento, mas, como minha mãe, que morrera alguns anos antes, era uma praticante e curadora da Ciência Cristã, pedi a ela que me ajudasse se pudesse me ouvir. Ela me mostrara muitas vezes que continuava viva e envolvida em minha vida.

A GRANDE ALIANÇA

Para respeitar Gary e seu interesse científico não apenas nos que tinham passado para o outro lado, mas também na existência de anjos e guias, convidei Susy Smith e todos os anjos, guias e seres de qualquer espécie, se estivessem ouvindo meu pedido, para ajudar Gary a se livrar da doença e dormir bem naquela noite.

Depois desse tratamento secreto, dormi um sono tranquilo e reparador, a não ser por uma ida ao banheiro. E continuei dormindo bem nas noites seguintes. Meus acessos de tosse cessaram depois do terceiro e último tratamento de Rhonda.

Em minhas seis décadas de vida, jamais sentira ou testemunhara nada como aquela sequência de curas. Na tentativa de enfrentar aquele décimo primeiro dia de gripe, não uma nem duas, mas três vezes, vi meus graves sintomas cederem imediatamente depois dos três secretos e não solicitados tratamentos de cura espiritual.

Num sentido profundo, eu desconhecia totalmente a verdadeira ocorrência dos tratamentos. As curas ocorreram sem meu conhecimento. Mais uma vez, minha vida pessoal estava se organizando para funcionar como um laboratório para a descoberta e o aprendizado, não só para mim, mas também, nesse caso, para minha esposa Rhonda — e agora também para você.

MAS O QUE ISSO SIGNIFICA?

Minha experiência de cura não foi evidentemente um experimento controlado em laboratório sob os auspícios da universidade. Entretanto, foi um experimento da vida real, o tipo que realmente importa. Cientistas podem conceber elegantes experimentos em laboratório que não se aplicam ao mundo real. O teste verdadeiro é saber se os teoremas descobertos pela ciência formal podem explicar as operações da natureza e do mundo real, ou se o mundo real inspira novos teoremas, como no caso de Einstein: como o movimento relativo de um trem e pessoas caminhando na plataforma contribuíram para a sua teoria da relatividade.

GARY E. SCHWARTZ

O cerne da ciência é a observação do mundo natural, e mudanças de paradigma surgem quando teorias prévias não explicam adequadamente um conjunto de fenômenos observados. Como isso envolve observação e análise científica, o primeiro passo foi utilizar a mim mesmo como sujeito dessas explorações da autociência sobre os espíritos e seus possíveis efeitos de cura, sendo a hipótese o segundo passo e a repetição em laboratório o terceiro.

Eu poderia gastar páginas e páginas detalhando as várias explicações possíveis das três curas que ocorreram e que incluíram:

1. remissões espontâneas, acompanhadas por coincidências altamente improváveis, mas não obstante casuais;
2. fraude e/ou percepção errônea da minha parte ou da parte de Rhonda;
3. uma pista sutil da parte de Rhonda que pudesse ter sido percebida por mim, o chamado efeito placebo sutil;
4. os efeitos diretos do amor e da compaixão de Rhonda focados em minha bioquímica e fisiologia. Em outras palavras, os efeitos de sua energia e intenções amorosas em relação a mim;
5. a ajuda dos espíritos, entre eles uma falecida curadora, anjos e o próprio Sagrado.

Se considero a quinta hipótese seriamente é por causa da presença das estranhas sincronicidades com tigres que cercaram as curas, e o fato de elas terem persistido mesmo depois que captei a mensagem. Parece que isso aconteceu para que eu pudesse tomar conhecimento de uma filosofia não apenas de cura, mas também da convergência entre o mundo espiritual e o nosso como base de uma parceria sagrada.

A persistente ocorrência das sincronicidades com tigres, entremeadas com os escritos da senhora Eddy, indica a forte possibilidade de que algo mais complexo, inteligente e impressionante estivesse ocorrendo. A verdade é que, se os espíritos podem se envolver na cura física, não sabemos se isso funciona cientificamente.

Usando a frase da senhora Eddy que introduz este capítulo — e esse é o caso cientificamente —, somos como bebês quando se trata de nosso conhecimento sobre o papel dos espíritos na saúde e na cura. Entretanto, não temos que permanecer na infância. Temos a oportunidade de usar o dom de nossa mente investigativa para resolver essas preciosas e profundas questões.

Se tivermos coragem suficiente para fazer essas perguntas, enfrentaremos o tigre olhando-o nos olhos.

10

O PAPEL DOS ESPÍRITOS NA CURA EMOCIONAL

É a fé que nos leva até lá.

— do filme *O mistério da libélula* —

Explícita ou implicitamente, a motivação por trás de todos os relatos de aparente e espontânea ajuda espiritual relatadas neste livro foi o amor.

O amor é o denominador comum que tem impulsionado os espíritos (1) a revelar sua presença, (2) a oferecer informações úteis e até mesmo proteção (e às vezes a ocultar intencionalmente informações secretas) (parte II) e (3) a participar de curas e de nossa compreensão delas (parte III).

A mesma conclusão, de que o amor é a força motora, parece se aplicar ao aparecimento predominante de sincronicidades, em especial quando elas parecem ter sido mediadas pelos espíritos. Mais uma vez, sincronicidade é a ocorrência, num período de tempo muito curto, de dois ou mais eventos altamente improváveis, dos quais um não causa o outro, mas indica a presença de influências ou energias invisíveis para que a coocorrência se dê.

O que você vai ler em seguida é o relato fiel de uma série de sincronicidades envolvendo libélulas que não só parecem ter sido mediadas por espíritos, mas que em última instância envolvem a cura espontânea de um profundo trauma emocional mediada por espíritos.

Como você se sentiria se fosse assistente de um cirurgião e sua esposa, portadora de uma grave doença, tentasse o suicídio cortando a garganta, e você, ao encontrá-la morrendo, tentasse em vão salvar sua vida? Como seria se vivesse com a culpa do fracasso e, um dia, sua esposa aparecesse de uma maneira inesperada, mas convincente, e lhe dissesse que sua morte não fora culpa sua?

Quando vi o filme *O mistério da libélula*, não tinha a menor ideia de que ele levaria a uma série de sincronicidades diretamente relacionadas com a orientação espiritual e a cura emocional. Embora o filme fosse profundamente comovente e significativo para mim, não suspeitei de que sua mensagem inesquecível logo floresceria em inimagináveis sincronicidades.

O enredo do filme envolve um casal de médicos profundamente apaixonados: o marido, o doutor Joe Darrow, especializado em medicina de emergência, e sua mulher, a doutora Emily Darrow, que trabalha na oncologia pediátrica. Emily está grávida de uma menina ansiosamente esperada e viaja para a América do Sul numa missão da Cruz Vermelha destinada a ajudar crianças. Um terrível acidente ocorre, e todos, inclusive as crianças, o motorista do ônibus e Emily são dados como mortos.

Depois do acidente, Joe, interpretado por Kevin Costner, começa a presenciar em sua casa estranhos acontecimentos envolvendo uma das criaturas preferidas da esposa, a libélula. Cético, Joe não consegue acreditar nos acontecimentos relacionados a libélulas, que sugeriam a contínua presença da mulher em sua vida.

Embora cumprisse a promessa feita a Emily de que cuidaria de seus pacientes pediátricos se algo lhe acontecesse, Joe descobre que várias crianças que tinham tido uma parada cardíaca e ressuscitado passaram por estranhas experiências de quase morte que envolviam sua esposa falecida. As crianças afirmavam que Emily estava querendo transmitir a Joe uma mensagem, mas não sabiam seu preciso significado.

Lembro de ter ouvido a comovente música que acompanha essas cenas e ter ficado curioso sobre o compositor. Embora a história seja às vezes melodramática, o filme retrata com precisão as alegações controversas de que pessoas que passam pela experiência de quase morte às vezes recebem mensagens de pessoas falecidas — tanto de entes queridos como de pessoas totalmente estranhas.

Vendo seu mundo de cabeça para baixo e fora de controle, Joe ouve a história de uma freira, irmã Madeline, que está recolhendo dados sobre a experiência de quase morte das crianças. Ele encontra a irmã Madeline — numa interpretação comovente de Linda Hunt — numa capela iluminada por centenas de velas. A irmã Madeline explica científica e poeticamente que essas experiência da outra vida são muitas vezes reais.

No fim dessa fascinante e profundamente importante cena, ela faz uma simples afirmação que toca Joe profundamente. Tendo ao fundo a mais comovente e linda música que já ouvi, a irmã Madeline diz: "É a fé que nos leva até lá". Essa frase foi um lembrete e uma revelação para mim. Lembrou-me a sugestiva frase do iogue Berra: "Se eu não tivesse acreditado nisso, eu não o teria visto".

O que o filme transmite é que, embora conhecimento e habilidades sejam essenciais em qualquer empreendimento, é a energia da crença que nos motiva e nos inspira; poderíamos dizer que atrai as condições que nos ajudam a realizar nossas tarefas, sejam elas deste ou de outro mundo. Em simples palavras, *embora o conhecimento possa nos guiar, é a fé que nos leva até lá.*

O mistério da libélula tornou-se um de meus filmes preferidos sobre temas espirituais. Mas, quando o assisti pela primeira vez, não tinha ideia de que ele acabaria precipitando acontecimentos futuros totalmente imprevisíveis, cujo clímax seria meu encontro com um cão gigante, a jovem que o adotara e sua mãe, cuja amiga teve uma notável experiência de quase morte que transformou sua vida e, no final das contas, também a minha.

A FALECIDA SUSY SMITH E SUAS
MENSAGENS DO OUTRO LADO

Esta história é um tanto complicada, de modo que peço ao leitor que tenha paciência comigo. Exceto pela troca de alguns nomes e detalhes secundários, necessários para preservar o anonimato das pessoas envolvidas, este é um relato totalmente autêntico.

Eram umas cinco horas da manhã e eu me preparava para viajar para a Califórnia, onde faria uma série de palestras durante uma semana. Meu programa incluía uma apresentação no Instituto de Ciências Noéticas, onde falaria sobre o livro *The afterlife experiments* [Experimentos sobre a vida após a morte] e participaria de um evento de fim de semana patrocinado por Deepak Chopra em La Costa Resort.

Como ficaria fora da cidade por uma semana, precisava resolver vários assuntos pessoais e profissionais antes de viajar. Antes de partir para a universidade e depois para o aeroporto, chequei meus e-mails e encontrei uma mensagem inesperada de Joan, a médium do capítulo 5. Você deve se lembrar de que Joan tinha entrado em contato comigo pela primeira vez porque estava recebendo mensagens da falecida Susy Smith e acabou me ajudando a descobrir o paradigma dos dois mortos proposto por Susy. Desde então, Joan e eu tínhamos encerrado nossas investigações particulares. Mas, de vez em quando, ela me transmitia mensagens que alegava serem de Susy.

Nesse e-mail em particular, Joan mencionou que Susy se referia ao filme *O mistério da libélula* e que isso era importante. Susy também afirmava que em breve eu encontraria uma pessoa famosa muito importante para o trabalho. Quando pensei nessas afirmações, lembrei que tinha agendado um encontro com alguém que compunha música para o cinema. Seu nome não me era familiar e não procurei por ele na internet.

O compositor tinha lido *The afterlife experiments* e ficara tão curioso que ele e a mulher tinham solicitado sessões com um dos médiuns que eu testara e ao qual me referia no livro. (Pediram que não fosse revelado o nome desse médium. Não era Joan, e ela ainda não conhecia esse médium.) Ele e a família viviam na Califórnia e decidimos nos encontrar durante a viagem.

Depois do e-mail de Joan, um pensamento surgiu na minha cabeça: será que essa pessoa teria alguma relação com o filme *O mistério da libélula*? Rapidamente, procurei seu nome no Google: John

A GRANDE ALIANÇA

Debney. Descobri que ele era o compositor da comovente música do filme! Não consigo expressar minha excitação em palavras. Eu acabara de descobrir que em breve ia conhecer o compositor cuja música me tocara a alma.

Mas o mais importante é que eu fora levado a essa descoberta através do e-mail de uma médium que vivia muito longe e que afirmava ter recebido essa informação da falecida Susy Smith! Estaria Susy preparando algo novo?

Num momento de entusiástica gratidão, escrevi a Joan e a John para lhes contar como fora levado a descobrir nossa ligação através do filme *O mistério da libélula*. Joan respondeu para me lembrar que ela também tinha uma ligação com o filme. Havia algum tempo, tinha descoberto que falava uma língua que não entendia e nunca aprendera, e levara anos para descobrir se tratava-se de uma algaravia sem sentido ou uma língua existente. Um estudioso de línguas nativas da América do Sul revelou que se tratava de um dialeto relativamente desconhecido dos índios ianomâmis. E a língua falada pela tribo que tem um papel crítico e dramático em *O mistério da libélula* era, como você já deve ter adivinhado, o ianomâmi.

Agora eram três sincronicidades com *O mistério da libélula*: a comunicação de Susy, meu futuro encontro com o compositor da trilha sonora do filme e a extraordinária ligação entre a língua falada por Joan e o filme. Definitivamente, alguma coisa estava sendo tramada. Minha mente voava nas possibilidades. Será que minha querida Susy estava preparando meu encontro com o compositor da trilha de *O mistério da libélula*? Ou será que o tema do filme — uma mensagem do além — tinha alguma relação com minha pesquisa sobre a vida após a morte?

Eu não sabia. Não tinha tempo de pensar em tais possibilidades enquanto preparava minha viagem. Fui até a caixa de correio. Entre as cartas e catálogos havia um envelope dourado. Para minha surpresa, era de John Debney! Será que John estava me enviando um CD de sua música? Seria de *O mistério da libélula*? Minhas mãos tremiam quando abri o envelope. Dentro dele havia uma coleção de CDs, e um deles era a trilha sonora de *O mistério da libélula*.

169

Contendo as lágrimas, abri o CD e o coloquei para tocar. Brotou a música gloriosa que John tinha composto para o filme. Corri ao computador e enviei outro e-mail para John e Joan, contando-lhes todas essas sincronicidades.

A essa altura, eu sabia que algo especial estava acontecendo. Imaginei o que viria em seguida.

Uma semana mais tarde, o que parecia impossível aconteceu aos montes.

O DOGUE ALEMÃO ADOTADO E UMA CURA MEDIADA PELOS ESPÍRITOS

Embora minha viagem à Califórnia tenha sido memorável, ela apenas preparou o terreno para o que aconteceria quando voltei a Tucson. O que aconteceu é que não encontrei os Debneys nessa viagem. Eles tiveram que cancelar nosso encontro devido a uma doença inesperada e marcamos outro encontro para o mês seguinte. Isso acabou sendo propício. Quando finalmente nos encontramos, eu tinha encontrado inadvertidamente evidências de que o tema do filme *O mistério da libélula*, de que mensagens podem ser transmitidas espontaneamente durante experiências de quase morte, era real.

Eis o que aconteceu.

Voltei a Tucson numa tarde de segunda-feira. Tinha um jantar marcado para aquela noite com um de meus colegas da universidade e devíamos nos encontrar num restaurante chinês não muito longe de minha casa às seis da tarde. Convém destacar que já tínhamos jantado juntos pelo menos umas cinquenta vezes em cinco anos, mas nunca antes daquela noite num restaurante chinês. (Enquanto revisava este capítulo, fui inspirado a acrescentar o nome do restaurante: *The Golden Dragon*. E só quando digitei o nome percebi a ligação que tinha me passado despercebida[9].)

---

9   A ligação a que o autor se refere é entre as palavras *dragon* (dragão) e *Dragonfly* (libélula), título original do filme cujo título em português é *O mistério da libélula*. (N.T.)

A GRANDE ALIANÇA

Como cheguei ao restaurante com 15 minutos de antecedência, tive a inesperada oportunidade de encontrar o maior cachorro que eu já vira. Curiosamente, relacionada a esse cão havia uma história real de experiência de quase morte ainda mais inacreditável do que a do filme.

Perto da esquina do restaurante The Golden Dragon há uma lanchonete Starbucks com mesas na calçada. A uma das mesas estavam três mulheres e um gigantesco dogue alemão. Esses cães costumam ser grandes, mas esse era enorme. Como adoro cachorros, quis conhecê-lo. Quando me aproximei dele calmamente, ele ficou excitado e revelou o desejo de fazer contato comigo (o que significou lamber meu rosto, uma experiência e tanto dado o tamanho de sua língua).

A jovem que segurava a guia do cão ficou surpresa e contente. Eu me apresentei e fiz perguntas sobre o cão. Ela me contou que o adotara recentemente num centro de dogues alemães abandonados em Phoenix, que ele provavelmente tinha sido maltratado e se mostrava arisco com a maioria dos homens. Por alguma razão, ele se sentira seguro comigo e reagira afetuosamente.

Quando lhe contei que lecionava na Universidade do Arizona, a jovem disse:

— É mesmo? Sou caloura na Universidade do Arizona.

Então, uma das mulheres mais velhas perguntou:

— Você é o Gary Schwartz que escreveu um livro chamado *The afterlife experiments*?

— Sim — respondi. — Por que você pergunta?

— Porque recentemente ganhei seu livro de presente e o estou lendo.

Perguntei quem havia lhe dado o livro de presente e ela respondeu:

— Jerry Cohen, o diretor do Canyon Ranch. Você o conhece?

— Sim. Na verdade, um dos experimentos do livro chama-se Experimento Canyon Ranch porque aconteceu lá. Como você conhece Jerry?

— Trabalhei no Canyon Ranch durante anos — ela explicou. E então disse: — Você sabe que uma amiga minha teve uma experiência mais extraordinária do que qualquer relato de seu livro?

Será que eu ouvira direito? A experiência de sua amiga era mais extraordinária do que qualquer relato do meu livro? Nem preciso dizer que fiquei curioso.

— Que interessante! — eu disse. — Será que sua amiga estaria disposta a conversar comigo?

— Na verdade, minha amiga escreveu um relato de sua experiência há seis meses e quis entrar em contato com você, mas ficou temerosa.

— É mesmo? Vou lhe dar o número de meu celular. Por favor, diga à sua amiga que terei prazer em encontrá-la e conversar sobre sua experiência.

No dia seguinte, recebi um telefonema da amiga. Sua história era tão inacreditável e tão cheia de evidências que lhe pedi que ela e o marido me encontrassem para que eu registrasse os fatos para uma futura pesquisa. O que fazia sua história tão inacreditável era sua relação direta com o filme *O mistério da libélula* e a possibilidade de contato com os mortos durante uma experiência de quase morte.

Alguns dias depois, nos reunimos e gravei o encontro em vídeo. O que posso contar aqui é um resumo dos pontos principais de sua história, trocando os nomes e alguns detalhes para preservar o anonimato das pessoas envolvidas. Vou chamá-la de Lynn. Ela sofria de uma lesão por esforço repetitivo e precisou passar por uma cirurgia em Phoenix, para corrigir o problema. Em consequência da anestesia, Lynn parece ter tido uma violenta reação alérgica e precisou ser ressuscitada. Quando sua condição se estabilizou, a equipe cirúrgica decidiu que era seguro realizar a operação.

Na sala de recuperação, o cirurgião-chefe informou a Lynn e ao marido que ocorrera um problema durante a administração da anestesia, mas que ele tinha sido resolvido a tempo. Disse também que, imediatamente depois da cirurgia, algo raro e perturbador acontecera com um dos membros da equipe, mas que a operação em si tinha sido um sucesso e esperava que Lynn tivesse uma recuperação tranquila e total. O cirurgião não revelou o que acontecera logo depois da cirurgia, e Lynn e o marido não lhe pediram mais detalhes.

A GRANDE ALIANÇA

Nesse meio-tempo, Lynn começou a lembrar vagamente que, durante a cirurgia, tivera uma surpreendente e desconcertante experiência fora do corpo em que se via flutuando sobre a mesa de operação. Ela se lembrou também de que, em determinado momento, despertou e disse alguma coisa a um dos cirurgiões. Lynn estava constrangida de falar sobre aquela estranha experiência e, embora tivesse contado ao marido mais tarde, no momento não disse nada ao cirurgião.

Eis a misteriosa história.

Algumas semanas depois, Lynn e o marido assistiram ao filme *O mistério da libélula*. Nas cenas em que as crianças têm uma experiência de quase morte e recebem mensagens do outro lado, ela começou a se perguntar se sua experiência fora do corpo não teria sido acompanhada de fenômenos da vida após a morte que pudessem ter perturbado um dos membros da equipe cirúrgica.

Depois de reunir coragem, Lynn ligou para o cirurgião-chefe e lhe pediu que lhe contasse o que tinha acontecido logo depois da cirurgia. O que ele contou a Lynn e ao marido teria sido totalmente inacreditável se ela não tivesse assistido ao filme *O mistério da libélula*.

Ela estava estendida na mesa de cirurgia, ainda sob anestesia, quando, de repente, deu um salto e, de cima, viu toda a sala e cinco pessoas usando máscaras cirúrgicas. Então, escolheu uma das pessoas e disse: "Há uma mulher aqui. Seu nome é Sarah. Ela tem uma mensagem para você. Ela quer que você saiba que a morte dela não foi por culpa sua".

Em seguida, Lynn caiu de novo na mesa, aparentemente inconsciente. Nesse momento, a pessoa a quem ela transmitiu a mensagem correu para fora da sala, chorando.

Mais tarde, Lynn ficou sabendo que o homem que fugira da sala fora de fato casado com uma mulher chamada Sarah (nome trocado para preservar a identidade dos envolvidos). Segundo o cirurgião, Sarah sofria de uma doença incurável e letal, e por causa disso tornara-se gravemente deprimida, até que resolveu pôr fim à própria vida cortando a garganta. Quando o marido voltou para casa, ela estava morrendo. Ele ainda tentou a reanimação cardiopulmonar, mas foi

173

em vão. Por causa disso, o marido sentia-se culpado, acreditando que, se tivesse chegado mais cedo, poderia tê-la salvado.

Imagine a série de sincronicidades que reuniu nós três em nossas epifanias: o membro da equipe cirúrgica que testemunhou o suicídio da mulher e depois recebeu uma mensagem de uma paciente fortemente sedada de que não fora sua culpa; a paciente que teve a experiência fora do corpo e cuja memória foi desencadeada por um filme sobre mensagens do além; e o cientista que aparentemente encontrou por acaso essa mulher e ficou sabendo de sua história. A combinação dessas três sincronicidades é impressionante, para dizer o mínimo. Parecia que uma série de acontecimentos e conexões altamente improváveis, se não impossíveis, estava se desenrolando entre um grupo diverso e afastado de pessoas em longos períodos de tempo.

ALGUNS FENÔMENOS SÓ PODEM SER OBSERVADOS NA VIDA REAL

Embora algumas pesquisas sobre a assistência dos espíritos possam ser conduzidas em laboratório, outras só podem ser observadas quando ocorrem espontaneamente. Da mesma forma que não podemos trazer estrelas cadentes para dentro do laboratório, podemos apenas observar seu rastro de luz quando elas ocorrem, algumas sincronicidades como as que acabei de descrever só acontecem no mundo real. Precisamos ter muita sorte para observá-las quando elas ocorrem e registrá-las cuidadosamente. Não temos controle sobre essas observações, mas devemos registrá-las e celebrar quando elas ocorrem.

As sincronicidades relativas ao filme *O mistério da libélula* oferecem um exemplo de autociência por excelência, no qual as observações são convincentes para nossa mente e tocam nosso coração. Certas histórias valem seu peso em ouro. Mais tarde fiquei sabendo que o assistente cirúrgico que recebeu a inesperada mensagem de consolo e amor da mulher por intermédio da paciente foi curado graças ao conteúdo e ao contexto do presente que tinha recebido.

A GRANDE ALIANÇA

Lynn teve uma profunda experiência espiritual que a alegra desde aquele dia.

Para mim, a mensagem foi mais complexa.

Perguntei a mim mesmo: se tivesse conhecido Lynn e ouvido sua história, ela teria me surpreendido se não fossem todas as sincronicidades que me conduziram a ela?

Então, qual era a lição desse caso?

Percebi que os espíritos estavam me mostrando que realmente atuam em nossa vida e que as sincronicidades são muitas vezes seu cartão de visitas.

Mas a mensagem para mim foi que a autociência é a próxima fronteira para verificar a existência dos espíritos e sua atuação sobre nossa vida, e que eu devia atravessá-la e mapear esse território desconhecido. E às vezes precisamos revisitar a experiência para descobrir ligações ainda mais fortes — como a conexão entre o restaurante Golden Dragon e o filme *O mistério da libélula*.

Sim, o conhecimento da ciência me dá as técnicas e habilidades. Mas acredito que a força da ciência, quando aplicada com sabedoria e criatividade, nos ajuda a entender melhor quem somos, por que estamos aqui e qual é nosso potencial, e isso me motiva a fazer o que faço.

Amo os métodos da ciência por causa do enorme poder da ciência de servir não só à humanidade e ao planeta, mas também a cada um de nós em nossa vida cotidiana. Sob circunstâncias adequadas, a ciência é uma das maiores aliadas da humanidade.

Minha fé na ciência baseia-se em evidências. Tenho testemunhado inúmeras vezes o poder da ciência. Sim, o método científico pode ser, e tem sido, mal utilizado, e sua aplicação envolve riscos. Entretanto, não há nada que o substitua.

Felizmente, embora não seja possível apanhar estrelas cadentes, às vezes conseguimos trazer espíritos para o laboratório. E, sob condições adequadas, eles podem se manifestar de maneiras assombrosas, até usando a mais moderna tecnologia eletrônica (ver a parte IV).

E o amor que tenho pela ciência se traduz, em termos científicos, em:

GARY E. SCHWARTZ

- ouvir (com uma mente aberta e investigativa);
- operacionalizar (traduzir observações em hipóteses que possam ser testadas);
- verificar (repetir e estender as observações sob condições ainda mais controladas);
- explicar (formular interpretações com base em observações repetidas).

Você também pode amar a ciência e trazê-la para a sua vida cotidiana. No mínimo, *A grande aliança* nos oferece a oportunidade de constatar que a ciência pode trazer os espíritos e as sincronicidades para a nossa vida cotidiana.

Por enquanto, só podemos perguntar o que Susy (que às vezes parece agir como minha conselheira e protetora do outro lado) experimentou quando me preparava para essas aventuras relacionadas com *O mistério da libélula*, ou o que Sarah sentiu (possivelmente trazida até aqui por Susy) por ser capaz de dar ao marido o consolo e o amor de que ele precisava.

PARTE IV

UMA CONEXÃO ESPIRITUAL MAIS AMPLA

11

O CASO DOS GUIAS ESPIRITUAIS

Os anjos voam porque se encaram com leveza.

— G. K. Chesterton —

Até muito recentemente, quando ouvia falar em "guias espirituais" (que incluía os "anjos"), pensava no Papai Noel e sorria. Para mim, guias espirituais eram como Papai Noel ou outros alegres seres míticos, como o Coelhinho da Páscoa. Adultos maduros sabem que o Papai Noel e o Coelhinho da Páscoa não existem, e aplicam o mesmo raciocínio aos guias espirituais e anjos. Foi isso que aprendi quando era criança.

Além disso, a imensa maioria dos cientistas de hoje tem a firme convicção de que guias espirituais e anjos são tolas ficções criadas por mentes desorientadas. Regra geral, os cientistas estão convencidos de que, se um adulto acredita em guias espirituais ou anjos, deve ser ignorante, tolo, iludido, quando não maluco. A maioria dos cientistas profissionais, inclusive eu, chegaria a conclusões semelhantes se um adulto fizesse essas afirmações, e suspeito que muitos de vocês também.

Em Kirkland, perto de Seattle, no estado de Washington, há uma loja chamada *Reasons to Believe* [Razões para Crer] que vende peças de artesanato, gravuras, esculturas de barro, estatuetas, ornamentos — tudo relacionado ao Papai Noel. O nome da loja, combinado com seu produto exclusivo (enfeites com a figura do Papai Noel), atraiu meu interesse. Depois de explorar o grande estoque de expressões míticas e artísticas do Papai Noel expostas na loja, perguntei ao proprietário se ele acreditava em Papai Noel. "Não, não acredito em Papai Noel", ele disse. "Acredito no espírito do Papai Noel."

Quando pedi ao homem que se explicasse melhor, ele disse que acreditava na ideia de uma dádiva universal e na necessidade de reforçar esse princípio, principalmente nas crianças, e estimular as pessoas a viverem para o bem e ajudá-las a fazer de seus sonhos realidade.

Que crença interessante e inspiradora!

Percebi que, se na época alguém me perguntasse "Você acredita em guias espirituais?", eu poderia usar a inspiração do proprietário daquela loja e dizer "Não, não acredito, mas acredito no espírito dos guias espirituais". Da mesma forma, eu diria: "Não, não acredito em anjos. Acredito no espírito dos anjos".

Com essas respostas, eu estaria dizendo que acreditava na filosofia do carinho e da doação universal, de ajudar e proteger os outros, em especial os entes queridos. E, em relação ao Papai Noel, eu acreditava no valor de algo que é dado anonimamente e, quando possível, de um jeito que os presenteados não soubessem que estavam recebendo um presente. Um exemplo pode ajudar.

Uma ex-aluna minha, que vou chamar de Patrícia, uma vez me confessou que, no Natal, quando os estacionamentos ficavam lotados, se um carro cheio de crianças surgisse atrás do dela e aparecesse uma vaga, ela às vezes deixava a vaga para a família. As famílias nunca souberam que Patrícia estava atuando, nesse caso, como uma doadora anônima, um anjo invisível.

Entretanto, com o tempo fui obrigado a rever minha convicção de que os guias espirituais e anjos são como Papai Noel. Na verdade, como você em breve vai descobrir, iniciei um projeto formal de pesquisa para testar a hipótese da existência de guias espirituais: a séria possibilidade de que os guias espirituais, inclusive os anjos, fossem tão reais quanto a luz de estrelas distantes.

Por que um cientista responsável reveria suas crenças sobre a realidade de algo tão inverossímil quanto guias espirituais e se proporia

A GRANDE ALIANÇA

a conduzir uma pesquisa formal sobre eles ou com eles? A resposta é simples: era para esse caminho que as evidências apontavam.

Para mim, integridade científica significa seguir os dados aonde eles nos levam. Estou convencido de que os cientistas têm a responsabilidade de seguir pelo caminho indicado pelos dados que vão surgindo. Isso pode significar questionar e até mesmo rejeitar pressupostos e crenças fundamentais da nossa sociedade, assim como de nossos colegas profissionais.

Minha disposição de investigar a existência de guias espirituais foi estimulada pelo fato de mais de 80% de autênticos médiuns de pesquisa me dizerem, quase sempre extraoficialmente, que se comunicavam regularmente com guias espirituais, inclusive com anjos. Além disso, esses "ratos de laboratório" (como alguns médiuns gostam de se denominar) alegavam que eram seus guias espirituais que os ajudavam a fazer contato com pessoas falecidas e obter delas informações precisas.

Em geral, os médiuns usam os termos "guias espirituais" e "anjos" indiscriminadamente, embora o significado preciso desses dois verbetes não seja idêntico. Historicamente, anjos são descritos como mensageiros espirituais a serviço do Divino, mas que nunca viveram sob uma forma física. Os anjos supostamente trazem mensagens de orientação, previsão ou proteção. Portanto, acredita-se que os anjos atuem como guias espirituais. Alguns alegam que pessoas falecidas podem atuar como anjos, oferecendo orientação, previsões e proteção, como Susy demonstrou.

Quando ouvi pela primeira vez as afirmações dos médiuns sobre seus guias e anjos, meu instinto foi ignorá-las. Simplesmente supus — injustamente, devo acrescentar — que, sendo um tanto estranhos, os médiuns tinham por natureza crenças bizarras, infundadas e muitas vezes tolas.

Já era um desafio acadêmico e tanto estar aberto à possibilidade da vida após a morte e testar a hipótese da sobrevivência da consciência em laboratório. Agora, se acrescentasse os guias espirituais à lista de possibilidades e começasse um projeto de pesquisa sobre essa hipótese, eu provavelmente perderia a credibilidade científica mesmo aos olhos dos parapsicólogos.

O desafio pessoal e profissional que enfrentei, porém, foi que muitos médiuns de pesquisa com quem eu havia trabalhado, e suas alegações sobre seus guias espirituais, mereciam ser levados a sério.

Seria responsável simplesmente rejeitar suas experiências e crenças apenas porque contrariavam as nossas e me expunham a um risco profissional?

GUIAS ESPIRITUAIS E ANJOS SÃO COMO OSTRAS

Muitas pessoas sentem aversão quando comem certos alimentos ou ouvem certas palavras.

A menos que tenham tido uma experiência positiva com esses alimentos ou palavras quando eram crianças e tenham aprendido a gostar deles, podem aprender a não gostar deles. E, se a experiência associada a esses alimentos ou palavras foi negativa, podem desenvolver uma forte aversão.

Eu não gosto de ostras, cruas ou assadas. Elas me parecem viscosas e esponjosas, e posso sentir náusea só de imaginar que as estou comendo. Meus pais não gostavam de ostras, nunca as serviram em casa nem as pediram num restaurante.

Por outro lado, uma amiga íntima, que vou chamar de Claire, foi educada por pais que adoravam ostras e transmitiram essa predileção à filha. Claire não só saboreia ostras, mas uma vez tive de suportar vê-la chupando ostras cruas com um sorriso no rosto.

Foi Claire quem me disse que sua reação à ideia da existência de anjos era igual à que eu sentia em relação às ostras: uma aversão provocada, segundo suas palavras, por uma "reação estranha e nojenta". O curioso é que Claire é uma mulher espiritualizada, acredita fielmente em Deus, mas acha a ideia de anjos fantasiosa. Seus pais acreditavam em Deus e rezavam regularmente, mas questionavam outras crenças espirituais, como a existência e a natureza dos anjos.

A GRANDE ALIANÇA

Outra curiosidade a meu respeito é que fui criado na parte sul de Long Island por pais que adoravam mariscos, crus ou cozidos. Os supermercados e restaurantes de Long Island sempre tinham mariscos frescos. Embora meu gosto por mariscos e amêijoas tenha sido a princípio prejudicado pelo curso de zoologia, que exigia que eu os dissecasse, logo esqueci os detalhes de sua anatomia. Até hoje aprecio mariscos assados e *linguini* com molho branco de amêijoas.

O fato de eu ter aprendido a ter um gosto positivo por mariscos e uma aversão por ostras, enquanto Claire aprendeu a gostar de Deus e ter uma aversão por anjos, ilustra que desenvolvemos preconceitos e aversões baseadas mais na experiência do que na natureza intrínseca das substâncias ou dos conceitos.

Você gosta de ostras? Gosta de mariscos? Tem afinidade com a ideia de Deus? Aceita com prazer a ideia de anjos?

Quaisquer que sejam seus gostos e preferências por conceitos, como Deus ou anjos, o desafio para todos nós é reexaminar cuidadosamente nossas atitudes e preferências em relação à existência e à natureza de uma realidade espiritual mais ampla à luz de novas evidências. A ciência não deve levar em conta gostos pessoais, nem em relação a alimentos, nem em relação a hipóteses conceituais, mas sim as evidências empíricas. Devo acrescentar que o critério do que constitui evidência também pode ser questionado para permitir uma visão expandida.

PRIMEIRAS DÚVIDAS RAZOÁVEIS SOBRE A EXISTÊNCIA DE GUIAS ESPIRITUAIS

O que vou partilhar com você a seguir não faz parte da pesquisa formal que estava realizando à época. Hoje, a maioria dessas informações é de domínio público e estou simplesmente relatando minha perspectiva biográfica e autobiográfica. A primeira pessoa que me obrigou a reconsiderar minha opinião sobre a existência de guias espirituais e anjos foi John Edward. Era o ano de 1998. Como relatei em *The afterlife experiments*, John participou de três experimentos sobre mediunidade em meu laboratório antes de se tornar uma celebridade.

183

GARY E. SCHWARTZ

John não tem tolerância com os tolos. É descendente de italianos e vive em Nova York, onde trabalha regularmente numa academia de ginástica. É um homem amoroso e gentil, mas também lógico e rigoroso. Costuma obter informações específicas e mesmo raras em suas sessões, e seu grau de precisão nos testes de laboratório foi quase sempre de 80 a 90%. Embora não alardeie esse fato, John não só acredita, mas frequentemente recebe informações e orientação pessoal de um grupo de guias espirituais que ele chama de "os Rapazes". John foi criado no catolicismo e aprendeu a acreditar na existência de seres espirituais, entre eles santos e anjos.

Sua decisão de escrever o livro *Practical praying* [Orações práticas], por exemplo, parece ter sido inspirada pelos Rapazes. Em sua resenha sobre o livro no *National Catholic Reporter* em 2006, Retta Blaney escreveu:

> A ideia ou "mensagem" do livro nasceu dos "Rapazes", seus guias espirituais, quando ele fazia uma viagem de divulgação de seus livros. "Naquele exato momento, o telefone tocou em meu quarto", ele escreve, explicando que era o editor perguntado se poderiam conversar. "Eu lhe disse que sim e imediatamente comecei a imaginar como lhe contar o que meus guias espirituais tinham acabado de me dizer que eu devia fazer. Tinha certeza de que ele acharia a ideia maluca."

Enfatizo que isso é para John mais do que uma crença. Essa tem sido sua experiência pessoal há muitos anos. Na verdade, supostamente foram os Rapazes que inspiraram John a me telefonar em 1998 para me dizer que eu deveria escrever o livro que se tornou *The afterlife experiments*. John leva os Rapazes muito a sério.

Embora minha reação automática fosse considerar os Rapazes de John como nada mais do que seus amigos imaginários — e não pretendo ofendê-lo —, a verdade é que John era demasiado experiente, forte, responsável e maduro para se encaixar no estereótipo do excêntrico da New Age. Apesar de não saber se os Rapazes eram reais ou fantasiosos, minha curiosidade, assim como minha responsabilidade científica,

A GRANDE ALIANÇA

levou-me a pensar por que alguém como John sustentaria tal crença e afirmaria com frequência passar por essas experiências. John era preciso e bem-sucedido demais para ser desconsiderado. Ele merecia o benefício da dúvida. Para mim, o maior desafio não era saber se os Rapazes eram reais, mas determinar cientificamente se eles eram reais e realmente uma fonte de informações importantes e de proteção para John.

Na época, eu não tinha a menor ideia de como responder a essas e outras controversas questões cientificamente.

No devido tempo, a oportunidade de pesquisar a hipótese dos guias espirituais surgiu.

ANJOS DE PLANTÃO

Alguns médiuns são categóricos sobre o papel dos guias espirituais e dos anjos em sua vida, e alguns até mesmo anunciam publicamente sua crença, como Mary Occhino. Já apresentei um exemplo da extraordinária capacidade de Mary como médium de pesquisa. Agora vou falar de sua crença e sua experiência no relacionamento com seus guias e anjos.

Quando este livro estava sendo escrito, Mary apresentava um programa de três horas diárias na rádio Sirius XM intitulado *Angels on Call* [Anjos de Plantão]. Mary escolheu esse título porque estava absolutamente convencida de que seu sucesso como médium e conselheira espiritual se devia ao fato de seus anjos estarem literalmente às suas ordens sempre que ela precisava

Durante mais de dois anos, às sextas-feiras, fui responsável por um segmento de meia hora sobre ciência no programa. De vez em quando, Mary convidava pessoas a telefonar e partilhar experiências em que acreditavam ter sido orientadas ou protegidas por guias espirituais ou anjos. Em várias ocasiões, ela declarou que seus guias espirituais e anjos estavam não só interessados em nossa pesquisa, mas também prontos para servir como sujeitos no laboratório!

Uma coisa é uma médium altamente dotada alegar que suas habilidades são facilitadas pela ativa colaboração de seus anjos. Outra muito diferente é afirmar que seus anjos estavam dispostos a ser testados para provar que eram de fato responsáveis pelo seu sucesso. E não se tratava de uma afirmação a esmo; ela a expressava a alguém que vive pondo à prova essas alegações.

Falou-se em audácia e intuição (ou tolice) não só da parte de Mary, mas também dos supostos guias espirituais e anjos. Mas, como John, Mary é demasiado precisa e bem-sucedida para não merecer o benefício da dúvida.

Se Mary e seus anjos estavam dispostos a participar da pesquisa, acho que essa oportunidade tinha de lhes ser dada.

A LIGAÇÃO ENTRE MÉDIUNS E ANJOS

Em algumas poucas ocasiões, conduzi investigações exploratórias para ver, por exemplo, se um médium podia ler a mente do pesquisador. Em uma investigação, testei um médium (que prefere se manter no anonimato) para ver se ele seria capaz de distinguir se o pesquisador estava pensando em alguém que estava vivo ou morto.

Como parte desse teste particular, o médium foi solicitado a identificar o sexo, a idade aproximada (jovem ou velho) e a condição (vivo ou morto) da pessoa em quem o pesquisador estava pensando. Eu era o pesquisador. A investigação foi do tipo que chamamos de 2 x 2 x 2 (metade de homens, metade de mulheres, metade de jovens, metade de velhos, metade de vivos e metade de mortos). Para minha surpresa, o médium teve 90% de acerto.

Quando perguntei ao médium como ele conseguia esse feito, ele respondeu que não era ele que o fazia. Ele simplesmente pedia a informação a seus guias espirituais.

Seria uma trapaça?

Repeti a investigação, só que dessa vez pedi que ele não buscasse a ajuda dos guias espirituais e anjos e tentasse acertar sozinho. Sob essas condições, sua precisão na leitura da mente do pesquisador caiu.

Essa investigação de prova de conceito não estabeleceu o papel de seus guias espirituais e anjos na leitura da mente; os resultados

A GRANDE ALIANÇA

podiam se dever à crença do médium. Em outras palavras, se ele pensasse que ia falhar, falhava, porque essa era a sua crença.

Entretanto, essa investigação levantou uma questão: se os guias espirituais e anjos existem, seriam eles capazes de fornecer aos médiuns as informações que eles normalmente não conseguiam obter? Se existem, estariam pedindo para ser legitimados e ouvidos?

Como agnóstico renitente, esforcei-me para manter a mente aberta em relação a essas possibilidades, apesar de minha formação, dos gostos e aversões adquiridos e crenças científicas.

Seriam os guias espirituais e anjos reais? Minha resposta intelectual é: "Não sei. Pode ser que sim ou que não. Mostrem-me os dados. Estou aberto". Minha resposta emocional seria mais parecida com minha aversão a ostras do que com meu gosto por mariscos. Eu ficaria feliz se outro cientista estivesse pesquisando sistematicamente a existência dos guias espirituais, mas, até onde sei, até o momento em que este livro foi escrito, não havia nenhuma pesquisa laboratorial dessa hipótese.

Então, por que acabei decidindo trazer essa questão ao meu laboratório? Com sua insistência na existência dos guias e anjos, os Johns e Marys deste mundo são uma das razões. A outra foram os acontecimentos totalmente inesperados, ocorridos em minha vida profissional e pessoal, que indicaram que era fundamental que essa controversa hipótese tivesse uma oportunidade justa de ser cientificamente provada.

Se os guias espirituais existem — sejam eles anjos ou meramente exerçam o papel de mensageiros —, e se podem desempenhar um papel de protetores em nossa vida pessoal e coletiva, talvez possamos abrir nossa mente e nosso coração ao que eles estão dizendo. Se eles realmente sabem de coisas que desconhecemos e podem enxergar possibilidades que estão fora do nosso alcance, seria potencialmente autodestrutivo ignorar essa informação.

Diante da situação difícil que a humanidade e o planeta enfrentam, parece prudente buscar toda a sabedoria que possamos receber, mesmo que isso signifique desenvolver e aceitar novos gostos.

12

TESTANDO O ANJO SOPHIA E SUAS INTENÇÕES

*Não se sabe exatamente onde moram os
anjos — no ar, no vazio ou nos planetas.
Deus pode não querer que sejamos
informados do local de sua morada.*

— Voltaire —

Eu vinha evitando pensar sobre guias espirituais e anjos, pelo menos no ambiente da universidade, até que, em uma tarde decisiva no verão de 2003, um novo bolsista de pós-doutorado me perguntou se eu queria conversar com meu anjo da guarda.

Se você tem dificuldade em aceitar a existência de guias espirituais, particularmente de anjos, convém lembrar o que discutimos no capítulo anterior: "anjos são como ostras". Espero que você possa pelo menos ler sobre anjos tanto quanto posso escrever sobre ostras. Da mesma forma que existe uma grande diferença entre digitar a palavra "ostra" e engolir uma delas de verdade, não estou sugerindo que você engula a ideia de que os anjos da guarda existem. Apenas o estimulo a ler sobre os extraordinários acontecimentos que ocorreram em minha vida e em meu laboratório e chegar às suas próprias conclusões.

Lembre-se de que estou relatando o que realmente aconteceu, mudando apenas alguns nomes e detalhes para proteger a identidade dos envolvidos. A pessoa com quem me encontrei tinha mais ou menos 40 anos, era doutorado em fisiologia cardiovascular e estava prestes a iniciar uma pesquisa de dois anos na Universidade do Arizona com uma bolsa de estudos patrocinada pelo Instituto Nacional da Saúde. Ele tinha me escolhido como seu primeiro mentor. Antes desse encontro pessoal, eu tinha falado com ele uma vez pelo telefone. Nessa conversa, ele não mencionou nada sobre espíritos ou anjos. Para proteger seu anonimato (ele prefere que sua consciência sobre os anjos não seja conhecida), vou chamá-lo de doutor Jackson.

Embora isso não tenha nenhuma relação com o tema de sua bolsa de pós-doutorado, o doutor Jackson sabia que eu havia conduzido pesquisas sobre vida após a morte. Ele me confessou que conseguia ver espíritos, inclusive anjos, e que um dos meus anjos — uma mulher — estava presente no meu escritório, bem atrás de meu ombro direito!

Em mais de trinta anos de pesquisas em vários laboratórios em Harvard, Yale e na Universidade do Arizona, ninguém até então tinha se referido à presença de algum anjo em meu escritório, muito menos do "meu" anjo. Alguns médiuns tinham afirmado ver espíritos em meu escritório ou laboratório, mas também costumavam relatar a presença de pessoas mortas em casas, restaurantes e até salas da universidade.

Apesar de ter ficado no mínimo intrigado com a declaração do doutor Jackson, não julguei apropriado explorar sua suposta percepção extrassensorial naquele momento. O objetivo de nossa reunião era traçar planos para a sua pesquisa, não manter uma conversa sobre minha suposta guia espiritual. Entretanto, à luz de outros acontecimentos relacionados a anjos que se repetiram naquela época — por exemplo, eu tinha recebido de presente um livro que contava a história dos anjos e que ainda não havia lido —, disse ao doutor Jackson que futuramente poderíamos conversar sobre anjos extraoficialmente.

Algum tempo depois, o doutor Jackson acompanhou a mim e a dois outros colegas numa viagem a uma clínica de pesquisa situada a 240 quilômetros de Tucson para avaliar um instrumento de medicina energética. A caminho da clínica, perguntei ao doutor Jackson se estava disposto a conversar sobre suas experiências com anjos.

Parece que os anjos foram tão fundamentais em sua vida quanto na vida de Mary Occhino. O doutor Jackson chegou a dizer que desde a infância convivia com um dos anjos que o acompanhavam pela vida. Alegava que, devido a esse íntimo relacionamento com eles, às vezes era capaz de curar parentes e amigos.

O doutor Jackson acreditava que todos nós temos anjos que nos ajudam durante toda a vida, que a maioria de nós não tem consciência dos anjos da guarda nem da importância de conhecê-los e trabalhar conscientemente com eles.

Aparentemente, o doutor Jackson julgava seguro partilhar essa informação comigo. Na verdade, ele alegou que seus guias espirituais o tinham instruído a me despertar para a existência dos anjos, inclusive daqueles que estavam ligados a mim. Naturalmente, imaginei várias possibilidades, inclusive a de que o doutor Jackson estivesse se iludindo, que quisesse me enganar ou fosse um tipo semelhante ao Incrível Randi, sempre com uma carta na manga. Mas, até onde eu sabia, tratava-se de um cientista responsável, bem-sucedido e altamente recomendado que apenas tinha crenças estranhas, semelhantes às de médiuns como John Edward e Mary Occhino.

O ANJO SOPHIA SURGE DE REPENTE

De volta a Tucson, antes de dormir, fiquei pensando se seria possível eu, assim como todo mundo, ter um ou mais anjos da guarda. Percebi que, diferentemente da pesquisa sobre a sobrevivência da consciência, importante apenas para indivíduos que tivessem experimentado a perda de um ente querido e tivessem uma razão pessoal para se preocupar com a vida após a morte, a hipótese dos guias espirituais tinha o potencial de ser importante para todos nós. Se pudéssemos nos desenvolver a ponto de nos tornarmos conscientes de uma orientação espiritual superior, a melhoria em nossa vida cotidiana tornaria a hipótese dos guias espirituais mais interessante.

Desde a época que eu era professor em Yale, quando "fazia uma pergunta ao universo", brotavam em minha cabeça novas ideias que quase sempre podiam ser verificadas.

GARY E. SCHWARTZ

A primeira pergunta que fiz ao universo foi: "Pode me dizer outro nome de Deus?". O que brotou imediatamente em minha cabeça foi o nome Sam. Quando ouvi "Sam", não pude deixar de rir. Seria esse nome fruto de meu inconsciente criativo ou eu estaria vivendo num filme de Woody Allen? Mas, quando procurei a origem do nome Sam na segunda edição de meu dicionário Webster, encontrei "Samuel". Surpreso, descobri que Samuel vem do hebraico Shemuel, que traduzido literalmente significa "o nome de Deus".

Depois de pensar em nove possíveis explicações convencionais para que esse nome tivesse brotado em minha cabeça, considerei seriamente a possibilidade de que, fazendo uma pergunta ao universo em um estado de profunda sinceridade, eu tivesse tido uma resposta concreta que mais tarde poderia verificar. Em *The G.O.D. experiments*, confessei que inicialmente relutei em explorar essa hipótese. Na verdade, evitei fazer outra pergunta ao universo por mais de uma década. Entretanto, quando voltei a fazer essas perguntas, as boas respostas vieram com tanta regularidade que nunca mais recusei tal caminho de investigação.

Assim, naquela noite em que voltei a Tucson, decidi perguntar ao universo: "Tenho um anjo da guarda, como o doutor Jackson afirma? E será que o universo poderia mostrá-lo a mim?".

O que aconteceu em seguida era novo para mim: não obtive nenhuma resposta, nenhum nome, nem imagens, sentimentos ou lembranças. A total ausência de qualquer experiência objetiva me surpreendeu. Fui dormir impressionado com o total fracasso de meu pedido.

Mas, na manhã seguinte, li por acaso um artigo na revista *Scientific American* sobre os chamados genes censores. São genes que impedem certos potenciais genéticos de se expressar. Então, ocorreu-me que eu tinha sido tão condicionado a acreditar que anjos são como Papai Noel — uma ficção e nada mais —, que minha mente provavelmente estava censurando a consciência de uma possível presença angelical em minha vida, se de fato ela existia.

Naquela noite, decidi retomar meu experimento pessoal. Conscientemente, tentei me libertar de qualquer censura mental que tivesse sobre anjos. Pedi que minha mente se abrisse a todas as possibilidades e, então, fiz algo que nunca fizera. Em vez de fazer a próxima pergunta ao universo, dirigi minha pergunta ao meu possível anjo da guarda.

Disse mentalmente: "Anjo, se você estiver aqui, eu adoraria vê-lo e saber seu nome".

O que aconteceu em seguida não tinha precedentes na minha experiência e nunca voltou a acontecer desde aquela noite. Eu raramente vejo imagens. Quase sempre, penso em termos abstratos. Mesmo meus sonhos, quando lembro deles, são quase sempre simples e sem cor. O que vi foi uma grande figura brilhante pairando acima dos pés da cama. Meu quarto tem um teto alto. O espírito, alucinação ou o que quer que fosse aquilo, parecia estar a, no mínimo, dois metros e meio de altura.

O espírito parecia ser de uma mulher de cabelos loiros esvoaçantes. Dos seus ombros, irradiavam raios de luz que pareciam ter a forma de asas, mas podiam ser reflexos de seus braços e de seu corpo. Ela parecia usar um vestido de cor esbranquiçada. Sorria e parecia ser carinhosa e gentil, apesar de estranhamente forte.

Perguntei mentalmente o seu nome, e o que brotou em minha cabeça foi Sophia.

Nesse momento, minha mente cética e racional deu um salto. Pensei: "Isso não pode ser real", e a visão do espírito feminino desapareceu. De uma hora para outra, sumiu.

Lembrei que, em grego, Sophia significa "sabedoria". Mas jamais ouvira falar de um anjo chamado Sophia. Para um ser angelical, esse nome me pareceu tão bizarro quanto Sam para o nome de Deus, quase vinte anos antes.

Entretanto, na manhã seguinte, fui verificar no Google se havia um anjo chamado Sophia. O que descobri me tirou o fôlego. Havia mais de 5 milhões de referências para "Anjo Sophia", e alguns dos sites revelaram um conjunto de crenças religiosas ligadas a ele.

Dependendo da fonte, o anjo Sophia era descrito como:

1. a primeira emanação do divino, mãe de toda a criação, inclusive de todos os arcanjos;

GARY E. SCHWARTZ

2. expressão feminina do divino — a expressão masculina do divino era um anjo chamado Metatron;
3. a esposa de Metatron.

Havia ainda muitas referências a um texto gnóstico chamado *Pistis Sophia* e uma tradição cristã a ela dedicada.

Primeiro foi Sam, o nome de Deus, e depois Sophia — dois nomes relativamente desconhecidos na história religiosa. Como fizera com o nome Sam — perguntei a mais de cinquenta professores e alunos da universidade se conheciam a sua origem (apenas uma pessoa sabia, o que prova que não era algo de senso comum) —, perguntei a várias pessoas que conheciam alguma coisa sobre anjos se já tinham ouvido falar de um anjo chamado Sophia.

Entre as primeiras nove pessoas a quem fiz a pergunta estava o doutor Jackson, assim como a pessoa que me dera de presente o livro *História dos anjos*, que eu ainda não havia lido. Ninguém tinha ouvido falar de um anjo chamado Sophia.

Mas a décima pessoa a quem fiz a pergunta, que tinha vindo da Califórnia me visitar e era um pastor, além de um executivo de sucesso, não só sabia da existência de um anjo chamado Sophia, como tinha um sócio que era também um estudioso e que terminara de escrever um livro sobre *Pistis Sophia*. Não tive dúvida de que se tratava de uma sincronicidade. Quando ele ficou sabendo como descobri o anjo Sophia, entrou em contato com o amigo, que me enviou um exemplar do livro.

Tente se colocar no meu lugar naquela época. Você tem um encontro inocente com um bolsista de pós-doutorado e, no meio da reunião, o cientista afirma que um anjo feminino está atrás de seu ombro direito e deseja falar com você.

Mais tarde, você reúne coragem para tentar uma experiência pessoal com seu anjo. Tem uma surpreendente visão de uma mulher angelical e ouve o nome Sophia, que a princípio presume não ter nada a ver com anjos.

Então, você descobre na mitologia dos anjos que realmente existe um anjo chamado Sophia e que é visto em alguns círculos como mãe de todos os anjos.

Depois você conduz uma pesquisa informal com pessoas que sabem alguma coisa sobre anjos e nenhuma delas diz ter ouvido falar de um anjo Sophia. Mas a décima pessoa não só sabe da sua existência, como conhece um estudioso que acabou de escrever um livro sobre *Pistis Sophia*! Se isso não é uma cadeia de sincronicidades, não sei o que pode ser!

O que você faria com essas informações, principalmente se conhecesse médiuns como John Edward e Mary Occhino, que, como o doutor Jackson, estavam convencidos de que os anjos existem? Negligenciaria as informações? Fugiria? Bancaria o avestruz e enfiaria a cabeça na areia?

Eu bem que poderia ter feito isso, mas minha mente não me deixaria em paz. O que decorreu de tudo isso foi mais um experimento pessoal de prova de conceito.

PONDO O ANJO SOPHIA À PROVA

Devo confessar que tenho o que algumas pessoas consideram um hábito desconcertante, para não dizer um mau hábito, em especial numa universidade. Às vezes digo brincando aos colegas, e mesmo a estranhos, que, como cientista, desenvolvi uma "doença chamada ciência".

É um hábito que alguns considerariam uma dependência. O que quero dizer é que, de uma maneira automática e muitas vezes incontrolável, quando alguém me revela uma crença ou uma experiência, minha mente faz o seguinte:

1. transforma a crença ou experiência da pessoa numa pergunta;
2. a pergunta então se transforma numa hipótese;
3. a hipótese é operacionalizada, ou seja, é refinada de modo a poder ser medida;
4. a hipótese operacionalizada é então transformada em um projeto de experiência;

GARY E. SCHWARTZ

5. conduzo o experimento mentalmente;

6. então, se ele for exequível — ou seja, se eu tiver tempo, recursos, e equipamentos —, sinto o forte desejo de conduzir o experimento.

Como esse processo é automático e não exige esforço, quase nunca penso muito sobre ele, a menos que a hipótese seja excepcionalmente controversa e eu tenha uma possibilidade real de testá-la numa investigação exploratória ou num experimento completo na universidade. Foi isso que aconteceu depois que tive a visão e fiquei sabendo de crenças sobre um anjo chamado Sophia. Percebi que tinha a oportunidade de conduzir uma investigação exploratória para verificar se algum ser espiritual chamado Sophia tinha alguma relação comigo. A pergunta que fiz foi: será que eu teria coragem suficiente — alguns diriam ousadia — para conduzir tal investigação de prova de conceito? A oportunidade de conduzir tal pesquisa me caiu no colo, por assim dizer. O que se revelou mudou para sempre minha visão sobre a potencial existência de uma realidade espiritual mais ampla e nossa capacidade de investigá-la e aprender com ela.

Ocorreu-me que, se Susy Smith estivesse de fato me vigiando, provavelmente saberia de minha experiência aparentemente anômala com um suposto anjo chamado Sophia e iria querer que eu (1) verificasse se Sophia existia realmente ou (2) se era um produto da minha imaginação. A essa altura, eu não sabia de nada.

Se Sophia era meu anjo — podia ser anjo de muitas outras pessoas se realmente existisse — e aparecera em meu quarto, então provavelmente saberia que eu sofria de uma doença chamada ciência e ia querer determinar experimentalmente se ela de fato existia.

Além disso, se Sophia estivesse me vigiando havia muito tempo, saberia de meu relacionamento com a falecida Susy Smith não só quando ela estava no plano físico, mas depois que passara para o outro lado. Também especulei que, se Sophia quisesse o melhor para mim, provavelmente estaria disposta a colaborar com Susy para provar sua existência. Caso contrário, por que aparecera para mim?

A GRANDE ALIANÇA

Passou pela minha cabeça que, em princípio, Susy poderia ser capaz de trazer Sophia até um médium receptivo. Imaginei a possibilidade de um espírito trazer um espírito angelical até um médium. E se Susy conseguisse trazer Sophia até um médium, será que ele poderia constatar a existência desse anjo?

A essa altura eu ainda estava na fase do experimento mental. Percebi que, se a investigação exploratória de prova de conceito fosse mesmo conduzida com resultados positivos, haveria a possibilidade de realizar uma pesquisa formal, sistemática e controlada sobre a existência de guias espirituais. Mas, antes de descobrir se os tais guias espirituais podiam fornecer informações importantes individual e coletivamente, era essencial determinar cientificamente se eles existiam. Foi por aí que comecei.

A DESCONCERTANTE SESSÃO COM SOPHIA E SUSY

Fui convidado a fazer uma apresentação sobre nossa mais recente pesquisa sobre medicina energética — patrocinada na época pelo Instituto Nacional da Saúde — em um congresso que seria realizado não muito longe da casa de um médium de pesquisa muito talentoso. Para preservar a identidade do médium, a seu pedido, vou chamá-lo de Harry e à sua cidade de Baltimore.

Harry morava a cerca de uma hora do local do congresso e já tinha dado informações excepcionalmente precisas em relação a Susy Smith. Além disso, afirmava que Susy o visitava espontaneamente de tempos em tempos. Mas Harry era um dos poucos médiuns com quem trabalhei que não acreditava nem se comunicava com seres angelicais. Era uma pessoa muito realista, conhecido por gostar de reuniões sociais e bebidas alcoólicas.

Eu respeitava profundamente os talentos mediúnicos de Harry, e o fato de ele não se interessar por anjos me fez escolhê-lo para minha investigação exploratória particular. Assim sendo, telefonei para ele uma semana antes do congresso e lhe perguntei se poderíamos ter uma sessão pessoal. Como Harry tinha algum tempo livre na semana seguinte ao congresso, marcamos um encontro.

Tecnicamente, o que aconteceu não foi uma versão do paradigma dos dois espíritos, já que Sophia não era presumivelmente uma pessoa morta. Sendo anjo, ela jamais vivera no plano físico. Entretanto, seria um paradigma mediado pelo espírito de uma pessoa morta, já que Susy deveria trazê-la até Harry.

Quando cheguei à casa de Harry, depois de me cumprimentar e pôr a par de fatos pessoais, ele me levou à sala onde realizava as sessões. Embora eu o tivesse testado várias vezes em pesquisas de laboratório, nunca tivera uma sessão pessoal com ele. Disse a Harry que queria ter notícias de dois seres espirituais. O primeiro eu identificaria pelo nome, e o segundo presumivelmente seria trazido pelo primeiro. Sobre esse eu não lhe daria nenhuma informação. Em nenhum momento eu disse, ou deixei implícito, que um dos espíritos era potencialmente um anjo.

Então lhe contei que queria notícias de Susy Smith. Ele ficou feliz em atender ao meu pedido, e partilhamos informações de Susy por cerca de quinze minutos. Embora as informações fossem compatíveis com Susy, eram cientificamente inúteis, porque (1) eu lhe tinha dado o nome de Susy, (2) ele já tinha participado de pesquisas que envolveram Susy e (3) tinha lido alguns dos seus livros. Como ela não era o foco da investigação, esses fatores não tinham importância.

Em seguida, eu lhe disse que tinha pedido a Susy que me trouxesse outro ser espiritual com quem gostaria que Harry realizasse uma sessão.

O que aconteceu em seguida deixou Harry totalmente confuso e perturbado.

Harry contou que via uma mulher muito alta de cabelos loiros esvoaçantes, e a descreveu como uma figura radiante que flutuava acima do chão. Disse também que não conseguia olhá-la nos olhos, que ela era muito poderosa e que se sentia pouco à vontade em sua presença.

Eu jamais ouvira um médium falar dessa maneira sobre uma pessoa morta com quem estivesse em contato. Além disso, Harry não sabia dizer se ela tinha vivido na Terra nem como tinha morrido.

A GRANDE ALIANÇA

Sentia que ela estava em espírito há muito tempo, seu nome se iniciava com "S" e estava de alguma forma ligada a mim, mas não sabia como.

Contou que ela não lhe deu nenhuma indicação de que fosse uma parente loira ou mesmo uma amiga, mas que havia entre nós uma forte ligação emocional e intelectual que para ele não fazia sentido.

Além de não se sentir à vontade para usar suas habilidades mediúnicas com aquela figura, Harry se confessou embaraçado por estar fazendo uma sessão com ela e disse que nunca sentira essa hesitação. E eu jamais ouvi um médium se declarar embaraçado numa sessão com um espírito.

Além de confirmar que queria ter notícias de uma mulher, e que ela provavelmente teria cabelos loiros esvoaçantes, não dei a Harry nenhum retorno sobre a sessão; nem mesmo disse se as informações tinham sido ou não precisas. Disse-lhe apenas que, por razões pessoais e também científicas, ainda não podia lhe dar nenhuma indicação de quem poderia ser aquela mulher ou por que eu pedira a Susy para trazê-la à sessão.

Depois de lhe agradecer pelo tempo e pelo esforço, despedi-me, deixando-o num estado de grande confusão. Enquanto voltava à cidade num carro alugado, comecei a perceber que aquilo que tinha acabado de acontecer provavelmente era um fato único na história da pesquisa espiritual sobre a vida após a morte.

Susy Smith, autora de trinta livros sobre parapsicologia, aparentemente a criadora (estando do outro lado) do paradigma dos dois espíritos, acabara de se comunicar com um talentoso médium de pesquisa que afirmara que ela trouxera à sessão outra mulher em espírito cuja presença radiante era muito semelhante à visão que eu tinha tido de Sophia, o anjo.

Teria Susy, uma mulher falecida, trazido um anjo, no caso Sophia, até Harry?

Teria Harry se comunicado com um anjo sem saber?

O desconforto de Harry, aliado à sua incapacidade de fornecer informações simples sobre a mulher — como ela morrera, por exemplo —, seria uma evidência de que esse ser espiritual jamais vivera na Terra e, portanto, nunca morrera?

Evidentemente, uma única sessão não representa um teste científico definitivo. Na pesquisa acadêmica, chamamos de "dados não generalizáveis" (você deve se lembrar da discussão sobre a definição de pesquisa no capítulo 1).

Entretanto, uma só sessão pode servir como guia de oportunidades, revelando o que poderá ser explorado e documentado sistematicamente em laboratório.

O que eu deveria fazer em seguida?

O NASCIMENTO DO "PROJETO SOPHIA" E
O VASTO "PROGRAMA VOYAGER"

Quanto mais pensava no que tinha se revelado através de Harry, mais eu sentia que uma pesquisa experimental sobre guias espirituais era, em princípio, possível. Mas eu não possuía recursos para conduzir tal experimento, nem tinha ideia de como levantá-los. E, mesmo que tivesse recursos para financiar esse experimento, seria perigoso conduzi-lo. Como já mencionei, a pesquisa sobre a vida após a morte já estava afetando minha credibilidade científica e acadêmica.

Era o mesmo que ir da frigideira para o fogo. Considerei seriamente a possibilidade de ser demitido da universidade e atirado metaforicamente na masmorra acadêmica se decidisse pesquisar a existência de guias espirituais. Apesar de ter sido professor titular em Yale e na Universidade do Arizona, eu tinha consciência de que a liberdade acadêmica protegida pela titularidade tinha seus limites, e eu estava muito perto de atravessá-los.

Assim como minha experiência de fazer perguntas ao universo, suspensa intencionalmente durante mais de uma década, evitei explorar as questões relativas a anjos por alguns anos — a não ser por uma investigação de laboratório secreta e bastante plausível que relato no próximo capítulo —, até que uma oportunidade estranha,

A GRANDE ALIANÇA

aparentemente provocada por um anjo, se apresentou. Parece que Sophia é tão determinada quanto Susy Smith.

Eu me perguntei se estaria sendo ajudado, ou mesmo sendo testado, por seres espirituais superiores. Eis um resumo do que aconteceu.

Na primavera de 2006, uma mulher de negócios que vou chamar de Suzanne me procurou através de uma terceira pessoa, um homem de negócios que vou chamar de Ed. Ed afirmava que representava uma mulher bem-sucedida que desejava fazer uma doação particular a mim e ao meu trabalho.

Quando falei com Ed pela primeira vez, ele disse que Suzanne não queria saber o que eu faria com o dinheiro — podia doá-lo à universidade, usá-lo no laboratório ou depositá-lo em minha conta pessoal. Segundo Ed, Suzanne não se importava em saber o assunto que seria objeto da minha pesquisa. A escolha seria inteiramente minha.

Fiquei desconfiado. Minha mente agnóstica e investigativa rapidamente percorreu as possibilidades, inclusive de que a mulher fosse louca, de que ela e Ed quisessem me passar a perna ou fossem agentes secretos de alguém totalmente cético que quisesse desacreditar meu trabalho. Entretanto, uma pequena investigação pessoal realizada por meu assistente administrativo revelou que tanto Ed quanto Suzanne pareciam membros respeitáveis e aparentemente lúcidos do mundo empresarial de Tucson. Concordei em encontrar-me com eles no Arizona Inn para saber mais sobre os desejos de Suzanne.

Suzanne e Ed se mostraram interessados em espiritualidade e cura espiritual. À medida que a conversa progredia, Suzanne fez uma extraordinária confissão: disse que tinha guias espirituais e se comunicava regularmente com eles.

Suzanne em seguida contou que, alguns meses antes, quando visitara Flagstaff, no Arizona, seus anjos da guarda lhe disseram que devia apoiar o doutor Schwartz e sua pesquisa. Olhei para Ed à espera de uma confirmação: será que eu tinha ouvido direito? Ed fez um sinal afirmativo com a cabeça.

Suzanne contou que os anjos lhe disseram que devia tirar 10 mil dólares do lucro da venda recente de uma propriedade e doá-los a

GARY E. SCHWARTZ

mim, sem contrapartida. Ela alegava que eu saberia qual parte do trabalho precisava de recursos.

Ao longo dos anos, conheci muitos possíveis doadores, alguns dos quais fizeram importantes contribuições ao meu trabalho. Mas nenhum potencial doador alegara ter sido instruído por anjos a fazer a contribuição, que eu inclusive poderia usar como bem entendesse!

Perguntei a Suzanne se ela sabia que eu tinha interesse em conduzir uma pesquisa para investigar a existência de anjos, e ela disse que não. Aliás, só alguns de meus colegas mais próximos sabiam de meu interesse nessa investigação. Além disso, eu não dissera a ninguém, nem mesmo ao médium que participou da sessão com Susy e Sophia, que estava pensando em testar essa hipótese usando médiuns de pesquisa em laboratório.

Suzanne me contou que vinha acompanhando minhas pesquisas e textos havia mais de dez anos. Tinha comparecido a algumas de minhas palestras públicas e visto alguns documentários de televisão sobre o meu trabalho. Disse ainda que, seu eu autografasse seu exemplar de *The G.O.D. experiments*, dobraria o valor da doação!

Francamente, fiquei estupefato. Nunca ouvira falar que anjos podiam levar alguém a financiar uma pesquisa sobre eles.

Ponderei se a doadora em perspectiva estaria enganando não só a mim, mas a Ed e a ela mesma. Ou será que, como afirmavam John Edward e Mary Occhino, os anjos e guias espirituais insistiam que era essencial a humanidade despertar para a sua existência e que aquele era o momento de iniciar uma pesquisa científica sobre os anjos?

Quando ouvi a aparentemente sincera confissão de Suzanne na presença de Ed, seu confidente, ocorreu-me que a única maneira de aceitar a doação seria usar os recursos para criar um pequeno projeto de pesquisa para testar a premissa da própria doação. Em outras palavras, o projeto de pesquisa visaria verificar se (1) os guias espirituais, inclusive anjos, eram reais; (2) se podiam nos oferecer informações e orientação; e (3) se essas informações incluiriam orientações sobre como conduzir uma pesquisa sobre guias espirituais.

A GRANDE ALIANÇA

Disse a Suzanne e a Ed que precisaria pensar em sua generosa oferta e que gostaria de encontrá-los dentro de alguns dias para considerar uma proposta formal. Apesar de Suzanne ter dito que eu poderia usar o dinheiro da maneira que julgasse benéfica para o trabalho, expliquei que queria que os dois analisassem e aprovassem minha proposta. Completei dizendo que iria pedir algo que seria um tributo à possível realidade do que Suzanne me confessara: eu lhe pedi que verificasse, junto a seus anjos e guias espirituais, se eles concordavam com meu plano para aplicação do dinheiro.

Encontramo-nos dias depois no Arizona Inn. Disse a Suzanne e a Ed que não poderia aceitar sua doação apenas por estar seguindo a orientação de seus anjos. Expliquei que, como cientista, não sabia se anjos e guias espirituais existiam. Então, contei-lhes minhas experiências: (1) meu encontro com o doutor Jackson e sua afirmação de ter visto anjos da guarda em meu escritório; (2) minha tentativa de descobrir se existia um anjo ligado a mim; (3) minha descoberta na internet de que havia um anjo chamado Sophia — nem Suzanne nem Ed tinham ouvido falar dela; e (4) os encorajadores resultados de uma investigação particular de prova de conceito para verificar se era possível trazer a hipótese dos guias espirituais ao laboratório.

Como você pode imaginar, Suzanne e Ed ficaram surpresos e gratos. Suzanne explicou que, embora ela e seus anjos não estivessem interessados em ser ratos de laboratório (aliás, por razões experimentais e éticas, não seria conveniente incluí-los), concordavam que era o momento de iniciar uma pesquisa científica formal sobre a hipótese de existência dos guias espirituais.

Propus que a doação fosse usada para iniciar uma pesquisa formal dentro da universidade sobre a possível realidade de anjos e guias espirituais, que denominamos Projeto Sophia. Propus também que a primeira pesquisa explorasse a inspiração do projeto: a premissa de que os anjos e guias espirituais eram capazes de se comunicar com as pessoas e lhes proporcionar ajuda, orientação e, às vezes, proteção. O plano era conduzir um experimento de entrevistas, aprovado pelo Comitê de Ética em Pesquisa com Seres Humanos, com uma amostra representativa de médiuns profissionais espalhados pelos Estados Unidos e que se comunicassem com anjos.

Sugeri que a entrevista fosse concebida de modo a explorar sistematicamente as experiências dos profissionais que se comunicavam regularmente com pessoas mortas e anjos. No transcorrer da entrevista, pediríamos que eles — os médiuns profissionais e seus supostos guias espirituais — dessem sugestões específicas do melhor formato para pesquisas subsequentes. O propósito da entrevista não era verificar a autenticidade de suas experiências, mas explorar com alguma profundidade em que essas experiências consistiam. Parecia-me um patamar responsável e relativamente seguro para iniciar a pesquisa.

No verão de 2006, nasceu o Projeto Sophia. Contratei um assistente de pesquisa para trabalhar no projeto uma vez por semana. Levamos um ano para conceber, testar perguntas entre nós e verificar sua clareza, apresentar os documentos necessários à universidade e receber a aprovação para conduzir o protocolo de entrevistas. Quando escrevia este capítulo, as entrevistas estavam quase completadas, e aqui vão algumas das respostas preliminares dos médiuns:

Pergunta: "Que informações as pessoas falecidas lhe deram?".

Respostas: "Foram sobre a vida, conselhos sobre a vida... soluções de problemas".

"A comunicação precisa acontecer para que a cura ocorra — a cura tanto para a pessoa falecida quanto para o sujeito."

"Mensagens de amor para as pessoas com quem estou trabalhando: 'Estou por perto' ou 'Estou ajudando você'. Vinham de um lugar de amor que deseja se expressar. Eles querem solucionar problemas não resolvidos."

Pergunta: "Que informações os anjos lhe deram?".

Respostas: "Mensagens de encorajamento, cura, ajuda com problemas".

"Uma informação de apoio para ajudar alguém a encontrar as respostas para sua cura ou seu crescimento espiritual e pessoal. Todas as informações têm um impacto positivo."

A GRANDE ALIANÇA

"São sempre sobre como criar a melhor experiência de vida possível, como facilitar o processo que permite às pessoas viverem sua felicidade."

Posteriormente, graças ao Canyon Ranch e a alguns doadores visionários associados ao rancho, recebemos recursos para um programa de pesquisa mais amplo, chamado Programa Voyager. O nome foi sugestão do doutor Jonathan Ellerbe, diretor do programa espiritual do Canyon Ranch e autor de *Return to the sacred* [A volta ao sagrado]. Esse vasto programa foi criado para conduzir "pesquisas integradas a mecanismos energéticos e espirituais sobre cura e melhoria de vida". A pesquisa sobre a existência de guias espirituais do Projeto Sophia está incluída nesse programa mais amplo. Algumas das pesquisas sobre as quais você está lendo neste livro foram possíveis graças ao apoio fundamental do Programa Voyager.

A experiência de Suzanne nos lembra, mais uma vez, de que neste livro não estamos explorando apenas pesquisas realizadas num laboratório científico, mas também no laboratório de nossa vida pessoal. O que estamos testemunhando é a aplicação cada vez maior de métodos científicos para a melhoria de nossa capacidade de descobrir e expressar as possibilidades humanas das quais muitos de nós — em especial cientistas acadêmicos — não temos consciência ou presumimos irreais e impossíveis.

Se existe uma lição emergindo do Projeto Sophia, é a necessidade de humildade e integridade. A ciência do aparentemente impossível está prestes a se tornar ainda mais estranha. Adquirir novos gostos pode se tornar desejável e até mesmo necessário.

13

DETECTANDO A PRESENÇA DE ANJOS NO LABORATÓRIO DE BIOFOTOGÊNESE

Os anjos voam à velocidade da luz
porque são servos da Luz.

— Eileen Elias Freeman —

Ao longo da história, muito do que foi escrito sobre guias espirituais, inclusive sobre os anjos e o próprio Divino, está ligado à luz. Na verdade, o Divino é muitas vezes chamado de Luz. A própria natureza da inteligência humana tem sido associada à luz. Falamos que alguém está "iluminado" e, quando descobrimos a verdade, que estamos "vendo a luz".

Quando estava em New Haven, cinco cadeiras em meu gabinete em Yale exibiam em destaque o lema da universidade em latim: "*Lux et Veritas*", ou seja, "Luz e Verdade". A presença dessas cadeiras sempre me lembrava da natureza especial da luz e sua relação com o conhecimento e a sabedoria.

Quando digo que nossa energia, assim como a energia de supostos anjos e guias espirituais, é como a luz de estrelas distantes, não faço isso apenas para criar uma metáfora, mas por razões científicas. Porque, se algum aspecto da física contemporânea merece a designação de "espiritual", é nossa compreensão da natureza das partículas e ondas de luz.

GARY E. SCHWARTZ

A FANTÁSTICA NATUREZA DA LUZ E DOS ANJOS

Muito se tem escrito sobre a extraordinária, irracional e misteriosa natureza da luz. Embora os físicos contemporâneos saibam muita coisa sobre as propriedades e o comportamento da luz, pouco sabem sobre sua essência — em outras palavras, o que é que permite à luz manifestar suas estranhas e fantásticas propriedades que os físicos chamam, brincando, de "esquisitices quânticas".

Eis algumas propriedades irracionais e suas curiosas semelhanças com as crenças sobre guias espirituais, principalmente anjos:

1. **A luz é uma partícula e uma onda:** A luz às vezes se comporta como uma partícula — localizada no espaço — e outras vezes como uma onda — distribuída no espaço. Existe o clássico experimento da fenda simples/fenda dupla da física quântica, que mostra a luz agindo como partícula no primeiro caso e como onda no segundo. Alguns físicos acreditam que a luz não é nem uma onda nem uma partícula, mas uma onda-partícula[10] — uma ideia que é praticamente inimaginável.

Num sentido profundo, a luz não tem uma forma específica. É curioso que os anjos sejam supostamente capazes de aparecer sob diferentes formas e possam se localizar num lugar ou em vários lugares ao mesmo tempo.

2. **A luz praticamente não tem massa:** A luz costuma ser descrita como um elemento sem massa nem peso, principalmente quando funciona como onda. Entretanto, alguns físicos especulam que um fóton de luz pode ter uma minúscula quantidade de massa quando funciona como partícula.

Presume-se que os anjos sejam praticamente translúcidos, o que implica ausência de peso em seu estado normal, espiritual.

---

10 Em inglês *wavicle*: *wave* (onda) justaposto a *particle* (partícula). (N.R.)

A GRANDE ALIANÇA

3. **A luz viaja a uma velocidade fixa:** Presume-se que a luz viaje a uma velocidade fixa no espaço — aproximadamente 299.792 km/s —, independentemente da velocidade em que os objetos viajam em sua direção ou na direção contrária. Assim, por maior que seja nossa velocidade, e até mesmo a velocidade da própria luz, jamais poderemos alcançar uma partícula ou uma onda de luz que viaja no espaço, porque ela sempre estará se afastando de nós a essa mesma velocidade.

Portanto, a luz sempre pode viajar mais rápido que nós. O mesmo ocorre com os anjos. Talvez seja por isso que, se captamos um vislumbre deles, eles parecem aparecer ou desaparecer imediatamente.

4. **A maneira como a luz se comporta quando se mistura:** Se dois fótons de luz se misturam ou têm propriedades idênticas, como a mesma rotação, e a rotação de um dos fótons muda, a do outro muda instantaneamente, mesmo que eles estejam separados por trilhões de quilômetros. Em outras palavras, os dois fótons irão se comportar como se não houvesse nenhuma distância entre eles. Além disso, muitos físicos especulam que nenhuma comunicação mais rápida que a velocidade da luz viaje entre eles. Ao contrário, acredita-se que a associação observada seja totalmente fora do tempo e instantânea.

Tem-se alegado que os anjos e suas ações, em especial suas curas, também podem funcionar instantaneamente, uma vez que eles seriam eternos e poderiam evaporar ou se entrelaçar com aqueles que eles curam, como se mudassem ou aumentassem sua rotação.

5. **As frequências da luz são em sua maioria invisíveis:** O fator que parece ser mais implicitamente espiritual sobre a natureza da luz é que, a olho nu, vemos apenas uma minúscula fração do espectro de todas as frequências luminosas existentes no universo. Todo o espectro eletromagnético é da altura do *Empire State Building*, ou seja, quase quinhentos metros

GARY E. SCHWARTZ

de altura, mas a porção que conseguimos ver é muito menor que uma camada de tinta ou menos de um bilionésimo das frequências luminosas no universo.

Em termos simples, somos literalmente cegos à maioria das frequências luminosas presentes no universo. Presume-se que os anjos sejam seres energéticos que vibram a frequências mais altas e mais velozes. Não podemos enxergar as ondas de rádio (frequências mais baixas) nem os raios gama (frequências mais altas) a olho nu, mas aceitamos esse fato. Convém mantermos a mente aberta à possibilidade de que, pela mesma razão que não podemos enxergar os raios cósmicos de alta frequência a olho nu, não podemos ver anjos ou seres de luz de alta frequência, pelo menos em circunstâncias normais.

Imagine o que poderíamos descobrir usando modernas câmeras digitais que detectassem frequências mais altas de luz em busca da potencial existência de seres de alta frequência.

6. **Quando a luz é extremamente fraca:** Finalmente, hoje está bem documentado que, mesmo em baixíssimas frequências luminosas, podemos enxergar a olho nu. A intensidade da luz pode ser muito fraca para que possamos percebê-la conscientemente. Telescópios ópticos são capazes de detectar a fraca luz de estrelas distantes porque ampliam a sua intensidade. Embora as células da retina sejam tão sensíveis a ponto de registrarem um único fóton de luz, seu sinal neural é fraco demais para que possamos percebê-lo conscientemente.

Presume-se que os anjos estejam presentes num estado de fraca intensidade, apesar de algumas exceções. Segundo os médiuns, os anjos estão constantemente à nossa volta, enchendo-nos de energia, guiando-nos e protegendo-nos, mas nunca detectamos sua presença — pelo menos não conscientemente. Imagine o que poderíamos descobrir usando avançados sistemas de câmeras supersensíveis, capazes de detectar e quantificar um único fóton de luz, e tentássemos revelar a possível existência de seres espirituais de fraca intensidade luminosa.

A GRANDE ALIANÇA

Esse é apenas um exemplo das notáveis propriedades da luz que os físicos descobriram no século XX. O que acho particularmente curioso é que, durante milhares de anos, alguns místicos, que afirmavam ter passado algum tempo com os anjos, atribuíram a eles certas propriedades que apenas recentemente os físicos descobriram refletirem a natureza da luz.

Será mera coincidência ou alguma verdade profunda está sendo revelada?

MEDINDO OS EFEITOS DE HUMANOS E ANJOS SOBRE AS PLANTAS

Em *The energy healing experiments*, descrevo uma série de experimentos que eu e meus colegas realizamos usando avançadas câmeras digitais com CCD[11] (dispositivo de carregamento acoplado). Essas câmeras controladas por computador costumam ser usadas para medir a luz de estrelas e galáxias distantes em pesquisas astrofísicas. Adotamos essa moderna tecnologia para medir a luz de fraquíssima intensidade emitida espontaneamente por todos os sistemas vivos, inclusive animais, plantas e organismos unicelulares.

A câmera que utilizamos inicialmente em nossa pesquisa sobre a cura energética foi resfriada a -95° C e custou 100 mil dólares sem uso, enquanto a câmera que usamos em nossa pesquisa sobre a presença de anjos e outros seres espirituais foi resfriada a -75° C, era usada e tinha um preço mais razoável: 30 mil dólares. As duas câmeras são capazes de registrar um único fóton de luz e podem ser programadas para tirar fotos de longa exposição em espaços escuros (câmaras ou salas com pouquíssima luz) durante minutos ou até mesmo horas. Além disso, as duas são espetaculares no sentido de que podem capturar imagens luminosas.

Quando ficou evidente que poderíamos usar essas câmeras para medir a luz invisível gerada por plantas e pessoas, e que a intensidade

---

11 Em inglês, *Charge Coupled Device*. (N.R.)

dessa luz era sensível a muitos fatores, entre eles a intenção do curador de influenciar as plantas, comecei a imaginar se as câmeras seriam suficientemente sensíveis para detectar a suposta natureza fotônica dos anjos, já que eles seriam seres de luz.

Eu e minha ousada e criativa colega, a doutora Kathy Creath, pesquisadora de ciências ópticas na Universidade do Arizona e detentora de dois doutorados — um em ciências ópticas e outro em música —, decidimos, de uma maneira um tanto despreocupada, explorar se era plausível usar essa tecnologia para medir a possível presença de anjos.

Realizamos quatro sessões experimentais no curso de quatro semanas. A única despesa foi o custo das espécies de plantas, que pagamos do nosso bolso. A princípio, usamos a câmera de 100 mil dólares em um laboratório de pesquisa da universidade. Nós éramos os pesquisadores, e não havia nenhum ser humano envolvido.

Uma médium de pesquisa, que supostamente se comunicava com anjos e guias espirituais e prefere se manter anônima, afirmou que dois de seus anjos podiam provocar efeitos diferentes sobre as plantas: um aumentava as emissões de luz, e o outro diminuía as emissões. Ela afirmou ainda que, se convidássemos dois anjos a entrar na câmara escura, um de cada lado, poderíamos ver a diferença de emissões biofotônicas detectadas pela câmera.

Em cada uma das quatro sessões experimentais, a doutora Creath e eu colocamos quatro folhas e quatro flores de gerânio numa câmara fechada e totalmente escura instalada em uma sala escura. Os computadores ficaram em outra sala. As quatro folhas e suas respectivas flores foram separadas por divisórias de papelão. Depois de coletar dados padrão por trinta minutos, convidamos os dois anjos a entrarem na câmara escura por trinta minutos. Em duas sessões, o anjo X, que supostamente aumentaria as emissões, ficou do lado esquerdo; e o anjo Y, que deveria diminuí-las, do lado direito. A ordem, determinada por cara ou coroa, foi trocada nas duas sessões seguintes.

Tínhamos constatado previamente que as folhas geravam mais luz do que as flores, mas eu não sabia se as flores poderiam ser mais sensíveis

A GRANDE ALIANÇA

aos supostos efeitos diferentes da energia dos anjos do que as folhas. Incluí as flores pelo fato de a mitologia ligar os anjos a elas.

Como se tratava de uma investigação exploratória de prova de conceito, não estávamos preocupados em verificar a presença dos anjos ou em provar que eles tinham de fato provocado os efeitos. Além disso, havia a possibilidade de as plantas simplesmente reagirem a nossos pensamentos sobre o possível resultado das explorações.

Entretanto, sabíamos que futuros estudos duplo-cegos poderiam ser conduzidos — ou seja, desde que a investigação exploratória indicasse uma abordagem suficientemente sensível às sutis energias envolvidas a ponto de revelar alguma coisa. Para nossa surpresa, as medidas feitas nas quatro sessões indicaram que algo significativo ocorrera.

Foram utilizadas dezesseis flores nas quatro sessões, das quais oito deveriam ser mais brilhantes quando comparadas com a luz dos respectivos espécimes utilizados nas sessões de controle. Do ponto de vista estatístico, era uma amostra relativamente pequena, mas, quando foram realizadas amostragens estatisticamente apropriadas, a diferença foi significativa: $p < 0,03$. Embora as folhas tenham apresentado em média os mesmos efeitos gerais, os resultados não alcançaram significância estatística, provavelmente devido ao tamanho pequeno da amostra.

Mais tarde, analisei as imagens das flores usadas nesse experimento por uma sofisticada técnica de análise de imagens chamada *fast fourier transformation* (FFT), também chamada de análise espectral, rotineiramente usada em pesquisas acústicas, biofísicas e biomédicas. As computações matemáticas tomam um padrão complexo de frequências e as partem em faixas individuais de frequência para análise dos padrões.

A técnica FFT também é usada para analisar frequências constantemente mutáveis dos campos eletromagnéticos da Terra, como os do cérebro. A análise que realizei e registrei em gráfico usou o *software* ImagJ, um sistema de análise fornecido sem custo pelo Instituto Nacional de Saúde para pesquisas biomédicas que pode ser baixado na internet

Observamos que o anjo X estava ligado a estruturas na forma de ondas maiores comparadas às do anjo Y. Descobrimos também que o anjo X estava associado a padrões FFT mais complexos do que o anjo Y. Como você logo verá, essa observação FFT seria repetida em vários experimentos e acabaria revelando algumas surpreendentes propriedades de emanações luminosas de alta frequência, supostamente de anjos.

CONVIDANDO O ANJO SOPHIA E A LUZ DE DEUS AO LABORATÓRIO

Por mais intrigantes que fossem essas descobertas, naquela época eu não pensava em estudá-las sistematicamente. O problema era duplo: primeiro, eu não tinha recursos para conduzir uma série formal de experimentos e, em segundo lugar, não estava em condições de revelar publicamente esses resultados aparentemente positivos. Nessa época, eu ainda não conhecia Suzanne nem havia criado o Projeto Sophia ou o Programa Voyager.

Mais tarde, o Programa Voyager, que investiga a integração de mecanismos energéticos e espirituais para a cura e a melhoria da vida — que incluía o Projeto Sophia —, forneceu tanto os recursos quanto os argumentos para a aplicação do sistema de imagens biofotônicas ao que chamei de "experimentos da presença de espíritos".

Como mencionei na parte III, experientes curadores energéticos e espirituais afirmam que costumam convidar seus guias espirituais, anjos e até mesmo o Sagrado (também chamado de Energia Universal, Fonte, Luz Divina ou simplesmente Deus) a ajudá-los em seus tratamentos. Além disso, pessoas como Mary Occhino e o doutor Jackson se conectam regularmente com seus anjos para responder a perguntas num programa diário de rádio ou mesmo para procedimentos de rotina, como uma reunião com o seu orientador de pós-doutorado.

A questão fundamental é: existe alguém, ou alguma coisa, presente? Será que anjos e até espíritos superiores se manifestam nas salas de tratamento, no rádio e até em gabinetes da universidade?

Se a resposta for sim, será possível medir sua presença usando uma tecnologia supersensível, supondo-se que os espíritos estejam interessados em ser medidos e estejam dispostos a colaborar na pesquisa?

A GRANDE ALIANÇA

Só há uma maneira de descobrir isso: investigando. Quando escrevia o primeiro rascunho deste capítulo, tínhamos completado três investigações controladas para testar a exequibilidade de resolver essas questões no laboratório biofotônico. As duas primeiras contaram com a presença de Sophia, enquanto a terceira envolveu a "Luz de Deus".

Nessas investigações, em vez de usar um fundo preto, foi utilizado um fundo xadrez em preto e branco. Segundo um médium que se comunicava com anjos e que prefere se manter no anonimato, foi sugestão do anjo Sophia. Ele afirmou que, mesmo sem plantas, folhas ou flores, a presença de Sophia podia ser detectada.

Meu assistente de pesquisa, Mark Boccuzzi (que trabalhava sob os auspícios do Programa Voyager), era o pesquisador e coletou três imagens: (1) uma imagem de controle de trinta minutos antes da presença do espírito, (2) uma imagem de trinta minutos durante a presença do espírito e (3) uma imagem de trinta segundos depois da presença do espírito. Embora a câmara fosse negra e estivesse numa sala totalmente escura, esperávamos que os quadrados brancos pudessem ser vistos na imagem, mesmo que de maneira indistinta. Embora eu tivesse concebido o experimento, não estive presente à sessão de registro porque tive que resolver outros assuntos da universidade.

No começo do período anterior à presença do espírito, Mark leu uma frase, convidando o anjo Sophia a entrar na câmara. Através do médium, Sophia teria concordado previamente em participar da investigação e estava pronta. Enquanto o computador coletava os dados, Mark ouvia música em seu iPod.

Quando realizamos a análise FFT, a diferença de resultados entre as três imagens era claríssima. Observamos que o período em que Sophia devia ter estado presente mostrava ondas e um padrão mais complexo.

Observamos também uma indistinta forma de anjo, com a cabeça inclinada para o canto superior esquerdo e as pernas apontando para o canto inferior direito. Poderia isso ser uma espécie de teste Rorschach, no qual projetamos o que queremos ver? Talvez. Mas a análise FFT mostrou claramente uma diferença entre a imagem de

GARY E. SCHWARTZ

Sophia e as imagens anterior e posterior à sua presença — sendo que a suposta presença do anjo Sophia era a única variável.

Impressionado com as ondas FFT claramente visíveis no período da presença do espírito, tentamos repetir a investigação, dessa vez incluindo folhas e flores. Devo acrescentar que nesse caso a câmera era mais barata porque tinha um sensor CCD menor. Isso reduzia a área de visão, de modo que só folhas e flores podiam ser visualizadas. Nessa investigação, os gerânios foram substituídos por margaridas. Por quê? Por que Sophia teria recomendado (o que posso dizer?).

De novo, foi utilizado um fundo xadrez. Primeiro, observamos que as folhas brilhavam nitidamente no escuro e depois percebemos novamente uma imagem indistinta do fundo xadrez. Entretanto, quando analisamos as imagens pelo sistema FFT, a diferença entre a imagem de Sophia e as imagens anterior e posterior à sua presença era ainda mais evidente do que na primeira investigação. Nítidas ondas enchiam toda a imagem FFT de Sophia.

A importância da análise FFT é que ela pode revelar padrões não visíveis a olho nu, assim como a câmera revela a luz que não se vê a olho nu. De novo, só porque não podemos ver a imagem não significa que ela não esteja lá.

Estudando as análises com Mark, ponderamos se outras altas energias poderiam mostrar padrões semelhantes. Mark tinha aprendido um tipo de cura espiritual energética oriental. Os praticantes dessa técnica acreditam que recebem a energia universal que chamam de "Luz Divina", e que podem servir de recipiente dessa luz. Eu também tinha aprendido essa técnica — uma das cinco técnicas de cura energética que estudei como parte de minhas pesquisas ao longo dos anos.

Perguntei a Mark se queria ver o que aconteceria se ele, na qualidade de investigador, convidasse a Luz Divina a entrar na câmara. Mark conduziu essa terceira investigação, na qual, no segundo período de trinta minutos de exposição, meditou e convidou-a a entrar na câmara.

Para nossa surpresa, os resultados se repetiram — as ondas FFT ocorreram durante a presença do espírito. Curiosamente, das três investigações exploratórias, os padrões FFT mais complexos durante

A GRANDE ALIANÇA

o período de presença do espírito ocorreram no segmento da Luz Divina. Ponderei se, usando um condutor humano, a intensidade ou o foco de luz não seriam ainda maiores.

PADRÕES SURPREENDENTES NA FOTOANÁLISE DE RAIOS CÓSMICOS

Eu poderia acrescentar que essas câmeras extremamente sensíveis não só detectam a luz numa frequência visível ao olho humano (assim como algumas frequências de luz infravermelha, dependendo do filtro utilizado), mas também são capazes de, ao mesmo tempo, detectar explosões de raios gama/raios cósmicos.

Pense que a câmera detecta duas diferentes faixas de frequência luminosa simultaneamente: (1) frequências luminosas normais, em sua maioria visíveis ao olho humano, e (2) frequências extremamente altas de raios gama/cósmicos não visíveis a olho nu. Além disso, esses raios gama/cósmicos são centenas de vezes mais brilhantes do que a luz biofotônica emitida por células vivas. As explosões de raios cósmicos são geradas pelas estrelas, inclusive o nosso Sol, e atravessam a atmosfera, assim como a matéria — telhados, paredes, a caixa de metal da câmera e a própria câmara.

Embora apareçam com pouca frequência, já que os raios gama são muito mais brilhantes que biofótons, deixam um ponto superbrilhante sobre a imagem (relativo aos biofótons — lembre-se de que ambas as intensidades são na verdade muito baixas). Como os raios gama aparecem aleatoriamente durante determinado experimento, teoricamente não devem ter uma influência sistemática sobre o resultado geral. Entretanto, como suas intensidades são muito grandes (relativas aos biofótons), é preferível removê-los estatisticamente usando o *software* ImagJ.

As análises relatadas nessas três investigações e em suas FFTs refletiram os dados brutos incluindo os esporádicos raios gama/cósmicos — por conveniência, vou chamá-los simplesmente de raios cósmicos. Também foi o que ocorreu na investigação preliminar que realizei com a doutora Creath. As imagens continham pontos de raios cósmicos que não foram removidos.

Em análises subsequentes, porém, criei duas séries de imagens, uma para cada frequência:

1. uma série contendo padrões de pura luz biofotônica (tendo sido removidos os raios cósmicos);
2. uma série contendo só raios cósmicos (tendo sido removidos o biofóton e o fundo).

Como eu sabia que os anjos e a Luz Divina deviam ter a mesma frequência, um dia decidi explorar o que aconteceria se fizesse uma análise FFT das imagens dos raios cósmicos. Assumindo que os raios cósmicos são aleatórios, supus que as FFTs revelariam imagens suaves e também aleatórias.

Expus as imagens dos raios cósmicos e suas respectivas análises FFT durante os períodos de presença do espírito e suas respectivas fases pré- e pós-presença do espírito das três investigações (as imagens pós se pareciam com as imagens pré).

O que ocorreu pode ser considerado um momento heureca (às vezes chamado de momento "Oh-meu-Deus").

Descobri que as análises FFT das imagens dos raios cósmicos, quando realizadas no período de presença de espírito, revelaram os mesmos padrões de onda vistos nas imagens combinadas de biofóton mais raios cósmicos. Os previsíveis padrões FFT aleatórios só foram observados nos períodos pré- e pós-presença do espírito.

As implicações disso podem ser profundas.

A aparente presença de anjos e da Luz Divina criava estruturas discerníveis em forma de onda, que se repetiam nas análises FFT de padrões de raios cósmicos de alta frequência. Na verdade, os padrões FFT eram mais robustos para os raios cósmicos do que para as imagens biofotônicas! Para colocar isso em perspectiva, devo dizer que os cientistas sempre presumiram que, devido a seus padrões aleatórios e altas frequências, os raios cósmicos não poderiam ser influenciados por nenhuma força externa.

Em ciência, quase sempre, o que é um ruído para um investigador pode ser um sinal para outro. Sempre pensei nas explosões de raios cósmicos como uma chateação, um ruído que acompanhava a extrema sensibilidade da câmera. Quem poderia imaginar que uma chateação poderia se transformar num presente valioso?

ABRE-SE UMA JANELA DE OPORTUNIDADES?

No futuro conduziremos outras séries de investigações usando o sistema de imagens biofotônicas. Elas incluirão o exame dos efeitos de diferentes seres angelicais que parecem estar interessados em colaborar conosco e a comparação entre eles e os efeitos de diferentes pessoas falecidas.

A pergunta que nos fazemos é: se os anjos revelam uma alta frequência luminosa e são mais "poderosos", como muitos têm afirmado ao longo dos séculos, poderemos descobrir que eles, regra geral, têm efeitos mais robustos, especialmente sobre os raios cósmicos, para criar os padrões discerníveis revelados pelas análises FFT, do que os espíritos?

Empregando pesquisadores treinados para operar o sistema de câmeras, poderemos excluir a influência que a intenção do pesquisador pode exercer sobre a criação do que estamos chamando hipoteticamente de "efeito da presença do espírito"? Quanto do que observamos se deve mais a nós do que a eles?

A razão de expor aqui essas observações preliminares é mostrar que está se tornando possível, em princípio, trazer a pesquisa sobre energia espiritual superior para o laboratório. Se os anjos e guias espirituais são reais, é o momento de eles se revelarem. Eles precisam nos mostrar de uma maneira convincente que não só podem ser medidos fotograficamente, mas ter seus efeitos sobre a vida física documentados. Seu suposto compromisso com essa pesquisa é o que chamo de "uma grande aliança, em que ciência e espiritualidade caminham lado a lado".

Curiosamente, depois de completar as investigações preliminares aqui relatadas, a câmera quebrou. Algo aconteceu com o sensor CCD. Foi como se ele tivesse sido exposto a um excesso de luz. Tivemos que

GARY E. SCHWARTZ

enviar a câmera de volta ao fabricante para reparo. O sensor CCD teve que ser substituído, o que nos custou aproximadamente 10 mil dólares. O conserto levou meses. Seria isso uma coincidência ou algo mais? Com certeza o momento fora estranho.

Vou descrever brevemente três investigações adicionais que indicam a contínua promessa dessa pesquisa. As descobertas da segunda investigação foram apresentadas no encontro da Sociedade para Exploração Científica de 2009, e as descobertas da terceira investigação, no congresso Para uma Consciência da Ciência de 2010.

COMPARAÇÃO ENTRE OS EFEITOS ESPIRITUAIS DE SOPHIA E DE SUSY

Nessa investigação, Mark foi o pesquisador e comparou os níveis de luz de fundo (em média os menores do espectro visível) com as análises FFT dos padrões dos raios cósmicos. Mais uma vez, registrou três períodos: antes, durante e após a suposta presença do espírito.

Em metade dos testes, Mark convidou Sophia a entrar na câmara. Na outra metade, Susy Smith foi convidada. Como a experiência não envolvia sujeitos humanos (no plano físico), não foi necessário obter aprovação para a pesquisa (assim como nas investigações anteriores).

Mark realizou seis séries de testes antes, durante e após a presença de Sophia e outros seis antes, durante e após a presença de Susy. Foram necessárias algumas semanas para a coleta dos dados. Quando analisei os dados e comparei as análises FFT e as descobertas com a luz de fundo, ficamos impressionados.

Nos testes de Sophia, repetiram-se os efeitos cósmicos de ondas FFT verificados anteriormente. Os efeitos FFT foram estatisticamente significativos.

Já nos testes de Susy não foi observado nenhum efeito de ondas. Em suma, Susy não produzia o que Sophia gerava em termos de padrões de raios cósmicos. Só Sophia influenciava essas altas frequências luminosas.

Entretanto, na análise das frequências luminosas do fundo nos testes de Susy (removidos os raios cósmicos antes da análise), houve um aumento significativo da quantidade de luz de fundo detectada. Nesse caso, não realizamos análises FFT sobre padrões de raios cósmicos esporádicos; calculamos médias de luz de fundo (para verificar se havia um aumento geral da frequência luminosa visível na câmara).

Embora a magnitude do efeito fosse pequena, era estatisticamente confiável. Um aumento médio da luz de fundo foi observado em todos os testes de Susy.

Por outro lado, nos testes de Sophia não foi observado um aumento médio da luz de fundo. Sophia não produzia o que Susy gerava em termos de frequências médias de luz de fundo (que seriam visíveis a olho nu se sua intensidade fosse mais forte). Só Susy influenciava essas baixas frequências luminosas. Aparentemente, só o anjo Sophia podia afetar as altas frequências luminosas e os raios cósmicos, e só Susy afetava as baixas frequências biofotônicas.

No próximo capítulo voltaremos à possibilidade de registrar fótons de luz em tempo real para detectar a presença de espíritos.

REPETINDO E ESTENDENDO OS EFEITOS CÓSMICOS FFT DA LUZ DE DEUS

Para saber se a Luz de Deus era um efeito real, Mark e eu decidimos repetir a observação inicial, só que dessa vez Mark repetiu o teste da Luz de Deus seis vezes.

Além disso, incluímos seis testes em que não houve intenção de convocar a presença do espírito (isto é, testes de controle cego) e seis testes em que Mark simplesmente "meditou" (mas não convidou a Luz de Deus). Nosso objetivo era saber se focar a mente na câmara era suficiente para produzir as ondas cósmicas FFT.

O experimento era bastante complexo: incluía uma combinação de randomização e equilíbrio de diferentes tipos de testes e condições. As sessões foram realizadas aos sábados (quando o laboratório estava calmo e nenhum outro experimento estava sendo realizado ao mesmo tempo). Levamos alguns meses para coletar os dados.

Para nossa surpresa, não só os testes da Luz de Deus revelaram um aumento significativo do efeito de ondas cósmicas FFT, mas as duas séries de testes de controle — condições cegas e de simples meditação — não produziram efeitos de ondas cósmicas FFT observáveis em comparação aos respectivos testes pré-imagem.

Essas descobertas indicam que os efeitos dos raios cósmicos FFT dependem de algo mais, além de apenas meditar ou convidar espíritos de pessoas mortas a entrarem na câmara. Essa investigação exploratória nos encoraja a conceber estudos sistemáticos usando sujeitos externos aprovados pelo Comitê de Ética em Pesquisa da universidade.

OS EFEITOS FFT DOS RAIOS CÓSMICOS OCORREM À DISTÂNCIA?

Você deve se lembrar de que a câmera e a câmara escura estavam em uma sala afastada daquela que continha o computador que controlava a câmera. O pesquisador (nesses estudos, Mark) sentou-se na sala adjacente, onde estava o computador. Queríamos saber se os anjos, guias espirituais e a Luz de Deus poderiam ser convidados a entrar na câmara por pessoas situadas a quilômetros de distância do laboratório.

No verão de 2008, no encontro anual da Sociedade para a Exploração Científica, apresentei os resultados de uma série de seis experimentos aprovados pelo Comitê de Ética em Pesquisa sobre os efeitos da intencionalidade de um grupo distante. Isso envolveu centenas de pessoas situadas a distâncias variando de centenas a milhares de quilômetros de Tucson (foram ao todo seis experimentos) e dirigir sua intenção consciente para aumentar a taxa de germinação de sementes em nosso laboratório.

No outono de 2009, fui convidado a dar uma palestra no congresso da *Healing Touch International, Inc.*[12] A presidente, Susan Kagel, uma talentosa praticante de cura pelo toque e enfermeira sênior no

---

12 Em português, *Associação Internacional para a Cura através do Toque.* (N.R.)

A GRANDE ALIANÇA

Canyon Ranch, perguntou-me se eu estaria disposto a chefiar uma investigação sobre intenção de grupo no meio de minha apresentação.

Propus que tentássemos pedir aos 245 participantes do encontro para enviar suas intenções para a câmera CCD e a câmara (que estava a cerca de 25 quilômetros do hotel) durante 15 minutos.

Ela propôs que os curadores convidassem seus anjos e o Divino a participarem. Achei uma grande ideia, já que, com base em nossas descobertas preliminares, os efeitos dos raios cósmicos parecem se manifestar apenas quando são convidados seres de alta frequência luminosa.

Mark coletou imagens de três testes de quinze minutos antes da cura energética e depois das imagens CCD. Posteriormente, analisamos os padrões de raios cósmicos usando o *software* ImageF de processamento de imagens FFT. Os resultados foram assombrosos. Quando revisava este capítulo, os resultados mostravam o maior efeito de ondas cósmicas FFT que tínhamos observado até a data.

Será que essa investigação com câmeras ultrassensíveis CCD prova definitivamente a existência de anjos e/ou da Luz Divina? Que eles, ou seus efeitos, podem ser medidos como uma organização de raios cósmicos, como as análises do avançado sistema FFT revelaram?

A resposta, naturalmente, é: ainda não. Entretanto, essa investigação exploratória indica a possibilidade de a ciência ser capaz de responder essas perguntas de uma maneira sistemática, responsável e criativa.

14

O SANTO GRAAL DA COMUNICAÇÃO
COM OS ESPÍRITOS

*Agora o que proponho é dotar os pesquisadores de
mediunidade de um aparato capaz de dar um aspecto
científico a seu trabalho. Permitam-me explicar que esse
aparato tem, por assim dizer, a função de uma válvula.
Isso significa que, com o menor esforço, será possível
exercer uma força muitas vezes maior que a inicial para
determinados propósitos. É semelhante a uma moderna
casa de força, onde o homem, com sua força relativamente
fraca, aciona uma válvula que movimenta uma
turbina de 50 mil cavalos-vapor.*

— Thomas Edison —

Se os espíritos existem e desejam fazer uma parceria sagrada conosco em prol de nossa saúde e nossa evolução individual e coletiva, precisamos encontrar uma maneira mais segura e confiável de
saber não só que os espíritos estão por aqui, mas também de conhecer precisamente em que consiste sua orientação.

Vamos imaginar que os espíritos estejam por aqui. Vamos imaginar que os espíritos com que estamos lidando sejam benevolen-
tes, atenciosos, inteligentes e sábios. Vamos imaginar que possamos
ouvi-los e que o que eles têm a oferecer mereça nossa atenção e fará
diferença em nossa vida individual e coletiva.

GARY E. SCHWARTZ

A dificuldade é que por enquanto estamos limitados a receber informações de um pequeno grupo de médiuns, que afirmam recebê--las intuitivamente — isto é, em sua mente. Infelizmente, embora alguns indivíduos sejam às vezes bastante precisos, não são de modo algum infalíveis. Seres intuitivos são simples humanos como nós e cometem erros, o que só torna a questão mais obscura (outros podem dizer que a sabedoria, diferentemente do conhecimento, exige uma interpretação mais ampla, o que pode dar margem à ambiguidade em algumas mensagens, mas essa já é outra questão).

Por exemplo, nossa capacidade de ouvir e lembrar com precisão uma conversa telefônica normal é limitada, como sabe qualquer pessoa que tenha tentado relatar textualmente uma conversa telefônica ou qualquer outra conversa confiando apenas na memória. Quando dizemos que os intuitivos são apenas caçadores de informações — pensamentos e sentimentos esporádicos — que tentam transmiti-las e interpretá-las às pressas, podemos entender melhor por que sua precisão intuitiva pode diminuir.

No entanto, a intuição humana pode na verdade ser bastante notável, em especial em pessoas dotadas.

Como relatei em *The energy healing experiments*, conduzimos um experimento duplo-cego controlado com pacientes com insuficiência cardíaca congestiva, testando a capacidade de um grupo de intuitivos de fazerem diagnósticos à distância. Para minha surpresa, obtivemos resultados estatísticos significativos. Entretanto, esses resultados estatísticos positivos não significam que a informação tenha sido suficientemente precisa para substituir os aparelhos de diagnóstico.

Em sua maioria, os intuitivos que participaram da pesquisa afirmaram que não seriam capazes de realizar essa tarefa sozinhos, e insistiram que recebiam o diagnóstico médico de seus guias espirituais.

Curiosamente, a pessoa que alcançou maior grau de precisão foi uma senhora da costa leste de pouca educação, que afirmou receber diagnósticos médicos de Edgar Cayce, a quem ela chamava de Eddie, e de alguns anjos. Diante de seu alto desempenho na pesquisa, devemos dar algum crédito a suas fontes de informação?

A GRANDE ALIANÇA

Nosso experimento duplo-cego não tinha a intenção de validar a hipótese de que os guias espirituais dos intuitivos fossem responsáveis por sua precisão. Aprovado pelo Comitê de Ética em Pesquisa, ele foi concebido para determinar se os intuitivos eram capazes de fazer diagnósticos precisos à distância. Não era nossa intenção descobrir como eles faziam isso. Entretanto, podemos especular se essa precisão diagnóstica seria ainda maior se eles recebessem as informações por meio de algum tipo de tecnologia digital que as transmitisse de forma escrita ou oral.

Usar a moderna tecnologia disponível para detectar a presença de espíritos foi o primeiro passo para resolver o que poderia ser chamado de Santo Graal da Promessa Sagrada. Às vezes penso nisso como a futura evolução do telefone celular para o telefone da alma ou como o que Rhonda chama de futura evolução da digitação para a escrita espiritual.

Existem numerosas afirmações da existência dessas tecnologias de comunicação eletrônica circulando na internet. Algumas são de caçadores de fantasmas. Esses investigadores da paranormalidade tentam medir a temperatura do ar, os campos magnéticos, a luz infravermelha e outras fontes de energia usando instrumentos eletrônicos relativamente simples, como um medidor TriField. Outras alegações vêm de pessoas entusiasmadas com a possibilidade dos fenômenos de voz eletrônica (FVE), com o uso de gravadores de áudio e vídeo e até computadores.

Muitas dessas afirmações são tão amadorísticas e simplórias quanto risíveis. Por favor, entendam que não tenho a menor intenção de ofender. Conheço vários pioneiros da exploração de FVE que são gentis, verdadeiros e atenciosos. Mas a maioria desses caçadores de espíritos — sejam eles caça-fantasmas ou exploradores de FVE — são leigos, não têm formação tecnológica e nem utilizam métodos científicos.

Uma exceção digna de nota é o Windbridge Institute, que ultimamente tem se dedicado a pesquisas sistemáticas para detectar a presença de espíritos com a ajuda da tecnologia. Os principais investigadores do instituto pertencem ao meio científico e tecnológico. Conheço sua capacidade e sua formação em primeira mão: a cientista-chefe, doutora Beischel, fez seu pós-doutorado em meu laboratório, e o principal tecnólogo do instituto, Mark Boccuzzi, trabalhou como meu assistente de pesquisa.

227

GARY E. SCHWARTZ

Como revelei no capítulo anterior, meus colegas e eu estamos conduzindo investigações exploratórias nessa área. Essas investigações concentram-se na natureza da luz e utilizam avançados sistemas de fotodetecção. Meu interesse na natureza quântica da luz, em sua medição por interferômetros e tubos fotomultiplicadores, e na aplicação dessas tecnologias à detecção de espíritos, começou quando eu era professor em Yale.

É curioso que, à medida que cresce a espantosa comunicação sem fio, assim como o fascínio por temas espirituais e uma realidade espiritual mais ampla, surjam novas tecnologias que prometem integrar ciência e espiritualidade de uma vez por todas.

Uma nova tecnologia é o sistema de fotomultiplicador de silício, com grande potencial detector de espíritos e como instrumento de comunicação. Cumpre a expectativa de Thomas Edison de que "será possível exercer uma força muitas vezes maior que a inicial para determinados propósitos".

Percebendo o grande potencial dessa tecnologia, decidi trabalhar diretamente com a empresa que a fabrica. Enquanto escrevia este capítulo, tinha realizado uma série de investigações de prova de conceito e estava trazendo essa tecnologia para o meu laboratório na universidade. Os resultados foram publicados na edição de maio de 2010 do EXPLORE: The Journal of Science and Healing.

Como você verá, investiguei não só como Susy Smith e Marcia Eklund influenciavam o sistema de fotomultiplicador de silício, mas também se o anjo Sophia e Harry Houdini (sim, você leu corretamente) eram capazes de fazer o mesmo.

Mas, antes, vamos revisar brevemente a natureza dessa tecnologia.

O AVANÇO DA TECNOLOGIA DO PCDMINI

Como está resumido no artigo que escrevi com a doutora Creath sobre nossa pesquisa biofotônica, publicado em 2007 no *Journal of Scientific Exploration* (disponível na internet), os tubos fotomultiplicadores vêm sendo usados há décadas para detectar fótons de

A GRANDE ALIANÇA

luz. O problema é que esses tubos de vidro são muito sensíveis aos campos magnéticos circundantes, requerem altas voltagens e se quebram facilmente.

Entretanto, nos últimos anos vem sendo desenvolvida uma nova tecnologia que corrige todos esses problemas. Trata-se do fotomultiplicador de silício, que é relativamente insensível a campos magnéticos, requer voltagens mínimas e é mais resistente.

O instrumento básico — chamado PCDMini — é estável, pequeno e pode ser produzido em massa. É extraordinariamente sensível e gera um mínimo de ruído de fundo capaz de interferir nas medições. Outra vantagem é seu preço acessível: em 2009, um PCDMini custava aproximadamente 2.500 dólares. Imaginei que, se um multiplicador de silício pudesse ser usado para detectar os espíritos de maneira confiável, teria um valor inestimável.

As dimensões do sensor e de seus componentes eletrônicos variam de 1,5 a 3 centímetros cúbicos. O sensor, que tem menos de um milímetro de diâmetro, está colocado no interior de um pequeno anel central na parte frontal do instrumento. O aparato é resfriado a -21° C. Três camadas de circuitos eletrônicos controlam o sensor e o conectam a uma porta USB de um computador e a um osciloscópio digital.

A princípio tomei emprestado, e depois comprei um sistema PCDMini para determinar se ele era suficientemente sensível para repetir e estender o que vínhamos observando com a câmera CCD de 30 mil dólares. O PCDMini tem uma grande vantagem sobre a câmera CCD: é capaz de detectar a presença de fótons em tempo real. Em vez de termos de fazer uma gravação de 15 a 30 minutos para visualizar a luz de baixíssima intensidade emitida pelas plantas — ou mesmo a luz de baixa intensidade supostamente gerada pelos espíritos —, o PCDMini pode detectar mudanças na atividade dos fótons em milésimos de segundo e até em psicossegundos (bilionésimos de segundo).

Naturalmente, um PCDMini não é capaz de criar uma imagem bidimensional como uma câmera CCD, que tem 262.144 pixels. O PCDMini equivale a um único pixel. Entretanto, compensa o que perde em imagem bidimensional com sensibilidade e velocidade de detecção.

Lembrando que o telégrafo e seu código Morse eram binários, o que equivale a um único pixel, raciocinei que, se os espíritos pudessem aprender a ativar o sensor PCDMini e criar pontos luminosos na tela de um computador, a princípio poderíamos criar um teclado eletrônico, no qual cada letra teria seu próprio sensor (ou pequeno grupo de sensores). Dessa forma, o telégrafo binário se transformaria num texto eletrônico. Em outras palavras, seria um código Morse para comunicação com os espíritos, para que pudéssemos obter informações e orientações precisas. E é esse o objetivo de toda a nossa experimentação.

TRÊS INVESTIGAÇÕES DE PROVA DE CONCEITO COM O PCDMINI

Quando escrevi este capítulo, tinha completado três investigações de prova de conceito usando o sistema PCDMini. Primeiro, montei o sensor e seus componentes eletrônicos em uma caixa dentro de outra (mais uma capa), criando um ambiente totalmente escuro. Registrei a temperatura dentro e fora das caixas, para ter certeza de que, por menores que fossem, as flutuações de temperatura na sala não estariam ligadas às mudanças do ruído de fundo. Em outras palavras, estava testando e validando as alegações pessoalmente. Eu era o experimentador.

Depois da primeira série de investigações (descritas abaixo), construí uma tripla caixa (uma caixa dentro de outra e dentro de outra), o que criou um ambiente ainda mais escuro para o sensor. Inicialmente, testei o sistema num pequeno laboratório em minha casa, porque queria ter pronto acesso ao equipamento e aos dados. Ele mostrava em tempo real a detecção de fótons na tela do meu *laptop e* também numa tela plana maior de TV. A ideia era dar aos espíritos um período de livre experimentação, no qual eles pudessem aprender a ativar o sensor dentro das caixas e criar efeitos mensuráveis enquanto monitoravam a tela.

Sim, você leu corretamente. Apesar de não saber se seria o caso, fui informado por quatro médiuns de que os espíritos eram capazes

A GRANDE ALIANÇA

de influenciar o sensor dentro das caixas escuras enquanto pairavam, por assim dizer, acima e fora das caixas. Portanto, deveriam ser capazes de ver o monitor de TV enquanto tentavam influenciar o sensor.

Na verdade, eu não tinha a menor ideia de como os espíritos geravam os fótons que o minúsculo sensor detectava (ou se eles manipulavam o sensor de alguma outra maneira).

Usei o *software* SensL Integrated Environment para gravar a imagem fornecida em tempo real pelo PCDMini. O *software* exibe grupos de fótons que podem variar de tamanho: de 10 fótons em cerca de um décimo de segundo a mais de 10 milhões em um décimo de segundo. Raciocinei que, tanto para os espíritos quanto para mim, aprender a usar o sensor podia ser como aprender a andar de bicicleta ou tocar um instrumento: exigiria tempo e prática.

Nos testes padrão de controle, observei contagens baixas (dois pequenos grupos de 10 a 25 fótons) em 10 minutos (ou 0 a 1 fóton em 5 minutos). A média de grupos de fótons ficou perto de 5 em 5 minutos na caixa dupla e de 3 em 5 minutos na caixa tripla. Nos testes com a presença de espíritos, testemunhei 24 grupos de fótons em 10 minutos (de 8 a 12 em 5 minutos).

À luz dessa informação, podemos agora discutir a pesquisa. Mais uma vez, essas investigações deviam explorar se a capacidade do PCDMini de detectar grupos de fótons em tempo real poderia ser usada posteriormente como uma espécie de máquina de escrever espiritual.

Na primeira série da pesquisa, conduzi três investigações na presença de espíritos, todas elas comparadas aos testes padrão de controle. No artigo científico publicado no *EXPLORE,* fiz referência aos testes com a presença de espíritos como testes "intencionais dos espíritos", ou IE, porque esta era a intenção: que os espíritos, atendendo a nosso convite, se manifestassem e tentassem aumentar a contagem de fótons detectadas pelo PCDMini. Os testes IE foram comparados com os testes padrão de controle, nos quais os espíritos são instruídos a se manterem afastados do sensor e não influenciá-lo.

A primeira e a terceira investigações consistiram em cinco testes IE e cinco testes padrão; a segunda, em dez testes IE e dez testes

GARY E. SCHWARTZ

padrão. A duração de cada teste nessas três investigações foi de 300 segundos (5 minutos). Em outras palavras, houve um total de vinte testes IE e vinte testes padrão.

Os primeiros espíritos convidados foram Susy Smith e Marcia Eklund. Como não sou um médium, o único sinal que tive da sua presença foram os resultados positivos medidos pelo PCDMini. Os médiuns que tinham informações sobre Susy e Marcia afirmaram que elas estavam se manifestando, como havíamos solicitado.

Se os resultados fossem positivos, a pergunta a fazer seria: eles não se deveriam à minha mente? Para responder a essa pergunta fundamental, como parte da segunda investigação, acrescentei dez testes nos quais eu, o experimentador, tentei usar minha mente para aumentar a quantidade de fótons. Além disso, incluí uma série final de vinte testes padrão de controle.

As análises revelaram que os testes IE apresentaram aproximadamente 7,5 grupos de fótons em 5 minutos, comparados a 5 grupos de fótons em 5 minutos dos testes de controle.

Quando os grupos de fótons em 5 minutos foram convertidos em fótons reais detectados, os valores foram 150 fótons nos testes IE, comparados a 100 fótons dos testes de controle.

Além da diferença estatisticamente significativa, cada uma das três investigações se mostrou importante em termos estatísticos.

Um esclarecimento: importância estatística significa que os padrões observados foram confiáveis e repetidos, não que eles foram necessariamente grandes em termos de magnitude. Embora uma diferença média de 2,5 grupos de fótons em 5 minutos possa parecer pequena, o aumento percentual de magnitude nos testes IE chegou a 150% (7,5 ÷ 5 x 100), o que corresponde ao número aproximado de fótons contados.

Quando eu, na qualidade de experimentador, tentei produzir esse efeito, fracassei miseravelmente. Na verdade, os testes intencionais do experimentador foram mais fracos (média de 4,5 grupos de fótons) do que os testes de controle (5 grupos de fótons), embora esse resultado não tenha sido estatisticamente significativo.

A GRANDE ALIANÇA

Os testes de controle espelharam minha fracassada tentativa de aumentar a contagem de fótons.

Seriam os resultados dos testes IE reais? Poderiam ser generalizados para outros seres espirituais? Em outras palavras, será que qualquer espírito poderia aprender a fazer isso ou Susy e Marcia eram casos especiais porque tinham uma forte motivação de se conectar com seus entes queridos no plano físico e já faziam isso havia anos?

Como eu estava engajado em investigações exploratórias, decidi conduzir uma segunda série de investigações, para as quais convidei dois outros espíritos.

O primeiro foi o anjo Sophia, que apareceu nos capítulos anteriores. O segundo foi uma pessoa que, segundo relatos históricos, parecia estar interessada na pesquisa sobre a presença dos espíritos. Surpreendentemente (alguns diriam, milagrosamente), essa pessoa é Harry Houdini. Foram muitas as razões que me levaram a convidar HHH (HHH é a sigla que uso para "Hipotético Harry Houdini") a participar, mas discuti-las em profundidade seria desviar-me da principal questão deste capítulo.

O que posso divulgar brevemente é uma sessão privada muito convincente da qual participei anos atrás, quando Susy Smith foi convidada a trazer um cavalheiro secreto à sessão, que foi HHH. O médium que conduzia a sessão, que chamarei de Roger, estava muito confuso. Dizia coisas como (1) "Agora eu o vejo; não, não o vejo", (2) que ele era capaz "de prender a respiração por longos períodos", (3) que tinha ligações com Nova York e (4) que seu nome não era o nome verdadeiro. Como eu sabia, depois de muitas sessões com Roger, que ele era um leitor de mente ineficiente (para dizer o mínimo), considerei seriamente a possibilidade de que as informações viessem de Houdini (e não de mim).

Houdini fora amigo de Sir Arthur Conan Doyle. Enquanto Doyle acreditava piamente na vida após a morte, Houdini era cético. Ele tornou-se conhecido não só como o maior artista escapista do mundo, mas como um grande desmistificador que desmascarou muitos médiuns fraudulentos de seu tempo.

233

GARY E. SCHWARTZ

Nessas investigações exploratórias, realizei quatro testes intencionais com Sophia e outros dez testes de controle, assim como oito testes intencionais com HHH intercalados com quatro testes de controle. Cada teste teve a duração de 300 segundos (5 minutos).

Os resultados foram claros e estatisticamente significativos. Tanto Sophia quanto Harry obtiveram um maior número de fótons que os testes de controle. Além disso, o aumento que eles obtiveram correspondeu a 200% comparados aos 150% obtidos na primeira série de testes com Susy e Marcia (que supostamente atuaram como equipe).

Seriam realmente Sophia e HHH? Evidentemente, futuras pesquisas seriam necessárias para comprovar isso.

Então, comecei a imaginar se um PCDMini poderia ser utilizado como instrumento binário do tipo sim/não operado por um espírito talentoso. Concebi uma terceira investigação de prova de conceito. Mentalmente, convidei HHH a atuar num teste intencional. A investigação comparou as respostas do teste de controle (C), sim (S) e não (N). Não instruí Houdini a identificar como seriam as respostas "sim" e "não" — deixei isso por conta dele. Depois eu examinaria os dados com cuidado e veria se haveria uma diferença confiável.

No início de cada teste IE, eram apresentadas no monitor de TV instruções na forma de sinais para cada um dos valores: controle, sim, não. HHH tentaria emitir sinais para "sim" ou "não", ou manter-se afastado, sem influenciar a contagem de controle.

Cada segmento dos quatro testes teve duração de 300 segundos. A ordem dos testes (C para "controle", S para "sim" e N para "não") foi CSN CNS CSN CNS. Como os testes C sempre antecediam os testes S e N, a ordem dos testes S e N estava equilibrada. O que eu pretendia é que HHH tentasse um tipo de sinal para "sim" e outro para "não".

Depois de concluídos os testes, quando comecei a analisar os dados, notei algo peculiar. O que parecia distinguir os sinais de "sim" dos sinais de "não" era um número maior de grupos de fótons nos primeiros 150 segundos dos testes de "sim" e nos 150 segundos dos testes de "não", ou seja, o reverso da ordem proposta. Parecia que HHH estava acrescentando uma assinatura para assinalar sua presença.

O resultado "sim" nos testes IE é evidente a olho nu, e a análise dos números é estatisticamente significativa. Houve um aumento aproximado de 275% nos primeiros 150 segundos.

Era óbvio que alguma coisa estava acontecendo. Esse resultado — mais grupos de fótons "sim" aparecendo nos primeiros 150 segundos do teste de "sim" e mais grupos de fótons "não" aparecendo nos segundos 150 segundos dos testes de "não" — com certeza não tinha nenhuma relação com a minha consciência de experimentador. Em outras palavras, esse padrão não era o que eu esperava. Só podemos nos perguntar se isso era realmente um reflexo da consciência de Harry Houdini.

À luz dessas descobertas, tomei emprestado outro PCDMini e um instrumento chamado "módulo HRMTime", capaz de medir o tempo entre fótons individuais até bilionésimos de segundo usando quatro PCDMinis simultaneamente. Essa tecnologia não só aumenta a resolução do processo de medida, mas também permite o registro simultâneo de séries de fótons. Imaginei um sistema sofisticado, implementado pela SensL Corporation, que torna possível mostrar em tempo real dois PCDMinis ao mesmo tempo e contar o números de fótons detectados por segundo. Construí duas caixas triplas idênticas — uma seria a caixa do sim e a outra a caixa do não.

Será que os espíritos aprenderiam a usar o sistema e mostrar que eram capazes de ativar seletivamente as caixas do sim e do não? Em caso afirmativo, a demonstração seria a base para se desenvolver uma tecnologia capaz de criar um telefone espiritual em tempo real.

Não saberíamos se isso seria possível antes de tentar.

SE O CONSTRUIRMOS, ELES VIRÃO?

Os céticos se apressarão a dizer que tudo o que fiz até então foi revelar algumas observações promissoras ligando minha consciência aos fotomultiplicadores de silício. Lembre-se de que, em todas as investigações em que convidei os espíritos a entrarem na caixa, minha consciência esteve envolvida direta ou indiretamente. Mas eu devo acrescentar que, quando tentei criar um efeito apenas com a minha mente, fracassei.

Supondo que não houve erro do experimentador nesse caso, nenhum aparelho eletromagnético indesejado e nenhuma fraude — suposições justificadas —, ainda não tínhamos demonstrado definitivamente que o sistema estava detectando a presença de espíritos — fossem eles Susy, Marcia, Sophia, Harry ou qualquer outro — independentemente da consciência do experimentador. Por essa razão, o artigo publicado na *EXPLORE* chamava-se "Possíveis aplicações da tecnologia dos fotomultiplicadores de silício para detectar a presença de espíritos".

Entretanto, futuras pesquisas sistemáticas poderão incluir experimentos específicos conduzidos por céticos fervorosos; o fato é que os telefones celulares funcionam, acreditemos neles ou não, e o mesmo poderia se aplicar aos futuros telefones da alma. Futuras pesquisas também poderão fazer os PCDMinis funcionar autonomamente, movidos pelos próprios computadores, sem a presença de qualquer experimentador humano. Determinados espíritos serão convidados a participar de testes intencionais e de controle indicados na tela do monitor de TV, que não seria observado por ninguém no plano físico. Quando este capítulo estava sendo revisado, tínhamos completado uma série de experimentos autônomos, e os resultados continuavam sendo positivos. O artigo em que descrevo esses resultados foi aceito para publicação na *EXPLORE*.

Acredito que você tenha percebido — já que leu isso neste livro — que, se me fizessem a pergunta: "Você está tentando provar que os espíritos existem e são capazes de aprender a usar esse equipamento?", minha resposta seria: "De forma alguma. O que estou tentando fazer é dar aos espíritos — se eles existem e são capazes de aprender a usar esse equipamento — a oportunidade de provar isso por si mesmos".

Minha tarefa como cientista é oferecer as melhores condições de sensibilidade e reatividade para que os dados sejam descobertos. Sou meramente o experimentador. O resto é com eles.

A GRANDE ALIANÇA

No filme *Campo dos sonhos*, há uma frase famosa: "Se você o construir, eles virão". Metaforicamente, minha tarefa é construí-lo. Se a premissa deste livro estiver correta, a promessa sagrada não é só de que eles virão, mas o farão com anéis nos dedos e sinos nos pés.

UMA PROVA DE CONCEITO ANÔMALA

Termino este capítulo com uma história divertida que nos leva de volta ao início do livro. Você deve se lembrar de que Susy Smith se manifestou na casa de uma médium chamada Joan e que o primeiro teste que fiz para determinar se ela estaria me vigiando foi assistir ao filme *Campo dos sonhos* reclinado na cama e comendo comida chinesa. Você deve lembrar também que *Campo dos sonhos* conta a história de um homem que constrói um campo de beisebol em seu milharal e famosos jogadores de beisebol falecidos — assim como seu falecido pai desconhecido — vêm usá-lo com gratidão e entusiasmo.

A história — que prefiro chamar de prova de conceito anômala — aconteceu na época em que comecei a me perguntar se Harry Houdini estava participando da segunda investigação exploratória.

Era uma quarta-feira e eu estava tendo uma reunião privada com Jerry Cohen, diretor do Canyon Ranch, sobre os progressos do Programa Voyager. Deixara o sistema PCDMini em casa com o monitor de TV ligado, tendo informado a nossos simpáticos espíritos colaboradores que aquele era um "período livre" em que poderiam praticar e usar o sistema como bem entendessem. Eu lhes oferecia esses períodos livres várias vezes. Embora eu gravasse em vídeo o monitor de TV, usando um equipamento de registro de tempo, não analisei os dados.

Para essa reunião, eu tinha preparado um pequeno vídeo e uma apresentação em *powerpoint* sobre o possível uso do sistema PCDMini, e mencionei rapidamente a possibilidade da presença de Harry Houdini. Acontece que Jerry era fã de Houdini e me fez a seguinte pergunta: "Se Harry é assim tão bom, será que ele seria capaz

237

de fazer um *home run*[13]? Será que ele seria capaz de superar 25 ou 30 grupos de fótons?".

Disse a Jerry que um número maior de fótons seria observado — 50 ou até 75 —, mas que eu nunca lhes pedira para tentar quantidades maiores ou menores.

No caminho de casa, lembrei do filme *Campo dos sonhos* e do comentário que o sujeito secreto de uma experiência fizera certa vez sobre Mary Occhino: "Mary não só bate a bola para fora do estádio. Ela a atira para fora de Nova York".

Imaginei se Harry poderia marcar um *home run* e jogar a bola para fora não só do campo, mas da cidade de Tucson. Eu tinha marcado uma reunião em casa com uma colega de pós-doutorado, a doutora Jolie Haun, e estava dez minutos atrasado. Corri e dei uma olhada no monitor de TV em meu escritório. Para minha surpresa, os esporádicos grupos de fótons na tela eram minúsculos: tinham menos de um quinto de seu tamanho normal!

Os gráficos na tela costumavam mostrar grupos de fótons de 25 unidades, que atingiam o tamanho máximo do eixo S. Por que eles agora pareciam tão pequenos? Será que o *software* ajustara automaticamente o eixo S porque um grupo maior de fótons aparecera? Isso é o que deveria acontecer.

Quando olhei o eixo S, notei que a escala não era de 0 a 25, mas de 0 a 175!

Em outras palavras, esse novo limite implicava que provavelmente ocorrera um grupo de 175 fótons. Lembre que praticamente todos os grupos de fótons na caixa escura eram de cerca de 25 unidades. Uma explosão de 175 fótons era 700% maior que a típica explosão de 25 fótons!

Pensei com meus botões: "Uau! Preciso checar isso". Como a doutora Haun não sabia que eu estava conduzindo essa pesquisa particular, e como nossa reunião não era sobre vida após a morte ou

---

13 *Home run* é uma jogada do beisebol em que um jogador percorre as quatro bases e marca um ponto (geralmente, a bola é atirada para fora do campo de jogo). (N.T.)

A GRANDE ALIANÇA

espíritos, simplesmente registrei a hora. Mais tarde eu veria quando esse grupo anômalo ocorrera, presumindo que se tratasse de um grupo de fótons.

Depois da reunião, acionei o vídeo que marcava o tempo e descobri que um grupo de fótons de 173 unidades ocorrera por volta da hora em que eu entrava na garagem de casa.

Seria aquela uma resposta intencional de HHH? Quando algo acontece uma vez, pode ser um fato ocasional, algo sem importância. Se aquele fenômeno fosse real e estivesse de alguma forma ligado a HHH, ele seria teoricamente capaz de repeti-lo.

Decidi reiniciar o "período livre" e observar o que aconteceria. A câmera que registrava o tempo fazia instantâneos das telas. Enquanto eu observava a tela, perguntei mentalmente a Houdini se poderia provocar um grande grupo de fótons.

O que aconteceu em seguida eu testemunhei com os dois olhos bem abertos.

Em centenas de horas de observações, eu raramente via grupos de mais de 50-75 fótons. Agora eu via um grupo de 173 unidades, que ocorria logo depois que perguntei a Houdini se podia produzir um bem grande!

Seria uma coincidência? Seria algo mais? Eu não sabia. Infelizmente, tinha de dar uma palestra no Canyon Ranch aquela noite, de modo que deixei o sistema funcionando no "período livre". Quando voltei, por volta das 22 horas, notei que o eixo S tinha voltado ao normal de 25 unidades.

Eu estava muito cansado, mas queria observar um pouco mais. Por volta de das 22h15, decidi perguntar a Houdini se podia provocar outro grupo bem grande! Dessa vez convidei Rhonda a estar presente.

Para nosso assombro, outro imenso grupo de fótons de 173 unidades apareceu na tela.

Você deve se lembrar do capítulo em que narrei como, por duas vezes, meus sintomas de gripe diminuíram simultaneamente com as curas espirituais que recebi sem saber. Naquele momento, pensei que

GARY E. SCHWARTZ

fosse uma coincidência. Mas, quando aconteceu pela terceira vez, pareceu-me prudente ponderar seriamente se algo real e não aleatório estava ocorrendo.

Um grande grupo de fótons aparecia, coincidentemente depois que Jerry me perguntou sobre um *home run* e pensei em espíritos jogando beisebol e uma médium batendo a bola para fora da cidade de Nova York. Aquilo não podia ser obra do acaso.

Um segundo grande grupo de fótons, ocorrido menos de um minuto depois que perguntei a Houdini se era capaz de marcar outro *home run*, também não podia ser um fato ocasional.

Mas aqui estava um terceiro grande grupo, ocorrendo menos de um minuto depois que pedi mentalmente, na presença de Rhonda, que Houdini batesse a bola para fora do estádio. Seria também obra do acaso, ou HH teria metaforicamente atirado a bola para fora da cidade de Tucson?

Como nos lembra Susy Smith, às vezes "é coincidência demais para ser acidental".

Uma coisa é ler essa história e outra é vivenciá-la. A verdade é que nada se compara a estar presente.

Considere o seguinte exemplo.

Uma coisa é descrever os anéis de Saturno, outra é ver uma foto dos anéis de Saturno. Entretanto, nada se compara a estar no escuro, olhando através de um telescópio óptico controlado por computador, e ver os gloriosos anéis de Saturno com os próprios olhos. Nada substitui a experiência real.

Até o momento não sei se a medição de fótons de luz, sob condições controladas e adequadas, irá evoluir para uma tecnologia prática e acurada capaz de detectar espíritos e permitir comunicação com eles. Como o Windbridge Institute, estamos explorando outras medidas possíveis, entre elas a possível modulação, por arte dos espíritos, de um campo magnético de baixíssimo nível e mesmo a modulação de ondas de rádio em um ambiente protegido contra campos eletromagnéticos.

A GRANDE ALIANÇA

PREPARANDO-NOS PARA A CORRIDA DE NOSSA VIDA — UM MOMENTO DE IRMÃOS WRIGHT

Passei a acreditar que estamos perto de vivenciar um momento de irmãos Wright em relação à tecnologia para detectar espíritos.

Você deve lembrar que, durante milhares de anos, o homem sonhou em voar. Mas foi há pouco mais de cem anos, quando, em Kitty Hawk, o aeroplano movido a motor dos irmãos Wright voou por 12 segundos (duração de seu primeiro voo), que descobrimos que o voo a motor era possível.

O aeroplano dos irmãos Wright voou quatro vezes naquele dia. Na quinta tentativa, o aeroplano falhou — aparentemente, sua primitiva máquina de voar precisava da ajuda do vento, e naquele dia o ar estava parado.

Embora décadas fossem necessárias para que os voos comerciais se tornassem uma realidade, a visão da humanidade de que isso seria possível jamais mudou.

Se este capítulo, assim como o anterior, é um sinal, talvez estejamos nos aproximando de um momento de irmãos Wright, uma vez que despertamos para a realidade de usar tecnologia para criar parcerias sagradas.

Todos nós nos lembramos de Neil Armstrong, o primeiro homem a pisar na Lua. Tenho me perguntado: qual será o primeiro espírito a falar conosco do outro lado?

Será uma pessoa relativamente desconhecida como Susy Smith? Será o cético *showman* Harry Houdini? Será a adorável e graciosa princesa Diana? Será o excepcional cientista Albert Einstein? Ou será o controverso *superstar* que compôs a inspiradora canção *We are the world*, Michael Jackson?

Se o Santo Graal da Promessa Sagrada se realizar, eu não me surpreenderei se nos comunicarmos com todos eles e com outros milhões ou bilhões.

Naturalmente, se e quando esse dia chegar, estaremos diante do desafio ainda maior de discernir a quem devemos ouvir. Se a "espiritnet" for semelhante à internet, teremos nossa mente e nossas mãos cheias, literalmente.

É por isso que desenvolver nossa consciência ou nossas faculdades intuitivas será sempre de máxima importância em nosso intercâmbio cada vez maior com os espíritos. Isso fica evidente quando lemos o material transmitido por esse canal: parte dele é muito informativo, mas grande parte é questionável, quando não totalmente errada.

Como separar o joio do trigo? Através de nossa discriminação intuitiva, confirmada por evidências externas. Portanto, gostaria de concluir este livro com a história de uma mulher que empreendeu essa jornada como uma inspiração para todos nós, porque, mais uma vez, o valor real desse contato é que ele eleva nossa consciência e melhora nosso mundo.

15

APRENDENDO A SE CONECTAR COM OS ESPÍRITOS

O amor do aprendizado governa o mundo.

— lema do Phi Kappa Phi —

As pessoas podem aprender a se conectar com os espíritos? Podem aprender a usar as informações recebidas de modo a obter orientação prática em sua vida?

Podem aprender a aplicar o método científico para melhorar sua capacidade de perceber a diferença entre o que é real, o que é possível e o que é imaginário?

Em caso afirmativo, como conduzir uma pesquisa formal sobre essa questão?

O que você vai ler é a jornada inspiradora de uma pessoa que decidiu desenvolver sua capacidade intuitiva para se conectar com os espíritos. Essa pessoa tem uma mente profundamente investigativa e aprecia o valor da ciência. Por acaso — se não por sincronicidade —, ela foi contratada para trabalhar em um laboratório que estava realizando essa pesquisa. Aconteceu de estarmos no lugar certo, no momento certo, fazendo a coisa certa e com as pessoas certas.

É uma honra oferecer um breve relato de sua jornada para terminar este livro, em parte porque aprecio sua coragem não apenas por ter decidido contar sua experiência, mas também por fazê-lo publicamente, porque ela sabe que isso pode beneficiar outras pessoas.

GARY E. SCHWARTZ

Seu nome é Clarissa Siebern. Na época em que escrevi este capítulo, aproximava-se dos 40 anos e trabalhava como coordenadora de programas do Laboratório para Avanços na Consciência e na Saúde da Universidade do Arizona, para o qual já tinha trabalhado como assistente em alguns projetos de pesquisa. É mãe de um menino deficiente físico, que parece ter dons naturais de cura.

É curiosa a maneira como Clarissa chegou ao meu laboratório.

Clarissa tinha sido contratada pela coordenadora de programas anterior, cujas responsabilidades incluíam administrar meu Centro para a Medicina na Ciência de Biocampo, fundado pelo Centro Nacional de Medicina Complementar e Alternativa, do Instituto Nacional da Saúde. Clarissa trabalhou como sua assistente, e eu raramente a via.

Entretanto, quando o financiamento do centro terminou e minha antiga coordenadora de programas se transferiu para outro departamento da universidade, Clarissa tornou-se minha assistente e depois, quando obtive um financiamento privado para continuar o trabalho, foi promovida a coordenadora de programas.

Em outras palavras, Clarissa não foi contratada porque tinha talentos intuitivos. Eu não tinha ideia de que mais tarde ela decidiria fazer um treinamento como intuitiva e acabaria se tornando uma pesquisadora do laboratório. Em 2005, iniciaram-se suas experiências como mentora intuitiva, uma jornada surpreendente e extraordinária.

Você pode se perguntar como seria empreender uma viagem como a de Clarissa. Como seria sentir a presença cada vez mais forte de um grupo de guias amorosos e gentis em sua vida? Assim como poderá ser a sua, a jornada de Clarissa foi uma questão de construir confiança à medida que pontes eram erguidas.

Como você se sentiria se seus guias se manifestassem em seu carro, numa reunião de pesquisa, na banheira, e recebesse deles orientação, às vezes de uma maneira muito firme? Clarissa diz que essa manifestação é raramente intrusiva e quase sempre uma reação a uma oração silenciosa.

Como seria executar novas tarefas provocadas por seus guias inesperadamente? Uma delas poderia ser comprar dois livros na internet

244

A GRANDE ALIANÇA

sobre os Imagineers da Disney para seu chefe e uma hora depois ficar sabendo que, no dia anterior, ele dissera a um colega que dias antes se encontrara com o presidente da empresa.

Como seria estar aprendendo a se comunicar com os espíritos e alguém com quem você se preocupava — no caso, seu chefe e amigo — vivesse lhe perguntando se você estava obtendo informações precisas de seus supostos guias?

Clarissa descreve essa situação como estar sob uma lente de aumento. Não sei se, nessas circunstâncias, eu seria tão corajoso, paciente e compreensivo quanto ela.

Para começar, vou contar quatro casos que testemunhei e que ilustram como a aparente parceria de Clarissa com seus guias a levou a dar saltos intuitivos (quase sempre surpreendentes) que puderam ser documentados e verificados. Enquanto Clarissa esteve envolvida em seu treinamento intuitivo, tive o privilégio de ser uma das pessoas que a ajudaram a verificar quais de suas intuições eram válidas. Os casos que vou citar também demonstram que os guias parecem contribuir e validar eventos de sincronicidade.

Depois examinarei dois exemplos de investigações exploratórias de prova de conceito que fazem parte do Programa Voyager e dos quais ela participou como investigadora. Essas investigações vão ilustrar os potenciais efeitos de seu treinamento intuitivo, assim como as possibilidades de seu trabalho.

COMO CLARISSA RECEBE ORIENTAÇÃO
DE SEUS GUIAS

Com o tempo descobri que teria regulares (no mínimo uma vez por mês) e memoráveis experiências espirituais com Clarissa. Ela parecia ter se tornado tão competente na comunicação com seus guias que fazia coisas misteriosamente oportunas e surpreendentes por sua precisão e importância.

Num período de quatro anos, testemunhamos provavelmente mais de uma centena de fatos significativos e comprovados que teriam

245

GARY E. SCHWARTZ

sido provocados por seus guias. Além disso, a frequência e a complexidade desses fatos cresceram significativamente nesse período.

Esse crescimento pode ser explicado em parte pelo fato de Clarissa se sentir mais à vontade para expressar as informações e/ou pelo fato de eu me mostrar mais receptivo a isso. Mas isso também podia se dever ao fato de Clarissa estar se tornando perita em ouvir, perguntar e se comunicar com seus guias.

Vou relatar quatro casos notáveis, um por ano, para dar uma ideia da natureza de seus dons e das comunicações que ela parece manter.

Numa tarde de domingo de 2006, decidi comprar um relógio novo. Havia mais de vinte anos que eu não comprava um. A compra foi espontânea: parecia ter surgido do nada. Por alguma razão, senti um impulso de comprar um relógio Bulova de ouro e prata com mostrador azul-escuro. Eu não sabia por que essa face azul me atraíra, já que até então eu usara um conservador Rolex de aço inoxidável com mostrador branco.

Na segunda-feira, Clarissa telefonou, animada, para me contar que, no domingo, mais ou menos na mesma hora em que comprei o relógio, tinha sido impulsionada por seus guias a comprar um presente para mim. Ela insistiu em ir à minha casa para me dar o presente. Como nunca sentira essa vontade espontânea de me dar um presente, queria entregá-lo pessoalmente.

O presente era uma gravura da *Rosa meditativa* de Salvador Dalí. Mostrava uma grande rosa vermelha surgindo como um sol contra um vibrante céu azul e parecendo flutuar acima de montanhas douradas. Fiquei chocado. A parte azul da gravura era da mesma cor do mostrador do relógio que eu comprara por impulso (a essa altura não notei a possível conexão entre montanhas douradas e água dourada).

Clarissa tinha comprado a gravura não só por sugestão de seus guias, mas também porque a pintura despertava nela a lembrança de certas sincronicidades que eu tivera em 2005 e 2006 envolvendo rosas vermelhas. Em outras palavras, embora a lembrança das sincronicidades a tivesse inspirado a comprar a gravura, foram seus guias que lhe deram a motivação para fazer a compra.

A GRANDE ALIANÇA

Eu nada sabia sobre a pintura de Salvador Dalí até então, mas apreciei profundamente o presente, em especial por sua aparente conexão com o tom azul de meu novo relógio. Era um presente que realmente chamava a atenção, e pendurei a gravura no *hall* do quarto principal.

Cinco dias depois, na Duke University, o doutor Larry Dossey, conceituado escritor e orador, fazia sua apresentação quando, para minha surpresa, exibiu a mesma *Rosa meditativa* de Salvador Dalí num de seus *slides*.

Em mais de trinta anos frequentando encontros científicos, eu jamais vira alguém incluir uma pintura na apresentação de sua pesquisa. Pensei qual seria a probabilidade de aquela imagem ser a mesma que eu recebera cinco dias antes.

Mais tarde, perguntei ao doutor Dossey por que usara a imagem. Ele disse que a tinha encontrado na internet algumas semanas antes e naquela manhã sentira vontade de incluí-la em um de seus *slides*. Afirmou ainda que ela não tinha nenhum significado para ele ou para o conteúdo de sua apresentação científica, a não ser que sua beleza o fazia sorrir.

O verdadeiro propósito dessa sincronicidade se tornou evidente cerca de duas horas mais tarde. Fiquei sabendo que uma mulher que eu acabara de conhecer — e que se tornaria minha esposa — andava desenhando sóis cor-de-rosa, que seu primeiro nome, Rhonda, significava "rosa" em grego, e seu segundo nome, Rae, significava "sol"!

Uma coisa era Clarissa ter encontrado a gravura por acaso numa manhã de domingo; outra era ela sentir uma necessidade de comprá--la para mim. E na manhã seguinte, não podendo esperar que eu chegasse ao laboratório, sentiu necessidade de ir de carro até a minha casa para me entregar o presente. Tudo isso enfatizava sua potencial importância para mim. (É possível que os supostos guias de Clarissa quisessem que eu prestasse atenção em Rhonda quando ela entrasse na minha vida e, se foi assim, Deus os abençoe por isso.)

Clarissa afirma que, cada vez mais, os espíritos a exortam a fazer certas coisas que acabam se revelando importantes.

O segundo caso aconteceu no outono de 2007, quando Clarissa sentiu necessidade de me transmitir algumas palavras de sabedoria que ouvira de seus guias. Segundo ela, eles disseram que uma maneira de pensar neles era oferecer a mesma atenção com que um pai ou uma mãe ajuda uma criança que está aprendendo a andar. "A criança vai cair, se machucar e ganhar ferimentos, mas o pai está ali para ajudá-la a tornar a caminhada menos dolorosa", ela disse. "Você é a criança, e eles — os guias — estão aqui para ajudar."

Achei o momento dessa espontânea sabedoria dos guias de Clarissa muito estranho, porque exatamente naquela manhã, quando acordei, percebi um ferimento na perna que não sabia de onde vinha. Em toda a minha vida, só umas três ou quatro vezes eu encontrara ferimentos na perna.

Os guias são como pais cuidadosos? Podem nos ajudar, metaforicamente, a aprender a andar?

Percebi que o universo estava tentando chamar minha atenção com a ajuda de Clarissa e de seus guias. Eles estavam me lembrando de manter uma receptividade de criança e considerar uma futura orientação, mas também de preservar e proteger meu jovem coração amoroso.

O terceiro caso que escolhi também envolve crianças.

No verão de 2009, Rhonda e eu fomos ao Havaí para uma cerimônia em memória de um conceituado psicólogo havaiano e querido amigo, o falecido doutor Paul Pearsall. Nessa cerimônia, conheci um líder espiritual havaiano que ele admirava, Frank Kawaikapuokalani "Kuma" Hewett. Foi o doutor Pearsall que me apresentou uma citação do senhor Hewett: "Se você quer criar mais luz em seu mundo, deve estar disposto a suportar um pouco de calor".

Durante a cerimônia, o senhor Hewett me apresentou à filha, que tinha no colo um ursinho vestido com uma camiseta com a estampa de um arco-íris. Tirei algumas fotos da menina e do ursinho, porque vinha tendo algumas sincronicidades com ursos e arco-íris durante aquela viagem. Só Rhonda, Celeste, mulher do doutor Pearsall, e eu sabíamos que essa combinação de eventos estava ocorrendo.

Quando voltamos a Tucson, Clarissa chegou à nossa reunião semanal com um presente que tinha comprado por sugestão de seus guias. Não pude acreditar no que vi. Clarissa me deu dois Ursinhos Carinhosos, um com um coração e outro com um arco-íris! Depois, dei os ursinhos de presente a uma criança.

Quantas vezes você acha que alguém me deu um ursinho de presente, principalmente com um arco-íris estampado? E quantas vezes você acha que vi uma criança segurando um ursinho com um arco-íris e a fotografei? A probabilidade é minúscula.

Segundo a mitologia dos índios americanos, o urso é símbolo da força da introspecção. De acordo com o livro que acompanha as *Cartas medicinais*[14], o urso ocupa o oeste dos quatro pontos cardeais, que representa a intuição. Uma vez, quando estava um tanto desequilibrado — valorizando mais a fria confiabilidade da tecnologia do que a calorosa espiritualidade, ou o conforto da lógica e do raciocínio acima da espontaneidade e da intuição —, fui reconduzido gentilmente, mas com firmeza, ao equilíbrio por inesperadas sincronicidades, entre elas as orientações dos guias de Clarissa.

O último caso que selecionei também envolveu o Havaí. Eu o incluo por estar relacionado a John Nelson, o talentoso editor deste livro.

No começo do outono de 2009, minha editora designou John para trabalhar neste livro e tivemos nossa primeira teleconferência pela manhã. Nessa época, John vivia no Havaí. A não ser a equipe da editora, meu agente William Gladstone, Rhonda e eu, ninguém mais sabia que John era o editor do livro e vivia no Havaí.

Naquela noite, Clarissa, Rhonda e eu comparecemos a uma reunião. Eis como Clarissa mais tarde registrou o que aconteceu:

---

14 *Medicine cards: the discovery of power through the ways of animals* [Cartas medicinais: a descoberta do poder através dos hábitos dos animais] é um sistema divinatório herdado dos índios norte-americanos e baseado no comportamento dos animais. (N.T.)

Fui orientada [por seus guias] a levar o pão doce típico do Havaí e decorar nossa reunião de segunda-feira à noite com um tema havaiano. Havia palmeiras, abacaxis e música de *hula-hula*. Eu não sabia por que devia fazer isso. Sabia que, como tantas vezes antes, Gary partilharia alguma coisa conosco. Ele não sabia do tema e contou que tinha acabado de saber que uma pessoa relacionada à edição de seu livro vivia ou estava passando algum tempo no Havaí.

Curiosamente, quando eu estava pronto a enviar a ele uma primeira versão do livro para edição, John insistiu em ter uma visão geral antes de prosseguirmos. A princípio, resisti a essa ideia, apesar da nossa sincronicidade havaiana (que John chama de cartão de visita dos espíritos). Entretanto, logo aceitei o caminho que ele sugeria.

Bem, depois de quatro anos testemunhando tais eventos, só um descrente teimoso negaria que algo real estava acontecendo.

A pergunta perturbadora permanece: qual a fonte dessas informações? Clarissa estaria certa e pelo menos uma parte delas vinha de seus guias?

A PARTICIPAÇÃO DE CLARISSA
NA PESQUISA DE AUTOCIÊNCIA

Por uma questão de confidencialidade, não posso passar informações sobre os mentores intuitivos de Clarissa nem sobre seu método de trabalho. Tudo o que posso dizer é que eles são profissionais de saúde mental, pessoas responsáveis e bem-sucedidas. E que, em maior ou menor grau, têm crenças estranhas. Um deles, por exemplo, está convencido de que os guias de Clarissa existem desde o início dos tempos, isto é, são seres de luz eternos, que ajudam muitas pessoas em nosso planeta.

Como Clarissa trabalha num laboratório de pesquisa e possui uma mente muito investigativa, tem nos ajudado a conceber investigações exploratórias e a testar a viabilidade de futuras pesquisas sistemáticas nesse campo. Ela acha que essa oportunidade de se submeter voluntariamente a testes tem sido valiosíssima, porque equilibra seu lado profissional e pessoal. Em geral, os intuitivos em formação não são expostos à combinação das duas abordagens: vida pessoal e ciência profissional.

Seguiram-se duas investigações que mostraram não só os dons de Clarissa e o afloramento de suas capacidades, mas também a possibilidade de cientistas conduzirem futuras pesquisas nessa área.

A primeira envolve a possibilidade de verificar se os espíritos podem ajudar humanos a influenciar o mundo físico e/ou fazer isso sozinho. Clarissa, eu e outros colegas de laboratório conduzimos uma investigação exploratória sobre nós mesmos para determinar os possíveis efeitos da vontade sobre o crescimento de sementes. Uma pesquisa sistemática anterior entre Lynne McTaggart, autora de *The intention experiment*, e meu laboratório havia explorado os possíveis efeitos da vontade de um grupo distante sobre o crescimento de sementes de cevada. As seis experiências foram conduzidas segundo um protocolo duplo-cego.

Na investigação sobre o crescimento de sementes assistida pelos espíritos, comparamos (1) a tentativa de Clarissa de influenciar o crescimento das sementes apenas com sua vontade, sem ajuda de seus guias, que chamamos de "condição eu"; (2) a tentativa de seus guias de influenciar o crescimento das sementes sem a ajuda de Clarissa, que chamamos de "condição eles"; e (3) a tentativa conjunta de Clarissa e seus guias de influenciarem o crescimento das sementes, que chamamos de "condição nós".

Nessa investigação, as sementes usadas foram de faséolo. Perguntamos aos supostos guias de Clarissa que tipo de semente eles prefeririam influenciar e eles escolheram feijões. Mais tarde, fiquei sabendo que os faséolos foram estudados extensivamente por botânicos e que essas sementes têm um crescimento relativamente rápido e facilmente medido. Mas nenhum de nós sabia disso à época.

Cada período de utilização da vontade foi de doze minutos, três vezes por dia durante quatro dias consecutivos. Os testes foram conduzidos em casa ou no horário de almoço. As sementes — quarenta em cada série de testes — foram germinadas sob condições controladas em outro lugar. Também realizamos testes de controle sem o uso da vontade com outras quarenta sementes. O crescimento (comprimento do broto em milímetros) das sementes foi observado pelo doutor Robert Stek em sua casa. Essa era uma pesquisa exploratória particular, um teste para talvez trazê-la para o âmbito da universidade.

A investigação foi realizada duas vezes. A média dos resultados das duas investigações foi encorajadora e indicou a possibilidade de conduzir futuras pesquisas sistemáticas nesse campo. Mostramos abaixo o gráfico da investigação em que Clarissa atuou como experimentadora (já que, tecnicamente, as sementes eram o sujeito). Cada barra indica o comprimento médio das sementes que cresceram com a ajuda da vontade (as condições "eu", "eles" e "nós"), menos o crescimento das sementes do teste de controle, sem intenção da vontade.

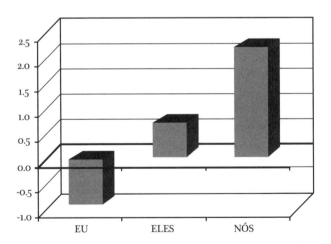

MUDANÇA DO COMPRIMENTO DOS FASÉOLOS *VERSUS* CONTROLES

Você pode ver que, sozinha (a condição "eu", barra da esquerda), a vontade de Clarissa não provocou um aumento do crescimento dos faséolos quando comparado com o das sementes do teste de controle.

Na verdade, os brotos de faséolos são ligeiramente menores que os do grupo de controle. É importante notar que Clarissa não acreditava que, sozinha, fosse capaz de influenciar o crescimento das sementes, principalmente à distância.

Também é possível ver que os resultados obtidos pelos supostos guias (a condição "eles", barra do centro) indicam um leve crescimento em relação ao das sementes do teste de controle. Clarissa acreditava que eles pudessem causar certo efeito.

Entretanto, pode-se constatar que a ação conjunta de Clarissa e seus guias (a condição "nós", barra da direita) provocou o maior crescimento comparado aos dos testes de controle. Isso deixou Clarissa feliz, porque confirmava suas previsões. Esse resultado também indica por que os espíritos podem estar se manifestando em nossa vida, que sua influência sobre o mundo pode ser mediada pelo contato humano ou se manifestar através de seres humanos conscientes.

Mas será que essas descobertas demonstram que os guias de Clarissa, principalmente com sua ajuda, podem provocar um efeito mensurável sobre o crescimento de sementes? Embora os resultados tenham sido estatisticamente significativos, há outras possíveis interpretações para eles.

Pode-se perguntar, por exemplo, se os resultados não foram simplesmente efeito da fé. Em outras palavras, é possível que os resultados tenham sido causados pela fé de Clarissa e que seus guias, mesmo que existam, não tenham nada a ver com os efeitos observados?

Clarissa tem consciência de que esses resultados positivos, que confirmam sua crença, não provam necessariamente que sua crença seja verdadeira. Ela entende que resultados obtidos por uma única pessoa, evidentemente motivada — ou seja, ela mesma —, não provam sua aplicação generalizada. Sem futuras pesquisas, não podemos saber se essas descobertas podem ser estendidas a outras pessoas (com suas crenças e guias específicos).

Entretanto, essas observações indicam a possibilidade de futuras pesquisas. E, para Clarissa pessoalmente, reforçaram que o que ela parece vir experimentando pode ser demonstrado no mundo real.

GARY E. SCHWARTZ

A segunda investigação visava quantificar o que acontecia dentro do cérebro de uma pessoa quando ela se comunicava com seus guias e tentava fazer as sementes crescerem.

Na primavera de 2009, tivemos a oportunidade de testar um avançado equipamento de monitoramento de ondas cerebrais para acompanhar, momento a momento, as mudanças nos padrões do eletroencefalograma (EEG) (1) durante a comunicação com os espíritos e num período de descanso, e (2) durante o período de uso da vontade com a intenção de promover o crescimento de sementes à distância. O equipamento foi operado por uma enfermeira formada e um operador certificado, usando um equipamento da Brain State Technologies. O equipamento de EEG é seguro, não invasivo, e permite analisar as frequências das ondas cerebrais em tempo real. Mais uma vez, a investigação foi realizada numa casa particular, mas podia criar condições para experimentos formais na universidade.

Clarissa estava ansiosa para ter o cérebro monitorado e se ofereceu como voluntária. O operador colocou eletrodos na região occipital, dos dois lados (a parte posterior da cabeça). Verificamos que, nos períodos de repouso, com os olhos fechados, seu cérebro apresentou o padrão típico de alguém que desenvolveu capacidades intuitivas: as frequências muito baixas do estado delta (1-4 ciclos por segundo) e subdelta (abaixo de 1 ciclo por segundo). Na verdade, seu cérebro parecia surpreendentemente semelhante ao do doutor Hall, caso que discutimos no capítulo 7.

Durante os períodos em que ela, de olhos fechados, se conectava em silêncio aos seus guias — falar alto não era viável, porque provoca alterações nos músculos do couro cabeludo que são registradas —, seu cérebro mostrou um aumento das baixíssimas frequências delta, assim como surtos da atividade de alta frequência beta (40-60 ciclos por segundo), típicos do aumento de consciência.

Também foi interessante notar que o aumento era muito maior do lado direito do cérebro do que do lado esquerdo. Isso foi surpreendente, porque o hemisfério cerebral esquerdo costuma estar associado aos processos verbais, linguísticos e lógicos, enquanto o hemisfério direito é associado aos processos intuitivos, criativos e mais visuais.

A GRANDE ALIANÇA

Os padrões do EEG não eram coerentes com a hipótese de que a comunicação com os espíritos era simplesmente um processo verbal e lógico. Na verdade, ele parece ser mais intuitivo e criativo.

Outra coisa interessante foi o que aconteceu quando pedimos a Clarissa que se concentrasse no crescimento das sementes à distância sozinha e, depois, com seus guias. Quando se concentrou nessa intenção sozinha, seu cérebro mostrou uma diminuição das ondas cerebrais delta e subdelta, assim como uma diminuição da alta frequência beta. Em outras palavras, na condição "nós", o estado de seu cérebro era semelhante ao que ela apresentava quando se comunicava intencional e silenciosamente com seus guias.

Num teste de controle, o doutor Stek quis ver como seu cérebro se comportava em comparação ao de Clarissa. Observamos que seu cérebro parecia mais normal, no sentido de que, no período de repouso e com os olhos fechados, predominavam as ondas alfa (8-12 ciclos por segundo). Quando ele tentava imaginar que estava se comunicando com seus guias — ele afirma que não tinha consciência de tais guias, nem tinha sido instruído sobre como se comunicar com eles —, seu cérebro mostrou um leve aumento da atividade beta de baixa frequência (13-20 ciclos por segundo), mas pouca coisa a mais.

Para efeito e comparação, teria sido bom ter registros do EEG de Clarissa antes que ela tivesse iniciado seu treinamento intuitivo. Só podemos nos perguntar se teríamos descoberto que, só depois de treinamento e experiência, seu cérebro passara a mostrar um aumento nas baixas frequências delta e nos altíssimos padrões de frequência beta.

Será que o estudo futuro do cérebro dos intuitivos nos ajudará a entender melhor a natureza e os mecanismos da conexão com os espíritos?

Por enquanto isso é apenas uma promessa.

VIVENDO COM INTUIÇÃO E CONSCIÊNCIA

Clarissa parece sentir que suas experiências intuitivas — complementadas por seu trabalho no laboratório — têm sido significativas. Eis como ela resume suas experiências e como as compreende atualmente:

Tive uma oportunidade única não só de trabalhar nessa pesquisa, mas de conhecer e trabalhar ao lado de muitos respeitados intuitivos que o doutor Schwartz tem pesquisado e com os quais tem colaborado. Lembro que desde muito menina eu era intuitiva em certo grau. Mas ficou evidente que, com o tempo, minhas capacidades de precognição, intuição e outras faculdades aumentaram graças a esse ambiente. Tive a meu dispor a habilidade de testar e verificar informações recebidas, interpretação de sonhos e várias outras formas de intuição dentro das investigações.

Para alguns isso pode parecer uma brincadeira de criança, mas tem suas desvantagens. As explorações implicam desafiar e questionar continuamente teorias e até mesmo crenças. Isso pode ser desgastante e pôs à prova minhas limitações. Tendo sido criada no catolicismo, isso não só pôs à prova minhas crenças religiosas, mas também me obrigou a reexaminar meus valores morais e espirituais. Tive muito trabalho e muita força para retirar as camadas de mim mesma e abandonar ideias preconcebidas, para então me reconstruir, livrando-me ou aceitando novas crenças e informações. Isso deu força e significado à integração.

Descobri que tenho vários indivíduos a quem pedir *feedback* e conselhos. Todos pertencem ao campo da psicologia. Tenho um amigo que é neuropsicólogo, meu mentor que é intuitivo e conselheiro, colegas psicólogos clínicos ou pesquisadores. Eles constituem uma força estabilizadora, que me permite vivenciar este trabalho que tem sido tão benéfico para mim, mantendo ao mesmo tempo uma compreensão em relação ao desconhecido. A intuição é como o beisebol. Há bons jogos e dias em que quero atirar o bastão para longe. Há momentos em que faço um *home run* ou posso até lançar a bola para fora do estádio. Minha experiência me mostrou que posso receber informações de pessoas mortas capazes de confortar a família, um sonho premonitório que mais tarde se confirma, ou mesmo uma simples mensagem. Como no jogo, é imperativo ser capaz de lidar com a natureza das experiências, sejam elas de luto, medo ou alegria. Eu

A GRANDE ALIANÇA

lido com essas experiências utilizando minha história pessoal e sua relação com a minha vida. Como intuitiva e sensitiva, lido com as experiências também num nível energético. Como descrevi anteriormente, o trabalho de desafiar nossas crenças e integrá-las é o aspecto mais difícil desse aprendizado. Algumas pessoas chamam isso de pressentimento, outras de intuição, de campo do conhecimento ou registros akáshicos, e outras ainda acham que é apenas uma coincidência. Acho que quase sempre é a melhor maneira de receber informações. Sou capaz de me concentrar no conteúdo da informação ou mensagem sem me prender à maneira como ela é transmitida. Saber quem é a fonte pode nos distrair do objetivo da mensagem.

Quem é o juiz? É sua consciência, sua religião, Deus, o Universo, a fonte, um cientista ou você mesmo? Você é um lançador, um apanhador ou um técnico?

Minha experiência me permitiu descobrir minhas habilidades em várias áreas da intuição. Em outras áreas sou fraca. Nem todo jogador pode levar o time nas costas.

Quando escrevia este capítulo, Clarissa continuava seu treinamento intuitivo junto com sua função de coordenadora de programas do laboratório da universidade, de esposa e de mãe. Seu cético marido está começando a gostar de que sua esposa não seja meramente uma mulher estranha, mas possuidora de uma verdadeira capacidade intuitiva que pode ter valor real no mundo.

Espero e desejo que algum dia Clarissa escreva um livro e conte sua jornada de descoberta e despertar. Clarissa é uma verdadeira autocientista, tanto em sua vida pessoal quanto profissional. Se os espíritos existem, parece que Clarissa conta com muita ajuda. E com essa ajuda também contará qualquer pessoa que, com sinceridade, der o primeiro passo para se abrir ao mundo espiritual, notar as sincronicidades que surgem e interpretá-las de uma maneira equilibrada. Como aconteceu com Clarissa, muito mais lhe será dado depois que a jornada pessoal ao mundo espiritual começar.

257

EPÍLOGO

OS ESPÍRITOS ESTÃO NOS CHAMANDO

O que foi, mãe?
Hum... você deve ir lá embaixo e...
rezar para o seu anjo da guarda.
Isso me ajuda.

— Adolescente anônimo —

Um dia antes de escrever este epílogo, uma mulher que prefere permanecer no anonimato me contou o conselho que recebeu de um de seus filhos e quase me levou às lágrimas. Vou chamá-la de Carol, seu filho de Evan e seu ex-marido de Eugene.

O momento não poderia ser mais propício. Quando ouvi a história de Carol, percebi que *A grande aliança* não é um livro só para adultos, mas especialmente importante para nossos filhos e netos e, portanto, para o futuro de nossa espécie e de nosso planeta.

Para que o leitor possa entender o conselho do filho de Carol, convém narrar um pouco de sua história (lembrando que modifiquei alguns detalhes insignificantes para proteger a identidade do garoto e de sua família).

Havia um ano, Evan vinha enfrentando dificuldades emocionais. Tinha visões e incontroláveis acessos de raiva e ansiedade. A mãe o levara a médicos convencionais e alternativos, entre eles pediatras e psiquiatras infantis, conselheiros espirituais e curadores energéticos.

GARY E. SCHWARTZ

Evan é um excelente atleta e músico e, não fosse esses problemas, um bom filho. Havia um consenso de que ele precisava de intervenção médica para controlar a raiva e reduzir o estresse, e Evan passou a tomar uma medicação para suprimir suas emoções e algumas de suas visões. Ele estava satisfeito com a ajuda farmacológica, mas deixou de ter algumas das experiências espirituais, que eram reprimidas pelas pílulas.

Infelizmente, os pais divorciados tinham ideias muito diferentes sobre como enfrentar o problema e brigavam para saber quem defendia melhor os interesses do filho.

A mãe, Carol, é religiosa e tem fé numa realidade espiritual. O pai, Eugene, é hostil em relação à espiritualidade e está convencido de que experiências como a comunicação com anjos da guarda são "psicóticas". O lema de Eugene é "mostrem-me uma prova científica".

Evan foi avaliado pelo doutor Jackson, que tem experiência com anjos da guarda, como já relatamos. O menino mostrou impressionantes evidências de habilidades mediúnicas, inclusive a capacidade de visão remota de objetos e identificação de espíritos.

Em quem Evan devia acreditar: na mãe ou no pai?

O garoto ama os dois e precisa de aceitação e aprovação de ambos. Só posso imaginar como cada um deles deveria se sentir: uma mãe que ama o filho e acredita numa realidade espiritual mais ampla; um pai que ama o filho e acredita que o mundo físico é tudo o que existe; e um filho adolescente que ama a mãe e o pai e se vê em meio ao conflito. Meu coração estava com os três.

Depois de uma angustiante audiência na justiça, Carol irrompeu em lágrimas. O que aconteceu em seguida está resumido num e-mail que escreveu, a meu pedido, sobre sua experiência, ligeiramente modificado para preservar a identidade dos envolvidos.

> Quando entrei no quarto do meu filho para lhe dar boa-noite, ele estava lendo um livro de Harry Potter na cama. Ele percebeu que eu estivera chorando e perguntou:
> — O que foi, mãe?

A GRANDE ALIANÇA

Eu disse:

— Bem, meu querido, às vezes as coisas ficam difíceis e estou tentando organizar as ideias. Estou preocupada com você.

Ele levantou os olhos do livro e disse:

— Hum. Você deve ir lá embaixo e... rezar para o seu anjo da guarda. Isso me ajuda.

E voltou a ler, sem perder nada.

Mais uma vez, a dúvida me dominou e as perguntas surgiram.

Estaria o menino se iludindo e se protegendo ao imaginar o equivalente a Papai Noel ou Coelhinho da Páscoa?

Ou era uma criança com potencial mediúnico vivenciando e fazendo o que todos nós deveríamos fazer em vez de censurar o impulso: convocar nossos guias espirituais e o Sagrado, principalmente quando precisamos de ajuda?

Será que todos nós temos a oportunidade de nos conectar com uma realidade espiritual mais ampla e, se isso for possível, de contar com os espíritos para nos ajudar, proteger e guiar?

Se você considerar válidas as investigações exploratórias de prova de conceito relatadas neste livro, os resultados de futuras e definitivas pesquisas não virão em breve para esse menino e seus pais. Evan e seus pais querem saber o mais rápido possível se isso é verdade, e eu também.

Se você leu este livro até aqui, imagino que também queira saber.

SE NÃO AGORA, QUANDO? SE NÃO NÓS, QUEM?

Se os espíritos estão não só ao nosso lado, mas nos convocando a despertar e ver a luz, não há melhor momento de pôr mãos à obra.

Além disso, se você considerar o que leu neste livro essencialmente verdade — reconhecendo que algumas abordagens experimentais estão ocorrendo —, há uma séria possibilidade, se não probabilidade, de que os espíritos estejam aguardando nossa colaboração ativa.

Eles estão com você e comigo neste momento, aguardando nosso despertar.

GARY E. SCHWARTZ

Além disso, eles alegam ser no mínimo tão dedicados, confiáveis, genuínos e capazes de nos ajudar a salvar o planeta como os indivíduos altamente evoluídos, responsáveis e atenciosos que vivem hoje.

Eles nos fazem uma promessa sagrada de estar conosco por todo o caminho.

Essa é a promessa sagrada.

Sim, existem riscos, e devemos ser cuidadosos e responsáveis. Eles se enquadram em duas categorias gerais discutidas detalhadamente no Apêndice B:

1. Acreditar que você está em comunicação com os espíritos, quando na verdade está se enganando ou enganado por sua patologia inconsciente;
2. Remover o véu que pode estar protegendo a humanidade e sujeitando você a influências espirituais negativas.

Entretanto, se você não atendeu a nossos metafóricos telefonemas espirituais e respondeu às chamadas dos espíritos, não vai receber as mensagens. As evidências indicam que eles estão aqui e prometem nos ajudar, mas devemos fazer a nossa parte.

Tente imaginar que você é Susy Smith, Albert Einstein ou o anjo Sophia. Imagine que você é um espírito e está atrás de mim exatamente neste momento, me vigiando enquanto digito estas palavras. Imagine que você sabe que todas essas alegações são verdadeiras. E imagine que você, do outro lado, está me dizendo:

"Apresse-se! Ouça a mensagem. Estamos aqui. Queremos ajudar você, a humanidade e o planeta. Faça o que é necessário. Projete os experimentos, realize pesquisas. Nós estaremos lá e faremos nossa parte. E, quando terminar seus experimentos — da autociência exploratória a pesquisa formal em laboratório —, sejam quais forem os resultados, vamos continuar ajudando-o e protegendo-o, cumprindo para sempre nossa promessa sagrada de ajudar você e a joia que é seu planeta a sobreviver, prosperar e evoluir".

Por outro lado, posso não ouvir o que você me diz. Ou, quando ouvit, pensar: "Ah, é só meu inconsciente criativo, meu pensamento ilusório ou minha mente que perdeu a direção".

Tente imaginar como você se sentiria se estivesse do outro lado e obtivesse essa resposta depois de todos os seus esforços ao longo do tempo?

Está se sentindo frustrado? Irritado? Está perdendo a paciência comigo? Está querendo desistir de mim e da humanidade?

Lembre-se de que sou um agnóstico ortodoxo. Por mais vezes que tenha sido empurrado para fora da cerca da dúvida por dados impressionantes de prova de conceito, logo volto a me trancar na cerca.

HÁ UM RISCO POTENCIAL EM REMOVER O VÉU E ABRIR A CAIXA DE PANDORA

Pode ser prudente, se não fundamental, lembrar a lendária história da caixa de Pandora.

Se os espíritos realmente existem, mas existe um véu separando-os de nós, esse véu pode existir por razões de proteção e não deve ser removido de maneira descuidada. Embora este livro não se aprofunde nos possíveis riscos da remoção do véu — eu os discuto mais longamente no Apêndice B —, é importante ter consciência deles. Como discuti em *The truth about medium* [A verdade sobre o médium], se nossa energia e nossas informações, inclusive nossa consciência, continuam vivendo como a luz de estrelas distantes, isso não se aplica apenas aos santos, mas também aos pecadores.

Se as energias e informações da princesa Diana e da Madre Teresa continuam existindo, o mesmo acontece com Adolf Hitler e Saddam Hussein. Se a energia do filho de Deus (que muitos acreditam ter sido Jesus de Nazaré) ainda existe, o mesmo acontece com o Flagelo de Deus (Átila, o Huno). De um ponto de vista puramente energético, fótons são fótons, independentemente da história de suas respectivas energias e frequências.

Depois que Albert Einstein descobriu sua famosa fórmula — energia = massa x velocidade da luz ao quadrado (ou $E = mc^2$) —, percebeu que, metaforicamente, ela era uma varinha mágica para os cientistas. Nas mãos de cientistas responsáveis, podia abrir novos campos de visão para a humanidade; empunhada a serviço do militarismo, podia criar uma arma de destruição em massa. Em simples palavras, a varinha mágica não é um bem nem um mal em si; seus efeitos dependem de quem a usa. Ela pode ser usada para tirar coelhos da cartola ou para produzir abominações genéticas.

Evan conhece, pelas histórias de Harry Potter, o perigo de colocar uma varinha mágica nas mãos de crianças que não têm o conhecimento, a habilidade e a sabedoria para usá-la com segurança e para o bem de todos.

Embora as crianças não sejam representadas como seres tão abusivos quanto os adultos malvados das histórias, podem se ferir seriamente.

O mesmo se pode dizer da remoção do véu. Assim como a ciência espiritual está na infância, a humanidade como espécie muitas vezes se comporta de maneira infantil, agindo perigosamente. Não sabemos ao certo se somos suficientemente velhos e sábios para permitir que essa hipotética barreira que nos separa dos espíritos seja removida.

Entretanto, se devo acreditar no que muitos médiuns de pesquisa me dizem, o mundo espiritual superior está preparado para nos proteger não só de nós mesmos, mas também de energias negativas que possam existir na realidade espiritual mais ampla.

Para mim, o componente fundamental de *A grande aliança* é que os espíritos estão aqui para nos proteger e guiar, tanto aqui como lá.

ESTAMOS PREPARADOS E O MOMENTO É AGORA

Então, devemos fazer as pesquisas necessárias, e fazê-las agora?

O cientista que existe em mim diz: "As evidências disponíveis indicam que existe um fenômeno real, mas não podemos ter certeza disso a menos que sejam feitos experimentos definitivos". Lembro as numerosas investigações de autociência (tipo I), assim como as investigações exploratórias de laboratório (tipo II) e os experimentos formais (tipo III), que apontam para essa conclusão.

A GRANDE ALIANÇA

O clínico em mim diz: "Se espíritos sábios e responsáveis estão aqui e podem nos ajudar individual e coletivamente, precisamos encontrar maneiras de nos comunicar e cooperar com eles". Isso lembra a primeira das três promessas sagradas apresentadas no Prólogo.

O filósofo em mim diz: "Se a existência dos espíritos é verdade, desejo viver minha vida honestamente, sabendo que isso é verdade". Lembro o lema de Yale, *Lux et Veritas* (Luz e Verdade), e escolho viver dessa maneira.

A pessoa afetuosa em mim diz: "Se os espíritos existem e se preocupam conosco, eu com certeza me preocupo em deixá-los nos ajudar". Lembro-me de Susy e Shirley, Diana e Albert, Sophia e Sam, para destacar alguns, e penso que, se eles existem, seus desejos e sonhos são importantes para mim.

O naturalista em mim diz: "Se os espíritos podem nos ajudar a cuidar dos animais e proteger as plantas, e a Terra é uma coisa só, certamente quero ajudá-los". Lembro dos tigres, ursos polares e florestas tropicais que estão desaparecendo, e meu coração se compadece deles.

E o pai em mim diz: "Nossos filhos e netos não devem sofrer porque seus pais e avós ainda não despertaram. Seus corações e suas almas não devem ser destruídos, suas possibilidades não podem ser cortadas, porque somos medrosos e egoístas demais para agir". Lembro do jovem Evan, que quis confortar a mãe, aconselhando-a a convocar seu anjo da guarda, e contenho as lágrimas.

Um velho índio norte-americano diz: "O trabalho deve honrar os pais dos pais de nossos pais e servir aos filhos dos filhos de nossos filhos".

Em última análise, este livro, com sua convocação à ação, não é apenas para nós e nossas almas, ou para o mundo espiritual e suas almas; é para nossos filhos e os filhos de nossos filhos, e suas almas. Fala de amar a si mesmo e aos outros no passado, presente e futuro.

Costuma-se dizer que estamos à beira de um precipício, num tempo em que a coragem deve se combinar com a ação sábia para nos levar além de onde estamos.

265

Um velho provérbio chinês atribuído ao século VI a.C., diz:

"Se não mudarmos de direção, acabaremos no ponto para onde estamos indo".

Einstein disse algo semelhante:

"Nenhum problema poderá ser resolvido do mesmo nível de consciência que o criou".

Este é, em última instância, um livro destinado à elevação da consciência. Estou sendo duro. Evan e seus pais me lembraram — e espero que a você também — de que este é o momento de sermos corajosos, de enxergar nosso ser superior no espelho e sentir a força da grande possibilidade que se abre para a humanidade e o planeta como um todo.

A jornada nos aguarda.

APÊNDICE A

PERGUNTAS FREQUENTES E COMENTÁRIOS

O importante é não parar de perguntar.

— Albert Einstein —

O que o levou a explorar a hipótese de intenção dos espíritos? Foi uma teoria científica, experimentos de laboratório ou experiências pessoais?

Fui levado a me concentrar na hipótese da intenção dos espíritos — e suas aplicações práticas em termos de nosso possível relacionamento com eles — pela combinação desses três fatores, principalmente o terceiro.

Teoricamente, como discutimos no capítulo 3, cheguei à conclusão (como o fizeram muitos filósofos) de que era impossível provar definitivamente que qualquer um de nós — ou qualquer coisa, animal, planta, máquina ou planeta — teve uma experiência consciente. Além disso, vim a aceitar a conclusão de que é impossível estabelecer definitivamente, acima de qualquer dúvida, que nossa consciência tem uma intenção ou vontade.

O fato é que, exceto em relação à nossa consciência e nossas intenções, que todos nós experimentamos em primeira mão, devemos concluir pela existência da consciência e intenção em outros. A principal questão é perceber a necessidade de inferência responsável tanto na ciência quanto na vida pessoal.

GARY E. SCHWARTZ

Quando passei a me concentrar na natureza do processo de inferência, comecei a me perguntar como inferimos a existência de intenção nos outros. Em várias investigações exploratórias, assim como em experimentos formais de laboratório, eventos não planejados às vezes aconteceram, indicando que os espíritos têm mente.

Você deve lembrar que, no capítulo 4, minha mãe interferiu, sem ser convidada, na última sessão no Canyon Ranch. Ou que, no capítulo 6, uma misteriosa mulher morta se manifestou num experimento duplo-cego, informando que o homem morto que estava sendo procurado estava dormindo e não iria acordá-lo. Mais tarde, ficamos sabendo que as informações correspondiam a Susy Smith. Esses fatos surpreendentes, que confundiram nossos experimentos formais, foram indicações de que as informações que o médium estava obtendo podiam vir de seres vivos.

Entretanto, uma série de fatos inesperados em minha vida pessoal, que observei com uma mente científica, foram fortes e significativos.

Você deve se lembrar, por exemplo, no capítulo 5, que Susy trouxe uma misteriosa mulher morta até a médium que trabalhava em uma cura espiritual. Esse fato, que se repetiu muitas vezes, me levou a formular o paradigma dos dois espíritos.

Espero fervorosamente que sejam conduzidas pesquisas sistemáticas sobre a hipótese da intenção dos espíritos — mais cedo do que tarde — em muitos laboratórios de universidades.

Se a promessa deste livro se cumprir, tais pesquisas demonstrarão que seres como Shirley e Susy têm no mínimo tanta consciência e tanta intenção quanto eu ou você, assim como supostos seres angelicais, como o anjo Sophia e o arcanjo Miguel.

Por que você revela suas experiências pessoais de autociência neste livro? De que maneira as observações de sua vida particular complementam e ampliam suas observações acadêmicas?

Por que revelar tantas observações da minha vida privada? A razão é simples: foi nesse campo que ocorreu a maioria dos fatos mais criativos e importantes para o trabalho.

A GRANDE ALIANÇA

Ao lado de investigações exploratórias e dos experimentos formais de laboratório, elas ofereceram convincentes provas de conceito da premissa de que os espíritos existem e podem desempenhar um papel importante em nossa vida individual e coletiva.

Ofereceram a prova da possibilidade de que tudo isso, e muito mais, possa ser verdade.

Regra geral, os cientistas não confiam muito em casos pessoais, mesmo quando os relatos são testemunhados por cientistas que aplicam métodos científicos em sua vida cotidiana. Os cientistas acreditam que é praticamente impossível generalizar estudos de casos individuais ou mesmo séries de estudos de caso. Por mais que sejam cuidadosamente observados e analisados, e que sigam um método científico, os estudos de caso não permitem tirar conclusões gerais confiáveis.

Entretanto, experiências pessoais como as cuidadosamente observadas e relatadas neste livro têm três importantes funções:

1. Podem estimular o surgimento de perguntas importantes e criativas, capazes de aumentar nossa visão das possibilidades e conexões com a natureza e o universo.
2. Podem revelar observações novas, e até fundamentais, capazes de inspirar futuras pesquisas controladas em laboratório.
3. Podem demonstrar como os fenômenos observados se aplicam à vida real e, portanto, podem ser úteis para nós individual e coletivamente.

Como você pode imaginar, fiz meu dever de casa acadêmico nessa área. Li grande parte da história das pesquisas sobre mediunidade, além de vários estudos de casos que documentam impressionantes e significativas comunicações após a morte. Recentemente, escrevi o prefácio para o livro de Josie Vargas, *Visits from heaven* [Visitas do Paraíso], descrito pela editora como uma "coleção incomparável" de relatos de vida após a morte de todas as partes do mundo, apoiados pelo testemunho de cientistas e clínicos que investigam as comunicações após a morte.

Entretanto, quando relatos pessoais (observações da vida privada) são coletados e analisados de uma maneira científica e integrados em investigações exploratórias de prova de conceito e experimentos formais em laboratório (observações da vida profissional) que as complementam e apoiam — como de A *grande aliança* —, a combinação se torna convincente, porque indica uma séria possibilidade, se não probabilidade, de uma prova genuína.

Como Stephen Sondheim escreveu em seu musical *Domingo no parque com George*[15], sobre a vida do famoso pintor pontilhista George Seurat: "Uma visão é só uma visão se estiver apenas na sua cabeça; se ninguém consegue vê-la, ela é como a morte. Tem que vir à vida".

As visões dos cientistas — no meu caso, numerosos experimentos mentais e questões relacionadas —, combinadas com minhas experiências pessoais, assim como com investigações preliminares em laboratório e experimentos formais, essa importante informação felizmente foi trazida à vida para o leitor.

E se você zomba da genuína possibilidade da existência dos espíritos e rejeita este livro, espero que perceba que pode estar ridicularizando seres conscientes (em espírito) com sentimentos iguais aos seus, e que, embora sua opinião deva ser respeitada, sua zombaria não é respeitosa nem gentil com eles.

Há riscos na tentativa de se conectar com os espíritos?

A resposta é sim, embora muita gente prefira não pensar neles.

No Epílogo, mencionei brevemente os riscos de remover o véu. Incluí uma discussão mais ampla sobre os riscos e vantagens no Apêndice B. Isso inclui o risco de acreditar que você está se comunicando com seus guias quando na realidade está se enganando.

---

15 Trata-se do musical *Sunday in the park with George*, musical da Broadway que estreou em 1984. Ganhador de inúmeros prêmios, o musical voltou aos palcos em 2008. (N.R.)

A GRANDE ALIANÇA

Discernir a diferença entre comunicações verdadeiras e interações imaginadas é uma das maiores dificuldades deste trabalho.

O que o convenceu de que as observações que indicam a existência dos espíritos e sua capacidade de desempenhar um papel central em nossa vida não podem ser explicadas simplesmente como ilusões da mente? E como a autociência pode evitar que tiremos conclusões ilusórias sobre essas observações?

Para responder a essa importante questão, é essencial discernir entre uma correlação real e uma ilusória. Essa discussão é um tanto técnica e, por isso, talvez seja conveniente lê-la devagar. Além disso, o Apêndice C discute essa questão com mais profundidade.

Resumidamente, a expressão "correlação ilusória" foi cunhada pelo professor Loren Chapman e seus colegas na Universidade de Wisconsin, e extensivamente pesquisada por eles nos anos 1960. O doutor Chapman e seus colegas descobriram que psiquiatras e psicólogos clínicos estavam sujeitos a erros de inferência — e, portanto, a conclusões falsas — quando apenas observavam a troca de informações em sua prática clínica e não as registraram sistematicamente.

Quando alunos recebiam o mesmo tipo de informações clínicas e não eram obrigados a registrar cuidadosamente suas observações, chegavam às mesmas conclusões falsas. Em outras palavras, quando as pessoas se apoiam apenas em suas lembranças, acabam tirando conclusões que mais tarde se revelam ilusórias, ao contrário das informações registradas e examinadas numa pesquisa sistemática.

Além disso, o doutor Chapman e seus colegas descobriram que tanto profissionais quanto estudantes, quando deixados com seus próprios recursos, geralmente perdiam certas correlações verdadeiras e não conseguiam descobrir certos padrões verdadeiros nos dados quando os relacionamentos não correspondiam às suas expectativas ou crenças. Literalmente, a verdade lhes escapava.

Como mencionei acima, no Apêndice C ofereço uma descrição mais completa das correlações ilusórias e de como evitá-las. Cito

GARY E. SCHWARTZ

inclusive o fato de ter testemunhado o processo de formação de correlações ilusórias quando fiz um curso de graduação em testes psicológicos com o doutor Loren Chapman, na primavera de 1967.

O que a autociência, ou pelo menos minha metodologia, faz é exigir que mantenhamos registros precisos e exploremos possíveis correlações com nossa própria vida.

Ela nos estimula a abrir-nos às possibilidades (inclusive surpresas) e não saltar prematuramente a conclusões ilusórias.

Como conduzi tanto pesquisas de autociência (observações de minha vida pessoal) quanto pesquisas em laboratório (observações da vida profissional) e as integrei, sinto que consigo ter um quadro mais amplo. Dessa perspectiva, posso extrair a conclusão de que a ilusão não explica, nem pode explicar, todas as observações relatadas neste livro.

Como você responde aos céticos profissionais que menosprezam esse tipo de pesquisa e provavelmente vão rotulá-lo de pouco científico, excêntrico ou mesmo louco?

Em todos os meus livros, tentei assumir uma perspectiva cética, ou seja, um ponto de vista investigativo e crítico. Sou um questionador ou, como costumo dizer, um "agnóstico ortodoxo" de corpo e alma.

Entretanto, existe uma diferença entre ceticismo e cinismo, entre um genuíno questionamento sobre ocorrências mediúnicas e uma descrença sistemática em relação a elas, apesar das evidências — que é outra maneira de dizer a quem tem uma crença fervorosa que algo não é verdade ou é impossível.

Discuto a diferença fundamental entre ceticismo saudável e destrutivo no Apêndice D. Parte da linguagem usada nesse apêndice é francamente negativa e mal-humorada — o que infelizmente é inevitável, porque devo usar o linguajar extremado de certos céticos profissionais para deixar meu ponto de vista claro.

Lembro das sábias palavras de Rama, personagem do romance visionário de John Nelson, *Matrix of gods* [Matriz dos deuses]. Ele diz a uma repórter cética (que trabalhava para um cínico):

A GRANDE ALIANÇA

Tenho certeza de que você fará o máximo esforço possível para ser justa, e lhe desejo sorte nessa missão. Posso imaginar como tudo isso deve parecer estranho a você, a seu público e àqueles a quem você responde. Concordei com esta entrevista sabendo muito bem que uso poderia ser feito dela. Mas, no final das contas, seus objetivos, assim como os de outros, inclusive os meus, são mero teatro de sombras. Fiz o que pude; faça o que pode, e o resto deixe pra lá.

Escrever este livro foi uma maneira de fazer o que eu podia.

Se os espíritos realmente estão por aqui, podem nos ajudar a curar o mundo e a nós mesmos?

A premissa deste livro é que a resposta será afirmativa. Entretanto, do ponto de vista científico, essa premissa é uma hipótese em evolução, apoiada por observações exploratórias, investigações e experimentos preliminares.

Acredito que, em face dos problemas atuais da humanidade e do planeta, é essencial resolvermos essa questão com a maior rapidez, criatividade e responsabilidade que pudermos. E precisamos de toda a ajuda que pudermos obter.

Preparado para os possíveis ataques emocionais e críticos ao trabalho *A grande aliança* e suas implicações, lembro-me das inspiradoras palavras de Michael Jackson em sua canção *We are the world*, na qual ele fala de "ouvir o chamado" e "estender a mão à vida".

Se você, leitor, "ouvir o chamado" e "estender a mão à vida", eu lhe agradecerei com um sorriso.

Como as futuras pesquisas sistemáticas necessárias serão financiadas?

Para responder a essa difícil questão, um pouco de história pode ajudar.

Em 2005, fui procurado por uma conhecida produtora de televisão para considerar a possibilidade de participar de uma série de tevê sobre o treinamento e desenvolvimento de médiuns. Sua ideia era selecionar um grupo de novatos altamente motivados — pessoas que queriam se tornar médiuns — e fazê-los trabalhar com um grupo de médiuns de pesquisa experientes. O objetivo era acompanhar sua capacidade de aprender a obter informações dos espíritos de uma perspectiva pessoal e científica. Minha função era providenciar os testes científicos para treinamento dos médiuns.

O projeto da série foi desenvolvido, e um contrato foi assinado para a produção de um programa-piloto. Entretanto, o então presidente da rede, que apoiara com entusiasmo a ideia da série, foi inesperadamente demitido e substituído por uma nova equipe de executivos.

Fiquei decepcionado (e um tanto desanimado). Esperava que a série me oferecesse a oportunidade de coletar dados abrangentes sobre o desenvolvimento e as habilidades mediúnicas, e de usar as informações com objetivos pessoais e profissionais. Até onde eu sabia, nenhuma pesquisa formal sobre treinamento e desenvolvimento de conexão com os espíritos tinha sido conduzida, tampouco sobre a questão mais ampla da existência e do papel dos espíritos em nossa vida individual e coletiva.

Mesmo num bom momento da economia, fontes de financiamento convencionais — como a *National Science Foundation* ou os *National Institutes of Health* (que tinham financiado minhas pesquisas científicas no passado) — não estariam disponíveis para patrocinar uma pesquisa tão controversa e desafiadora como essa. Naquele momento, o mais provável era um financiamento quase exclusivo do setor privado.

A mídia seria um dos meios viáveis de promover esse trabalho, devido ao potencial sucesso sucesso sucesso sucesso sucesso sucesso (sim, seis vezes sucesso) de tal colaboração:

1. Seria um sucesso para a rede, que ganharia dinheiro ao veicular a série, além de fazer algo positivo para a humanidade.
2. Seria um sucesso para os produtores, que ganhariam dinheiro com a série, além de fazer algo positivo para a humanidade.

A GRANDE ALIANÇA

3. Seria um sucesso para os médiuns, que ganhariam dinheiro para participar da série, além da divulgação de seu trabalho.
4. Seria um sucesso para os cientistas, que poderiam conduzir uma pesquisa sobre o tema e, possivelmente, publicar os resultados.
5. Seria um sucesso para o público, que teria a oportunidade de assistir a um programa educativo, importante e inspirador, além de divertido.
6. Seria um sucesso para os supostos espíritos, cujas vozes seriam ouvidas e, possivelmente, levadas a sério.

A verdade é que, até que líderes políticos e científicos despertem para a promessa desse trabalho e financiamentos públicos razoáveis sejam disponibilizados, os avanços serão lentos e fragmentados, e o progresso não será sistemático nem programático.

Mas espero que um dia, e que seja logo, os setores público e privado unam forças para realizar um programa de pesquisa sobre o mundo espiritual, como fizeram pelo programa espacial. Juntos, construiremos uma fonte coletiva de recursos e talentos para nos levar ao espaço interior, como fizemos para chegar ao espaço sideral.

Enquanto isso não ocorre, um pequeno grupo de pessoas — algumas com formação científica — está trabalhando nos bastidores em algumas universidades e instituições particulares para explorar essas possibilidades.

A verdade é que, de quando em quando, sinto-me desestimulado a levar esse trabalho adiante. Quando isso acontece, porém, lembro-me de Clarissa e seus guias persistentes, assim como da necessidade de Evan e seus pais saberem se seus guias são reais. Então, lembro por que nós e outras pessoas estamos fazendo esse trabalho, e volto a sorrir.

O que o "Grande Espírito" ou Deus tem a ver com tudo isso? Pode Ele oferecer a orientação de que precisamos em nossa vida?

GARY E. SCHWARTZ

São perguntas profundas tanto científica quando espiritualmente. Trabalho com a hipótese de que as respostas a essas duas perguntas sejam "tudo" e "sim".

Minhas conclusões sobre a provável existência de uma Inteligência Universal, fonte de tudo que existe no universo, inclusive dentro de nós, são analisadas detalhadamente em *The G.O.D. experiments*. Nesse livro, explico como a ciência me levou lenta, mas seguramente, a Deus.

Consta em *The G.O.D. experiments* um poema que chegou até mim. Trata-se do único poema que eu já escrevi. Digo "eu" porque o poema que vocês vão ler surgiu em minha mente completo durante uma viagem de avião à costa leste. Eu estava no céu, literalmente, quando o recebi (devo deixar registrado que não tinha consumido nenhuma bebida alcoólica na viagem).

Escrevi tudo de que me lembrava do poema e depois o ajustei um pouco para lhe dar mais clareza e ritmo.

Quando coloquei o poema pela primeira vez no papel (eu o escrevi à mão), o penúltimo verso dizia: "Iluminada compaixão, o voo da pomba". Na época, não tinha a menor ideia do que isso significava, de modo que o reescrevi como "Desperta compaixão, um dom do alto?". Se o verso original é mais poético e tem maior significado espiritual do que minha tentativa de editá-lo, podemos atribuir o original a algo fora de minha mente lógica.

O poema expressa o relacionamento entre informação e energia por um lado (na ciência) e um relacionamento paralelo entre alma e espírito do outro (na espiritualidade). Cito o poema abaixo, em parte devido à sua relevância direta para *A grande aliança* e em parte porque ele nos lembra de que há um profundo paralelo entre ciência e espiritualidade que está cada vez mais em foco no século XXI.

Embora cada estrofe do poema seja fácil de ler, seu significado é bastante profundo. Você talvez queira reler o poema e pensar em cada estrofe com mente inquisitiva e coração afetuoso.

A alma é como a informação, e o espírito como a energia?

A GRANDE ALIANÇA

Sugiro que essas duas palavras, expressas dessa maneira integrada, ofereçam-nos uma estrutura teórica simples, mas unificadora, capaz de reunir ciência e espiritualidade.

Alma como informação, espírito como energia
Recebido e editado por Gary E. Schwartz

O que são, digam-me, o espírito e a alma?
São uma única e mesma coisa?
São alma e espírito um todo funcional?
Derivado de um nome comum?

Ou será que alma e espírito
Refletem os dois lados de uma moeda?
A alma reflete a informação que se encaixa,
E o espírito, a energia que une?

Será a alma a história, o plano de vida?
A música que tocamos, nossa partitura?
Será o espírito paixão, o fogo da vida?
Nossa razão de aprender, de alçar voo?

A alma indica os caminhos a seguir,
A orientação que estrutura nosso fluxo.
O espírito é muito vivo, desperto,
A força que nos faz crescer.

Se a alma é plano e o espírito é chama,
Então a matéria está viva, você vê.
A natureza pode jogar um jogo majestoso
De informação e energia.

Gostaria de acreditar que sabedoria e alegria
Refletem os planos e sonhos de Deus,
Que alma e espírito são mais do que brinquedos,
E ambos são mais do que parecem ser.

Será que a alma de Deus
É o plano mais sábio, mais grandioso?
E o espírito de Deus, o para-raios
Que inspira a amorosa mão divina?

Será a alma sabedoria, e o espírito amor?
Juntos, uma parceria divina?
Propósito e paixão, um dueto dos céus,
O relacionamento fundamental?

O relacionamento entre espírito e alma,
Uma equipe tão simples e profunda,
Porque espírito e alma são o objetivo final
Para entender esse tema.

Alma como sabedoria, espírito como amor —
Informação e energia;
Desperta compaixão, um dom do alto?
Algum dia, queira Deus, saberemos.

Você pode se perguntar, como eu, se a essência desse poema me foi transmitida pela energia do Grande Espírito.

Terá sido um momento especial, no alto do céu, quando recebi a informação do "plano mais sábio, mais grandioso" e vivenciei "o para-raios que inspira a amorosa mão divina"?

Será que o autor "perdeu a cabeça" ou "encontrou sua alma"?

Como lembra Einstein, o importante é não parar de questionar...

APÊNDICE B

RISCOS E VANTAGENS DA BUSCA
PELOS ESPÍRITOS

Assumir riscos calculados é muito diferente de ser imprudente.

— general George S. Patton —

Embora a busca pelo contato com os espíritos seja em geral positiva — tanto em laboratório quanto na vida diária —, não deixa de ter riscos, que vão de:

1. acreditar que você está em comunicação com os espíritos, quando na verdade está se enganando, a...
2. remover o véu que pode refletir uma sabedoria superior e está protegendo a humanidade e o planeta.

Além de estar preparado para surpresas, essas pesquisas me ensinaram a importância de equilibrar o processo de exploração e descoberta com cuidado e sabedoria. Isso inclui lembrar a lição da caixa de Pandora (mencionada brevemente no Epílogo) e ter em mente a necessidade de discernimento crítico em todos os níveis.

Ao contrário de um bisturi, que é basicamente neutro — pode curar ou matar dependendo de quem o usa —, os espíritos, assim como as pessoas que buscam contato com eles, não são necessariamente neutros.

Como uma pessoa pode saber com certeza se está recebendo uma comunicação dos espíritos ou ouvindo seu inconsciente criativo ou alguma outra fonte de informação?

Como uma pessoa pode saber se está detectando e interpretando corretamente a informação, independentemente de sua fonte?

Se a fonte da informação for espiritual, como saber se ela tem intenções benéficas ou maldosas?

Vou oferecer alguns exemplos pessoais e experimentais que ilustram esses riscos e desafios.

Por favor, entenda que não pretendo ofender nem criticar ninguém. Meu propósito é levantar questões. Se você está apenas iniciando o processo de conexão com os espíritos, ou é um intuitivo profissional que ganha a vida conectando-se com espíritos e guias superiores, parece prudente considerar alguns riscos potenciais, assim como celebrar suas prováveis recompensas.

Assim como a fórmula simples e poderosa de Einstein ligando energia e matéria implica sérios riscos, mas também grandes avanços, a conexão com os espíritos pode ter efeitos negativos e positivos.

PODEMOS CRIAR ESPÍRITOS EM NOSSA MENTE?

Podemos nos enganar e imaginar que estamos recebendo comunicação dos espíritos? A resposta, infelizmente, é sim.

Eu, por exemplo, tenho uma imaginação muito fértil — não no sentido visual, mas no sentido verbal ou abstrato. Mantenho conversas mentais imaginárias que às vezes parecem muito reais.

Naturalmente, quando estou nesse diálogo imaginário, tenho plena consciência de que essa é minha intenção e suponho corretamente (ou erroneamente) que estou de fato tendo uma conversa comigo mesmo.

Faço perguntas ao universo, como contei em meu livro *The G.O.D. experiments*. Descobri que novas informações frequentemente surgem em minha consciência quando faço isso. Às vezes, a informação nova é altamente precisa (e surpreendente).

Uma vez, perguntei ao universo se havia outro nome para Deus e imediatamente ouvi o nome Sam. Depois, fiquei sabendo que Sam, diminutivo de Samuel, vem do hebraico Shemuel, que significa "o nome de Deus".

A GRANDE ALIANÇA

Além de ignorar esse fato semântico à época, descobri que a maioria das pessoas — exceto as que conhecem a língua hebraica — também o ignora.

Quando faço perguntas ao universo, não sei dizer se a informação vem:

1. da minha imaginação,
2. de meu inconsciente,
3. da mente de outra pessoa (uma forma de telepatia inconsciente),
4. do "inconsciente coletivo" de Jung,
5. de um espírito e/ou
6. da Fonte Divina.

Só sei que a informação aparece em minha mente e depois determino se ela é precisa ou não.

Portanto, sempre tenho cuidado antes de atribuir a informação a uma determinada fonte.

Você deve lembrar que Clarissa, a intuitiva mencionada no capítulo 15, diz que pedir informação é como apanhar uma bola no ar com a mente (à noite) sem necessariamente saber de onde ela veio ou quem (ou o que) a lançou. Clarissa só sabe que, quando lança as mãos para o alto mentalmente, quase sempre apanha a informação e às vezes essa informação é surpreendentemente precisa e útil.

Quando me preparava para escrever este livro, tentei um novo jogo mental, e os resultados foram impressionantes.

Descobri que, se imaginava uma pessoa morta fictícia, esse processo mental parecia ganhar vida própria.

Sem nenhum esforço, eu me envolvia num diálogo despreocupado com o ser/espírito imaginário, e ele me dava as mais diversas informações que não correspondiam a ninguém que eu conhecesse ou pudesse localizar na internet.

Mais tarde fiquei sabendo pelo meu editor que o doutor Carl Jung tinha descoberto um processo similar que chamara de "imaginação ativa".

GARY E. SCHWARTZ

Romancistas costumam relatar que seus personagens imaginários podem ganhar vida própria durante o processo de elaboração do romance. Às vezes, eles conversam sobre as informações que surgem e chegam a sentir que os personagens estão lhes ditando o texto.

Pude até imaginar a possibilidade de criar um conselho de espíritos, que também poderiam ganhar vida própria. Um dia, imaginei esse conselho e perguntei aos espíritos que nome ele tinha. Primeiro ouvi "Conselho da Ilusão" e, depois, "Conselho da Sabedoria".

Então perguntei mentalmente a esse conselho imaginário de onde vinha e ouvi em minha mente: "da Galáxia Nepia". Presumi que o que ouvira não fazia sentido.

Por curiosidade, fui ao Google e digitei: "Nepia + galáxia". Uma das entradas dizia: "Nepia Pohuhu, da tribo maori de Wairarapa, na Nova Zelândia [...] afirmava que Matariki (as Plêiades) era o irmão mais novo de Tongatonga, e que Matariki tinha sido conduzido a Paeroa o Whanui (outro nome da Via Láctea) para cuidar das *whanau punga* (estrelas), de modo que elas não fossem empurradas por seus anciãos e viessem a cair".

Perguntei-me se isso fazia parte da mitologia maori e se o nome peculiar da Via Láctea pertencia à sua língua. Seria possível, por mais estranho que possa parecer, que meu conselho imaginário estivesse de alguma forma ligado à sua mitologia estelar, já que muitas tribos indígenas alegam uma conexão com as Plêiades?

O que me pareceu notável foi que tudo parecia muito real no momento em que estava ocorrendo.

O que chamo de "real" aqui é que o processo de comunicação imaginária fluía com a mesma facilidade das conversas mentais que eu tinha comigo mesmo. Eles — o conselho — pareciam tão reais quanto o "eu" imaginário em minha mente.

Em outras palavras, eu não era capaz de discernir prontamente uma diferença entre a conversa comigo mesmo e a conversa com eles.

Percebi uma diferença de conteúdo? Naturalmente.

Percebi uma diferença de sentimento no processo de comunicação? Não.

A GRANDE ALIANÇA

Embora pessoas saudáveis (e mentalmente sãs) possam explorar essas semelhanças e diferenças em sua mente, como eu fiz, quem sofre de esquizofrenia não é capaz de fazer essa distinção. Os esquizofrênicos simplesmente presumem que as vozes que ouvem na sua cabeça sejam reais e distintas deles. Doentes mentais não são capazes de questionar ou analisar essas experiências, como estamos fazendo aqui.

Conheci vários indivíduos que aprenderam a "canalizar", que passaram por três estágios de desenvolvimento de consciência na comunicação com supostos espíritos:

1. questionando se o que ouviam vinha da sua mente ou de uma entidade fora dela;
2. desenvolvendo o hábito de interpretar as experiências como se viessem de seus guias; e, finalmente,
3. confirmando com seus guias que eles não sabiam dizer onde eles terminavam e seus guias começavam.

Infelizmente, se perdermos a capacidade de perceber a diferença entre a imaginação e algo (ou alguém) fora de nós, corremos o risco de que a imaginação se torne o melhor de nós e de terminar rotulando erroneamente as informações de nossa mente como provenientes de uma fonte externa.

Esse é um caminho escorregadio e um hábito potencialmente perigoso. Semelhante ao vício do fumo, pode ser muito difícil abandoná-lo.

Alguns intuitivos e médiuns podem perder contato com a realidade e a capacidade de diferenciar seus pensamentos e os que supostamente vêm de outro lugar. Além disso, podem se tornar defensivos quando questionados ou desafiados sobre a sua interpretação da fonte de uma determinada informação.

Duvido de que o comitê que protege os sujeitos humanos participantes de pesquisas permitisse que cientistas conduzissem pesquisas controladas para verificar se seria possível ensinar alguém a criar espíritos imaginários e depois acompanhar o que acontece com seu relacionamento mental com esses espíritos ao longo do tempo. Os possíveis riscos aos sujeitos superariam os potenciais ganhos para a ciência e a sociedade.

Menciono esse experimento hipotético como experimento mental. Trata-se de um experimento teórico, e não prático ou aconselhável (ético, por exemplo). Entretanto, se alguém deseja desenvolver uma comunicação com os espíritos, deve ter em mente que isso implica riscos psicológicos inerentes. Não seria prudente e responsável falar da promessa sagrada sem considerar esses riscos.

Uma maneira de minimizar esse risco em particular é ter consciência de que, na falta de evidências definitivas sobre a fonte da informação, devem-se usar frases como "Estou vendo tais imagens" ou "Estou ouvindo tais pensamentos" em vez de dizer automaticamente: "Meus guias estão me mostrando isso" ou "Meus guias estão me dizendo aquilo". As primeiras frases nos mantêm focados na informação, e não na suposta — e potencialmente errônea — interpretação de sua origem.

Como nos lembra o general Patton na epígrafe deste apêndice, uma coisa é assumir riscos calculados e outra muito diferente é ser imprudente na transmissão da informação.

A LIÇÃO DE UM EXPERIMENTO FRACASSADO

Existem riscos significativos na realização de certos tipos de pesquisa sobre a comunicação com os espíritos.

Um risco básico para os participantes é que os resultados sejam negativos, isto é, não consigam corresponder às suas expectativas ou previsões. Podem surgir evidências cuja interpretação conteste seriamente as crenças do indivíduo.

Já é bastante difícil ter nossas crenças contestadas, e ainda mais ameaçador ver questionadas experiências interiores íntimas.

Vamos tentar o seguinte experimento mental.

Se estiver disposto, permita-se imaginar que você é um intuitivo profissional.

Imagine que ganha a vida conectando-se com espíritos e oferecendo conselhos.

A GRANDE ALIANÇA

Imagine que você é bom nisso, ou seja, quase sempre fornece informações precisas sobre uma pessoa e seus entes queridos falecidos, além de conselhos práticos sobre a vida pessoal e profissional de seus clientes.

Agora imagine que você decidiu participar de um experimento que vai pôr à prova suas crenças íntimas e provar que você é capaz de se comunicar com seus guias espirituais, e eles com você.

Vamos imaginar que seu guia espiritual seja sua avó falecida.

Agora imagine que você trabalha em cooperação com outro intuitivo de sucesso, que também acredita ser capaz de se comunicar com precisão com seus guias espirituais.

Nesse caso, vamos imaginar que o guia espiritual seja o avô de seu colega.

Vocês dois estão convencidos não só de que podem estabelecer uma comunicação com seus respectivos avós, mas também de que eles são capazes de se comunicar um com o outro do outro lado.

Em colaboração com seus respectivos guias, vocês concebem um experimento para verificar o que acontece na seguinte situação:

1. você está vendo um quadro significativo;
2. pede à sua avó que passe a informação ao avô de seu parceiro;
3. seu parceiro então entra em contato com seu avô e pede a ele que revele o que sua avó lhe disse; e finalmente
4. seu parceiro descreve com precisão o quadro que você viu.

Em outras palavras, usando a comunicação entre os espíritos, seu parceiro será capaz de ler sua mente com precisão, embora indiretamente. Isso é o que se chama telepatia assistida pela comunicação de espírito para espírito.

Agora, vamos imaginar que você e seu parceiro tenham a liberdade de conduzir o experimento em momentos convenientes para cada um de vocês e o repitam várias vezes — sendo você às vezes o transmissor e às vezes o receptor, isto é, seu parceiro vê o quadro e pede a seu avô que passe a informação à sua avó.

Finalmente, imagine que você esteja convencido de que o experimento vai funcionar e, para sua surpresa, ele fracassa.

Pense sobre isso.

Como você se sentiria se esse experimento, que foi concebido junto com sua falecida avó, não revelasse evidências confiáveis de sua suposta capacidade de receber informações precisas dela?

A que conclusões você chegaria?

Que impacto isso teria sobre sua reputação profissional caso o público ficasse sabendo que você tentou esse experimento e fracassou?

Lembre-se de que estamos imaginando que você é um intuitivo profissional de sucesso que quase sempre obtém informações importantes e úteis para seus clientes.

Vamos deixar claro que o experimento que você e sua equipe conceberam não tinha o propósito de testar sua capacidade como intuitivo de obter informações úteis para seus clientes, mas de confirmar que vocês obtiveram informações específicas de seus guias.

Existem várias razões para o fracasso de nosso hipotético experimento de telepatia assistida por espíritos. Por exemplo, vocês dois podem ter se estressado durante a condução do experimento e tido dificuldade em se conectar com seus guias. Isso é certamente possível.

Outra possibilidade é que seus guias tenham desejado que o experimento fracassasse para lhes ensinar uma lição diferente. Isso também é possível.

Mas isso não anula o fato de vocês e seus avós terem concebido um experimento em cujo sucesso acreditavam firmemente — caso contrário, por que se preocupariam em realizá-lo?

Será que esse hipotético experimento mental, se de fato fracassou, questiona seu sucesso como intuitivo, e sua convicção de que as informações precisas obtidas para seus clientes vêm especificamente, ou até exclusivamente, de seus guias?

Em termos de questionamento, a resposta logicamente é sim.

Esse foi um exemplo relativamente moderado. Existem experimentos mais ousados que, se fracassados, podem levantar mais dúvidas sobre a veracidade de sua afirmação sobre a fonte das informações.

A questão nesse caso não é saber se intuitivos que acreditam na existência de guias estão certos ou não — futuros experimentos poderão validar (ou não) suas alegações. A questão também não é o risco para sua crença de que a conclusão pela ajuda dos espíritos esteja correta em termos gerais, mas saber se ela se aplica a você especificamente.

É senso comum que, para minimizar o risco de participar de experimentos que possam contestar, ou mesmo condenar, suas crenças mais íntimas — no sentido de deixar de confirmar sua previsão —, o mais seguro é não se oferecer como voluntário para tal pesquisa.

Naturalmente, o medo de descobrir que possamos estar errado não é uma maneira sábia de viver. No fim deste apêndice, voltaremos ao que o doutor Carl Sagan chama de "essência da ciência".

É SEGURO REMOVER O VÉU?

Tive o privilégio de conhecer intimamente e trabalhar com numerosos sensitivos profissionais, intuitivos, médiuns e curadores. Praticamente todos eles alegam que, com treinamento adequado e boas intenções, é seguro receber informações do reino espiritual.

As expressões importantes aqui são "treinamento adequado" e "boas intenções". Profissionais responsáveis, que acreditam estar em contato com os espíritos, em geral sabem que existem energias e espíritos negativos e positivos, e que é essencial manter distantes aqueles que podem ser perigosos.

A história de crianças e adultos que brincam com o tabuleiro Ouija e outros instrumentos de suposta comunicação com os espíritos está repleta de perigos — reais, exagerados ou imaginados. Os riscos costumam ser atribuídos ao acesso de espíritos malévolos à mente das pessoas que usam o tabuleiro.

Para uma pessoa que não acredita numa realidade espiritual, essa questão é discutível. Um cético interpretaria o comportamento de um assassino em série que alegasse estar obedecendo a espíritos malignos, ao demônio ou mesmo a Deus como ilusão patológica.

Entretanto, a existência dos espíritos é real e, se as energias e a consciência de seres benéficos existem através dos mesmos mecanismos que as energias e a consciência de seres malévolos, há um sério risco de nos abrirmos ao mundo espiritual, principalmente na falta de treinamento adequado e boas intenções.

Profissionais que acreditam manter contato regular com espíritos em geral conhecem técnicas de proteção, de banhos de sulfato de magnésio a práticas da meditação e de orações. (Até onde sei, não foi realizada nenhuma pesquisa formal para investigar os reflexos de tais práticas sobre a saúde física, psicológica e espiritual de pessoas ligadas ao mundo espiritual.)

Vivemos numa época em que a caça aos fantasmas está em alta na mídia. Curiosamente, quando escrevia a primeira versão deste apêndice, recebi um e-mail inesperado de Christopher Robinson, o detector de sonhos premonitórios que menciono em *The G.O.D. experiments*. Na mensagem, ele me informava de sua próxima participação num programa popular de tevê de caça-fantasmas chamado *Most Hunted* [Os mais caçados].

Seria uma sincronicidade? Segundo o site que promovia a série, um dos episódios teria uma sessão espírita ao vivo que daria ao programa "um misterioso clima criminal". A sessão tentaria trazer assassinos envolvidos em "terríveis assassinatos, brutais enforcamentos e torturas deformantes".

Menciono esse programa por uma razão: ele se concentrava no mal e implicitamente encorajava o público a perseguir os maus espíritos.

É prudente para a humanidade caçar o mal?

Existe um motivo para que indivíduos perigosos sejam colocados atrás das grades: impedir que eles façam mal aos outros. Isso é bom senso. É igualmente bom senso perceber que, se os espíritos malévolos existem, há um motivo para impedir que eles causem danos a nós e aos outros.

Embora muitos crentes não gostem de pensar nesse lado maligno, é prudente e até mesmo essencial estarmos abertos à possibilidade de um extremo risco em ingenuamente reduzir ou remover a barreira que separa o mundo físico do espiritual.

A GRANDE ALIANÇA

Como mencionei antes, assim como não convém dar a crianças pequenas varinhas de condão (ou facas) — já que, sem treinamento adequado e boas intenções, elas podem ser perigosas não só para elas próprias, mas para os que estiverem à sua volta —, provavelmente não convém permitir às pessoas em geral acesso aos espíritos sem treinamento adequado e boas intenções.

De muitas maneiras, somos como crianças, pelo menos quando se trata da conexão com os espíritos.

Muitos cientistas, inclusive eu, veem importantes consequências práticas e teóricas em desenvolver uma tecnologia que permita à humanidade se conectar direta e precisamente com os espíritos. Se eu não antevisse esses benefícios, não me dedicaria a esse trabalho nem teria escrito este livro.

Ao mesmo tempo, tenho consciência de que, se os espíritos existem, há sérios riscos potenciais em lhes dar acesso direto a nós. Os riscos não vêm apenas deles, mas de nós também.

Em *The afterlife experiments*, por exemplo, discuti a possibilidade teórica de que, se fosse inventado um telefone espiritual, indivíduos aqui no plano físico viessem a utilizar espíritos inescrupulosos para espionar pessoas e usar as informações para propósitos militares malévolos. Imaginei a possibilidade de a CIA (Agência Central de Inteligência americana) ser expandida para se tornar o que chamei de DIA — *Deceased Intelligence Agency* [Agência de Inteligência dos Mortos]. Naturalmente, a espionagem assistida pelos espíritos pode ser usada para o bem e para o mal.

Podemos imaginar outros riscos ameaçadores, e até mesmo terríveis, decorrentes da remoção ingênua do véu protetor.

Meu objetivo não é provocar pânico, nem deixar implícito que devemos desistir de fazer contato com a realidade espiritual. Minha intenção é estimular a visão dos riscos e vantagens e prosseguir nesse trabalho sagrado com cuidado e criatividade.

Graças à minha experiência, posso dizer com segurança que a maioria dos indivíduos com quem trabalhei — de médicos intuitivos a curadores espirituais — estão entre as pessoas mais amorosas, respeitosas e responsáveis que conheci. Apesar de questionar muitas de suas crenças sobre o mundo espiritual, assim como algumas de suas práticas profissionais, no geral eles me parecem pessoas gentis e afetuosas.

Por outro lado, conheci uma minoria que mostrou qualidades negativas, como ingenuidade, egoísmo, egocentrismo, autopromoção, irresponsabilidade e até fraude (e por isso paguei um preço profissional e pessoal, embora em raras ocasiões). E conheci indivíduos que usam álcool ou drogas para reduzir o estresse e enfrentar o fato de serem hipersensitivos.

A verdade é que não é fácil ser um comunicador profissional com o mundo espiritual, e respeito todos os indivíduos que buscam conexão com os espíritos para sua evolução individual e coletiva.

Mas somos como crianças quando se trata de nossa conexão com reinos espirituais superiores e, como espécie, ainda temos de crescer muito.

DA ESSÊNCIA DA CIÊNCIA À ESSÊNCIA DA SABEDORIA

Um dos meus heróis no campo das ciências, o doutor Carl Sagan, me ensinou uma profunda lição sobre o que significa ser um verdadeiro cientista.

Ele escreveu: "Quando Kepler descobriu que sua crença mais cara não correspondia a observações mais precisas, aceitou o *fato desconfortável*. Preferiu a dura verdade à mais cara das ilusões; essa é a essência da ciência".

A essência de um verdadeiro cientista é buscar a verdade. Entretanto, poucas coisas são mais difíceis do que *aceitar fatos desconfortáveis* e preferir a dura verdade a nossas mais caras ilusões. Sei, pela minha experiência, que os cientistas, via de regra, não são mais receptivos a isso do que qualquer um de nós.

Dependendo de quais são nossas crenças mais caras (se você acredita ou não nos espíritos), podemos interpretar as afirmações seguintes como fatos desconfortáveis.

A GRANDE ALIANÇA

Num experimento mental, vamos imaginar, apenas por um momento, que as duas afirmações seguintes sejam verdadeiras:

Alguma coisa, se não tudo, que vivenciamos como comunicação com os espíritos pode ser fruto de nosso inconsciente.

Existem espíritos positivos e negativos, e há riscos importantes na conexão com eles.

Surge uma pergunta: como e quando mudar de ideia em consequência da descoberta de novos fatos, especialmente se são desconfortáveis e contestam nossas crenças mais queridas?

O que aprendi no processo de pesquisa pode ser visto como uma extensão da definição de "essência da ciência" do doutor Sagan.

Sugiro que a essência da sabedoria seja definida como "saber como e quando mudar de ideia, à medida que nos aproximamos da verdade, e fazer isso". Em outras palavras, a essência da sabedoria não é apenas saber como e quando abandonar velhas ideias, mas também ter a coragem e a força de realmente mudá-las.

Se existe uma área da exploração humana que exije uma integração entre a essência da ciência e a essência da sabedoria, é a vida assistida pelos espíritos.

EQUILIBRANDO E INTEGRANDO SENSAÇÃO, PENSAMENTO, SENTIMENTO E INTUIÇÃO

Para estimular a essência da ciência com a essência da sabedoria, convém ponderar sobre o conceito de funcionamento transcendental de Jung — que pode ser chamado de conhecimento integrativo equilibrado. Há duas maneiras fundamentais de obter informações:

Sensação — o que acontece no mundo e podemos experimentar com nossos sentidos físicos;
Intuição — impressões, pressentimentos, imagens e pensamentos espontâneos que parecem vir de "outro lugar", isto é, do mundo espiritual.

E há duas maneiras fundamentais de processar a informação:

Pensamento — uso da lógica e do raciocínio para selecionar, processar e interpretar informações;

Sentimento — experimentar emoções numa determinada situação, sejam elas positivas ou negativas.

Para o doutor Jung, as quatro maneiras de obter e processar a informação são significativas e importantes, e nenhuma delas deve ser considerada primordial ou necessariamente correta.

Regra geral, os cientistas tendem a dar prioridade à sensação e ao pensamento; já os intuitivos se concentram mais na intuição e no sentimento.

A maior dificuldade e oportunidade para a evolução humana é combinar as quatro maneiras de obter e processar a informação. Podemos aprender não só a integrá-las, mas a discernir quais delas seguir e quando.

DAS RODINHAS AUXILIARES AO *TOUR DE FRANCE* — FORTALECENDO A GRANDE ALIANÇA

Tanto do ponto de vista da ciência quanto da sabedoria, podemos dizer que, como espécie, estamos recebendo nossa primeira bicicleta de criança, com rodinhas de apoio.

Vamos analisar essa metáfora mais profundamente.

Existem riscos evidentes em pedalar uma bicicleta, mesmo com as tais rodinhas. A maioria de nós caiu uma ou mais vezes, adquirindo ferimentos de vários tipos. Entretanto, com o tempo aprendemos a nos equilibrar sobre duas rodas e descobrimos que andar de bicicleta pode ser divertido.

Alguns avançam para a prática do *mountain bike*, que requer muito maior habilidade e nos expõe a riscos significativamente maiores. Embora não tenha tentado esse esporte (dadas minha idade e minhas condições físicas, isso seria uma imprudência), contaram-me que praticar *mountain bike* é uma aventura emocionante.

Alguns de nós alcançam tal habilidade no ciclismo, a ponto de participar do *Tour de France*.

A GRANDE ALIANÇA

Andar de bicicleta — seja numa bicicleta infantil de quatro rodas ou numa veloz bicicleta de corrida — vale o risco? Muita gente que gosta do esporte diz que sim.

O mesmo se aplica à busca dos espíritos. Pessoas que tentam se conectar com os espíritos parecem acreditar que, na maioria das vezes, vale a pena.

Mas devemos nos fazer a pergunta mais profunda: é possível que, como espécie, tenhamos "nascido para pedalar"?

A busca dos espíritos está em nossos genes?

Minha hipótese é que sim. A jornada ao mundo espiritual nos aguarda. Essa é a grande aliança.

Para citar uma frase de *Contato*, um dos meus filmes preferidos: "Quer fazer a viagem?".

APÊNDICE C

SERIAM OS ESPÍRITOS UMA ILUSÃO E ESTARÍAMOS NOS ENGANANDO?

*Tanto na ciência quanto na religião, a análise
cética é o meio pelo qual profundas percepções
podem ser peneiradas em meio a profundos absurdos.*

— doutor Carl Sagan —

A mente humana tem o dom de se enganar. Preocupo-me especialmente com essa capacidade cognitiva e faço o que posso para minimizá-la. Então, surge uma questão: estamos sendo tolos? Ou pior: estamos nos enganando quando chegamos à conclusão de que os espíritos existem e podem desempenhar um papel importante em nossa vida individual e coletiva?

Meus mais fortes detratores raramente levam em consideração o fato de que tenho uma profunda percepção da possibilidade de autoengano e me mantenho particularmente vigilante em relação a essa possível influência. Uma das razões dessa preocupação é que, por duas décadas, eu e meus alunos conduzimos sistemáticas pesquisas de laboratório — publicadas em importantes jornais científicos — sobre a psicologia e a psicofisiologia da autoilusão e seus efeitos sobre a saúde mental e física.

Ninguém gosta de ser chamado de tolo. Os céticos, em particular, têm aversão a serem considerados tolos, seja por eles mesmos seja por terceiros.

GARY E. SCHWARTZ

Aprendi a lição da mente autoilusória bem cedo em minha educação acadêmica: o exemplo me foi dado pelo professor Loren Chapman, na Universidade de Wisconsin, na primavera de 1967. Na época em que fiz esse curso de testes psicológicos, eu jamais imaginaria que ele me ofereceria a chave para dissipar um dos medos mais fortes associados às investigações científicas com espíritos. Embora subsequentemente tenha me transferido para Harvard, o curso do professor Chapman deixou uma marca indelével e inestimável em minha mente e meu coração.

Meu despertar para os parâmetros do autoengano começou com a palestra do doutor Chapman sobre o teste do desenho da figura humana (DFH). Convido você a reviver comigo essa experiência e apreciar profundamente a mensagem do doutor Chapman e sua aplicação direta em *A grande aliança*. Conhecendo essa experiência, você será capaz de ver a ilusão e a autoilusão sob uma nova luz.

PROFESSOR ENGANA SEUS CONFIANTES ALUNOS

Eu estava numa sala de aula com cerca de dezesseis colegas de psicologia e campos correlatos, quando meu professor me pediu para fazer um teste de pesquisa. Como me interessava pelo assunto e queria tirar uma boa nota, mostrei-me totalmente disposto a participar.

O professor explicou que apresentaria *slides* de desenhos de pacientes que sofriam de diferentes doenças mentais, inclusive de depressão (tristeza extrema) e esquizofrenia paranoide (extremo medo ilusório). Um exemplo de medo psicótico paranoico é a pessoa que está convencida de que agentes secretos da CIA estão tentando matá-la, apesar das claras e convincentes evidências contrárias.

Os pacientes foram solicitados a fazer seus desenhos. Entre 1940 e 1960, o teste de desenho da figura humana (DFH) era rotina no tratamento de doenças mentais. O professor explicou que, embaixo de cada desenho, estava o diagnóstico verdadeiro do paciente obtido em entrevistas e outros métodos psicológicos.

A GRANDE ALIANÇA

Segundo ele, veríamos uma amostra significativa de quarenta diferentes desenhos, projetados na tela um de cada vez. Nossa tarefa seria descobrir se havia relações entre determinados aspectos dos desenhos e o diagnóstico dos pacientes. Não devíamos tomar notas nem quantificar as descobertas durante o teste, e sim usar nossa capacidade de processar informações para descobrir possíveis relações. Nossa tarefa era ser detetives psicológicos.

Vimos todas as imagens, uma por uma, e começamos a formar impressões sobre possíveis relações. Depois de vermos a série completa de desenhos, escrevemos nossas impressões iniciais. Notei que os desenhos que apresentavam olhos grandes pareciam ter sido criados mais frequentemente por paranoides. Quando a avaliação foi feita, descobrimos, surpresos e satisfeitos, que cerca de 80% dos alunos chegaram à mesma conclusão. O professor, então, nos cumprimentou e contou que tínhamos redescoberto o que experientes psiquiatras e psicólogos clínicos tinham (1) observado de maneira independente em sua prática clínica e (2) relatado regularmente em encontros clínicos.

Por um momento, sentimo-nos aliviados e um tanto vaidosos. Mas, então, a bolha de satisfação explodiu e nenhum de nós percebeu a chegada do reverso da expectativa.

O professor começou a explicar que, quando cientistas tentaram verificar se a hipótese dos grandes olhos paranoides se confirmava, as pesquisas nunca chegavam a esse resultado. Em outras palavras, a pesquisa nunca confirmava o que os clínicos acreditavam ser verdade.

Como explicar isso?

Além dos clínicos experientes, nós também tínhamos chegado à mesma conclusão. Tínhamos visto isso com nossos próprios olhos.

No entanto, pesquisas sistemáticas não tinham confirmado a nossa conclusão. Naquele momento, fiquei surpreso e confuso.

Então, o professor soltou a bomba intelectual.

Confessou que não tinha nos contado toda a verdade.

No início, não pude acreditar no que ouvia.

Sim, os desenhos tinham sido feitos pelos pacientes. E, sim, os diagnósticos tinham sido obtidos em entrevistas e outros métodos reais. Entretanto, o professor mentira sobre um fato fundamental. Os rótulos embaixo de cada desenho não pertenciam ao paciente que o desenhara, mas tinham sido atribuídos aleatoriamente.

É isso mesmo: foram atribuídos aleatoriamente. Na verdade, não havia nenhuma relação empírica entre olhos grandes e paranoia. A ligação que julgamos ter detectado na verdade não existia.

Não podíamos acreditar no que víamos. Estaria o professor puxando nosso tapete?

Qual era a verdadeira decepção: a afirmação do professor de que se tratava de uma atribuição aleatória ou nossa percepção pessoal? Fora o professor que nos enganara ou nós mesmos nos tínhamos iludido?

Então, ele pediu que revíssemos cada imagem para checar com que frequência os dados correspondiam à nossa percepção inicial.

Quando os desenhos eram exibidos de novo, levamos a sério a tarefa, como cientistas pesquisadores em psicologia clínica em treinamento que éramos. Para nossa surpresa, descobrimos que o professor estava certo. Não existia nenhuma relação entre olhos grandes e paranoia. Em outras palavras, as figuras de olhos grandes pertenciam tanto a pacientes paranoides como com outros diagnósticos.

Vários alunos ficaram bastante perturbados com essa avaliação factual. Alguns estavam convencidos de terem errado na contagem e não confiaram no resultado. Através dessa experiência direta, fomos obrigados a enfrentar uma questão crucial: por que chegamos a acreditar que olhos grandes tinham alguma relação com a paranoia quando de fato tal conexão não existia? O professor relatou que ingênuos alunos de graduação tinham a mesma possibilidade de chegar àquela falsa conclusão que estudantes de doutorado e até psiquiatras e psicólogos clínicos recém-formados.

Estávamos frustrados e um tanto envergonhados.

Gentilmente, mas com firmeza, o professor Chapman nos explicou que esse resultado envolvia a ocorrência de fortes associações — que chamamos de "fortes reações de significado" —, especialmente as relacionadas com emoções.

A GRANDE ALIANÇA

Em seguida, afirmou que, na falta de registro cuidadoso e raciocínio analítico, essas "fortes reações de significado" nos predisporiam a desenvolver o que ele chamou de "correlações ilusórias" e, portanto, nos levariam a conclusões erradas.

O professor Chapman explicou que, quando olhos grandes apareciam nos desenhos — especialmente quando acompanhados do rótulo de paranoia —, fixavam-se em nosso consciente por razões biológicas e psicológicas. Tanto nos humanos quanto nos primatas e outros animais, os olhos parecem maiores quando sentem medo — o aumento dos olhos em situações de medo está provado por pesquisas sobre expressões faciais. Nossas expressões faciais não só estão geneticamente baseadas e fisicamente inscritas em nosso sistema nervoso, como também testemunhamos esses padrões musculares faciais ao longo de toda a nossa vida.

No teste, quando uma figura de olhos grandes tinha o rótulo de "paranoia", o professor Chapman afirmou que ela evocava em nós uma forte reação de significado. Isso ficou evidente.

Entretanto, como não estávamos registrando as imagens uma por uma, tínhamos menor probabilidade de lembrar (1) todas as vezes que olhos grandes não vinham associados ao rótulo de paranoia ou (2) todas as vezes que olhos pequenos vinham associados à paranoia. Como a tarefa de analisar todas as imagens era bastante complexa, tendemos a lembrar da correlação que se destacava — no caso, entre olhos grandes e o rótulo de paranoia.

Por outro lado, como estávamos sendo distraídos pelas fortes reações de significado e não fizemos registros nem examinamos os dados com cuidado posteriormente, não pudemos descobrir a relação verdadeira nos dados — presumindo que essas correlações existissem.

Naturalmente, em nosso teste em classe, como os rótulos de diagnóstico foram atribuídos aleatoriamente aos desenhos, não havia nenhuma correlação verdadeira a ser encontrada nos dados.

Em resumo, é factualmente verdade que a expressão facial de medo na vida cotidiana está associada a olhos grandes. Entretanto, pacientes com paranoia em geral não desenham a si mesmos com olhos grandes com mais frequência que os pacientes com outros diagnósticos. Na falta de registros formais de dados, tendemos a criar correlações ilusórias e tirar conclusões errôneas.

Uma das principais razões pelas quais me tornei cientista profissional e aprendi a incorporar uma perspectiva científica em minha vida particular — aqui chamada de autociência — foi minimizar a possibilidade de estimular correlações e conclusões ilusórias em qualquer aspecto de minha vida profissional ou pessoal.

Agora você entende que não tive a menor intenção de ser tolo, de me iludir ou enganar você, especialmente em algo tão importante quanto a possibilidade da existência de espíritos e seu papel em nossa vida individual e coletiva.

A AUTOCIÊNCIA COMO PROTEÇÃO CONTRA A ILUSÃO

Ninguém está livre de fazer correlações ilusórias. Sei por experiência própria que a melhor maneira de minimizar essa tendência da mente humana é utilizar conscientemente os instrumentos analíticos oferecidos pela ciência contemporânea.

Essa foi uma das grandes contribuições de René Descartes à filosofia, à ciência e à vida. Ele percebeu a importância de explorar os métodos da ciência para reduzir a probabilidade de nos iludirmos e enganar os outros.

Você pode estar se perguntando se a ciência às vezes contribui para produzir correlações ilusórias. Sim, mas apenas se aplicada de um modo não científico, caso em que é, portanto, má ciência.

Deixe-me explicar o que quero dizer.

Se um cientista coleta dados com cuidado, mas não seletivamente — procurando dados que confirmem suas crenças ou hipóteses e ignorando dados que as questionem ou desmentem —, aumenta a probabilidade de criar correlações ilusórias em vez de eliminá-las. A chave aqui não é evitar ou desprezar dados simplesmente porque eles não confirmam nossas hipóteses ou crenças.

A GRANDE ALIANÇA

Isso lembra a ideia do doutor Carl Sagan sobre a essência da ciência, relatada no Apêndice B.

Quando decidi escrever *A grande aliança*, não tinha plena noção da existência das correlações ilusórias.

Concluí que as evidências reportadas neste livro — que cientificamente se chamam "provas de conceito" — não são ilusórias, e que existe uma forte promessa de que, no futuro, a ciência possa validar e ampliar a premissa fundamental deste livro.

Sim, um descrente renitente pode concluir que a existência dos espíritos é uma ilusão e que, portanto, é tolice pensar que eles possam nos ajudar individual e coletivamente.

Entretanto, eles só podem chegar a essa avaliação desprezando muito do que foi relatado neste livro, julgando injustamente o que foi apresentado como evidência de correlações ilusórias.

Como os descrentes provavelmente têm muito do que se queixar sobre este livro, é prudente lidar com a questão do ceticismo saudável ou destrutivo. Sobre isso, convido você a ler o Apêndice D.

APÊNDICE D

CETICISMO SAUDÁVEL E DESTRUTIVO
SOBRE OS ESPÍRITOS

*Cético não é aquele que duvida, mas que investiga
e pesquisa, ao contrário daquele que afirma
e pensa que descobriu.*

— Miguel de Unamuno —

A questão política se impõe: as evidências exploratórias inovadoras relatadas neste livro constituem justificativa suficientemente convincente para defender a criação de um programa de pesquisa dedicado a responder à questão científica fundamental: os espíritos existem e podem desempenhar um papel importante em nossa vida pessoal e coletiva?

No todo, há razão suficiente para levar este trabalho adiante?

Estabelecemos claras provas, se não de probabilidade, ao menos de possibilidade?

Sua resposta a essa questão política vai depender do fato de você ser um crente convicto, um agnóstico inseguro ou um descrente inflexível.

Por favor, leitor, esteja prevenido de que a linguagem deste apêndice vai se tornar desagradável quando discuto o ceticismo exagerado. Para honrar nossos espíritos, olhando honesta e justamente no espelho, tentei retratar o estilo de lógica e de linguagem dos céticos com clareza e precisão.

GARY E. SCHWARTZ

A SITUAÇÃO DO CRENTE CONVICTO

Se você já é crente, as evidências exploratórias inovadoras relatadas neste livro vão lhe parecer válidas e você talvez sinta alívio e entusiasmo.

Para você, o copo está meio cheio e pode ser completado agora. Provavelmente você não precisa de mais pesquisas, pelo menos em termos de crença, mas pode desejar que elas sejam conduzidas se puderem nos ajudar a aumentar nossa capacidade de nos conectarmos eficiente e seguramente com os espíritos e nos beneficiarmos dessa colaboração.

Você talvez deseje pesquisas mais definitivas para poder mostrar à sua família e seus amigos, que se mostram inseguros ou incrédulos, que suas crenças estão corretas. Talvez você tenha sido provocado, criticado ou rejeitado por suas crenças, e isso quase sempre é emocionalmente doloroso.

Alguns de vocês podem já estar explorando o papel dos espíritos em sua vida, e este livro pode inspirá-los a novas explorações.

A SITUAÇÃO DO AGNÓSTICO INSEGURO

Se você é um agnóstico inseguro, pode continuar se sentindo confuso, mas agora percebe para onde as pesquisas exploratórias apontam. Sua reação é provavelmente como a minha: "Se pudermos obter respostas de uma maneira ou de outra, vamos em frente!".

Sentir-se inseguro — especialmente sobre algo tão fundamental como a ajuda dos espíritos — é uma experiência desagradável. Como você não está predisposto contra as observações relatadas neste livro, e porque a tese da existência dos espíritos não o desagrada (lembremos a metáfora das ostras), você provavelmente verá além das limitações inerentes do atual estado da ciência, que está essencialmente na infância, e enxergará sua grande promessa.

Como está aberto aos possíveis resultados positivos desta pesquisa, pode entender e valorizar meus esforços para escrever este livro de

A GRANDE ALIANÇA

uma maneira organizada e ao mesmo tempo leve, para que pudesse ser lido e compreendido por um público mais amplo.

Pode entender e valorizar o fato de eu ter evitado o excesso de detalhes sobre experimentos específicos ou procedimentos de análise, de modo que o todo não se perdesse em benefício das partes. Você não vai criticar este livro como se fosse um trabalho científico formal, porque percebe que esse não foi o objetivo.

Pode compreender que, juntas, as três áreas sobrepostas — (1) a pesquisa sobre a vida após a morte, (2) a pesquisa sobre a cura assistida pelos espíritos e (3) a pesquisa sobre os guias espirituais — dão conta da questão maior: "Os espíritos existem e podem desempenhar um papel importante em nossa vida individual e coletiva?".

Entende que a combinação dessas três áreas, e suas respectivas questões individuais, mostra que o todo é maior que a soma de suas partes.

Se, filosoficamente, você é um agnóstico ortodoxo como eu, será o primeiro a perceber que, embora o trabalho não represente, até a data, prova definitiva da existência dos espíritos e de sua ajuda, as evidências disponíveis representam justificativa suficiente para um aumento substancial das pesquisas. Fazendo isso, os cientistas serão capazes de repetir e ampliar essas intrigantes observações e possibilidades, e de determinar se elas se confirmam.

E, se elas se confirmarem — e desejo muito que isso aconteça —, você terá as evidências de que precisa para deixar de ser um agnóstico e se tornar um crente.

E pode ainda explorar a possibilidade de testar se os espíritos são capazes de desempenhar um papel em sua vida e se tornar um autocientista.

A SITUAÇÃO DO DESCRENTE INFLEXÍVEL

Mas se você é um descrente, e ainda por cima inflexível, pode achar que tudo o que apresentei não tem nada de convincente, mas, ao contrário, lhe parece ridículo, se não uma piada.

GARY E. SCHWARTZ

Na verdade, para os céticos fervorosos, a simples ideia deste trabalho já é absurda. (A linguagem intencionalmente utilizada aqui reflete o estilo intenso e dogmático que os céticos ardorosos costumam utilizar contra esse tipo de trabalho.)

Se você é um descrente e de fato leu este livro, seus sentimentos podem variar da incredulidade diante de minha audácia de apresentar evidências frágeis baseadas em experimentos falhos e tendenciosos, a questionar meus motivos e até rir de mim e de meus colegas com descrédito e aversão.

Alguns de você podem até questionar a ética e a moralidade de meus atuais patrocinadores — a Universidade do Arizona e o Canyon Ranch — por terem permitido que a pesquisa fosse conduzida.

Além disso, alguns de vocês podem questionar minha sanidade por acreditar na possibilidade de que uma pessoa falecida, como Susy Smith, continue falando comigo e faça isso dentro de uma estrutura que chamo de autociência, algo que vocês com certeza rotularão de falsa ciência ou charlatanice.

Se você não é um descrente fervoroso — mas, ao contrário, um crente ou um inseguro —, pode achar essas afirmações injustas e até mesmo mentirosas.

Como as hipotéticas afirmações dos descrentes foram proferidas contra mim, serei direto em minha resposta.

Tais afirmações são de fato injustas e estão distantes da verdade a ponto de beirar o patológico.

Naturalmente, você percebe que, como sou eu quem está escrevendo este livro, e propositalmente desempenha o papel do descrente, acabei de escrever todas essas coisas injustas e mentirosas sobre mim!

Acredite ou não, entendo e valorizo a mente do descrente.

Como fui educado para ser um dos céticos, posso me colocar no lugar deles e jogar o jogo do ceticismo — para ser honesto, a verdade é que, para alguns deles, trata-se ao mesmo tempo de um jogo e de uma profissão remunerada.

Conheci vários céticos profissionais e até cheguei a receber um de seus infames prêmios anuais. Em 2001, fiquei sabendo que fui

A GRANDE ALIANÇA

o vencedor de um prêmio chamado "Pigasus"[16] ou "Porco Voador" (uma referência sarcástica ao prêmio Pegasus), por ser o cientista "que disse ou fez a coisa mais idiota relacionada com o sobrenatural" e por "testar" médiuns "apesar das súplicas de seus constrangidos amigos e colegas na Universidade do Arizona". Essas citações foram extraídas do enunciado verdadeiro do prêmio.

O "prêmio" foi em parte uma tentativa de humor. Entretanto, o comentário sobre as súplicas, além de outras afirmações, foi na verdade um exagero grosseiro, quando não evidentemente falso.

A acreditar nos descrentes, este livro é pior que uma fraude. Trata-se de uma iniciativa perigosa, porque estimula pessoas ingênuas a acreditarem no equivalente a Papai Noel ou Coelhinho da Páscoa. *A grande aliança* induz as pessoas a crerem em mitos e superstições desmascarados pela ciência, uma desgraça para os métodos e descobertas responsáveis da ciência.

Se esses comentários lhe soam extremos, ou até ferozes, é porque tento imitar a fervorosa linguagem do descrente.

Embora isso não me agrade, às vezes — como sabem os bombeiros experientes —, para conter um incêndio perigoso, é preciso responder com fogo. Lutaremos brevemente fogo contra fogo.

O que muitos descrentes nos querem fazer crer é que não são incrédulos, mas, ao contrário, se professam, quase sempre com beligerância, verdadeiros céticos. Proclamam em alto e bom tom que têm a verdade ao seu lado e as melhores intenções no coração.

Já acreditei que sua proclamação fosse genuína, mas não acredito mais.

É essencial lidar com a questão do ceticismo neste livro porque é necessário distinguir os céticos verdadeiros dos pseudocéticos, e os genuínos exploradores dos dogmáticos, porque esses dois grupos enxergam as evidências de maneiras diferentes.

---

16 O nome do prêmio contém um trocadilho com Pegasus, o cavalo alado da mitologia grega, usando a palavra "*pig*", que significa "porco". (N.T.)

A mente questionadora é uma coisa notável, e acredito que ela deve ser valorizada. Na verdade, a mente questionadora pode ser um de nossos maiores e mais importantes dons, uma coisa sagrada.

Apesar de tudo, lembro-me de uma afirmação prudente: "Moderação em tudo, inclusive na moderação", que estendo para o questionamento: "Questionar tudo, inclusive o questionamento de tudo".

Vamos analisar brevemente o lado luminoso e o lado escuro do que se chama de "ceticismo" e deixar claro como cristal quando o ceticismo é verdadeiro e saudável e quando é falso e se torna perigosamente patológico.

O QUE É O CETICISMO VERDADEIRO E SAUDÁVEL?

Existe um ceticismo honesto e saudável — ou seja, crítica e questionamento responsáveis — que é essencial para diferenciar fato de ficção e compreensão de fantasia. Sendo filosoficamente um agnóstico ortodoxo, tenho paixão pelo ceticismo como expressão de questionamento sadio.

Concordo com Einstein que "a imaginação é mais importante que o conhecimento". Entretanto, devo fazer uma advertência importante.

Comparados a teóricos como Einstein, os cientistas de laboratório têm a responsabilidade de saber a diferença entre fantasias e explorações imaginativas conectadas ao mundo real.

Os teóricos focam na imaginação, e os pesquisadores, nas evidências. Embora Einstein se concentrasse na imaginação, também se preocupava profundamente com as evidências.

Os espíritos existem ou são fantasia?

Teorias e especulações sobre os espíritos — pró ou contra — só são significativas quando nos ajudam a descobrir cientificamente se eles são reais ou não. E, embora aprecie o processo de imaginar e teorizar, é de minha natureza realizar experimentos.

Embora ame as ideias, adoro as evidências.

Para mim, conceber experimentos e analisar dados é uma experiência estimulante, em especial quando os dados são surpreendentes.

A GRANDE ALIANÇA

Além disso, o desafio de considerar todas as possíveis explicações sem preconceito, e imaginar maneiras de determinar qual ou quais delas dão conta da maior quantidade de dados, é para mim tão divertido quanto ler grandes romances policiais.

Quem pretende levantar questões e críticas sobre a pesquisa científica deve fazer seu dever de casa e conhecer as investigações exploratórias, assim como os experimentos formais e suas descobertas. A expressão "não ver a floresta pelas árvores" é especialmente importante quando há uma verdadeira floresta de experimentos e observações exploratórias inovadoras, como neste livro.

Na verdade, não podemos avaliar com precisão se as evidências emergentes são coerentes com a hipótese da existência dos espíritos, a menos que examinemos o todo e tentemos ver o quadro mais amplo.

Não queremos nos colocar no lugar da amante de George Seurat retratada no musical de Steven Sondheim, *Domingo no parque com George*, que via "tudo das partes, mas nada do todo".

Ao mesmo tempo, como alguém que aprecia as árvores e seus componentes, inclusive ramos, galhos, folhas, troncos, casca e raízes, tento não perder de vista as árvores — e seus componentes — em benefício da floresta.

Em outras palavras, um ceticismo honesto e responsável requer (1) não perder o todo em favor das partes e (2) não perder as partes em favor do todo.

Um ceticismo honesto e responsável exige aprender a analisar os dados da mesma forma que uma artista talentosa cria uma pintura. Vou explicar.

Parte do tempo ela foca nas pinceladas; outras vezes, afasta-se para ver o quadro mais a amplo que está tentando pintar. Uma coisa não pode ser alcançada sem a outra; é a dança dinâmica e criativa entre ver de perto e de longe que cria grandes pinturas. Nosso desafio é passar de um nível a outro, do todo às partes e de novo ao todo, e ter certeza de que estamos vendo *todo* o quadro, o que inclui os *buracos*.

Também é minha filosofia, em parte devido à minha formação em psicologia clínica e meu foco na saúde, preferir tratar as questões de pesquisa como pessoas: com gentileza, respeito e atenção.

Regra geral, os cientistas não são necessariamente direcionados. É compreensível que eles não sejam tão sensíveis emocional e espiritualmente quanto os profissionais de saúde. Isso se torna fundamental na pesquisa sobre a vida após a morte, na qual lidamos com pessoas com sentimentos e inteligência, mas que estão mortas.

Um dos lemas de nosso laboratório é: "Se existe, será revelado; se for falso, vamos encontrar o erro". Para pessoas de mente aberta e investigativa, a jornada em direção à descoberta é mais importante que o ponto de chegada.

Se a jornada de descoberta nos levar aos espíritos, porque eles realmente estão ali, então é para lá que vamos.

Se a jornada de descoberta nos afastar dos espíritos, porque ali eles não estão, é para lá que vamos também.

No momento, as evidências de investigações exploratórias indicam a possível (se não provável) realidade dos espíritos. Esperamos que você possa ver o quadro mais amplo que este livro apresentou e esteja disposto a aceitar a possibilidade de que não só os dados são verdadeiros, mas as implicações podem ser confirmadas em futuras pesquisas.

Mas, e se você não consegue aceitar os dados das investigações exploratórias — que considera impossíveis — e acha as implicações inconcebíveis e potencialmente repugnantes? Em outras palavras, se você for um descrente fervoroso?

O que você está prestes a ler é algo desagradável e tristemente verdadeiro. Embora eu preferisse não ter incluído uma discussão detalhada, a verdade é que este livro tem o potencial de evocar negatividade num grupo de críticos e, em benefício do trabalho e de sua integridade, precisamos lidar com ela de uma maneira mais completa.

A discussão vai ficar exaltada. Vamos combater fogo com fogo.

O QUE É PSEUDOCETICISMO E CETICISMO PATOLÓGICO?

Como disse o doutor Warren McCulloch: "Não morda meu dedo; olhe para onde estou apontando".

A GRANDE ALIANÇA

Infelizmente, há quem não só queira morder meu dedo, mas, em alguns casos, até minha cabeça.

Em vista da forte predisposição contra a possibilidade da existência dos espíritos, há uma alta probabilidade de que essas pessoas tenham acessos de raiva ao ler este livro.

O doutor Rupert Sheldrake criou um site dedicado a explorar a ciência do ceticismo saudável e destrutivo. Trata-se do *Skeptical Investigations*[17], que recomendo intensamente. Sheldrake faz a distinção entre "pesquisa e descoberta" e "dogmatismo e dúvida". Os que focam na pesquisa e na descoberta são verdadeiros céticos; os que se mantêm dogmáticos e negativos são os que praticam o pseudoceticismo. O uso que faço da expressão "pseudoceticismo" deriva dessa literatura.

Dogmáticos que são pseudocéticos costumam mostrar certas características, entre elas:

- expressam hostilidade, quando não malevolência, em relação a certas ideias e aos pesquisadores que as investigam;
- usam afirmações radicais, como "isso é impossível" ou "isso é falso";
- ignoram ou rejeitam informações importantes porque não apoiam seus preconceitos;
- procuram os ramos mais fracos ou quebrados, usando-os para concluir que não há floresta — em outras palavras, generalizando, usam detalhes insignificantes do experimento ou das evidências para desprezar a pesquisa como um todo;
- atacam a personalidade e os valores do investigador como meio de desacreditar suas descobertas;
- inconscientemente ou não, fazem falsas declarações sobre a pesquisa ou o investigador;
- em alguns casos, envolvem-se em atos antiéticos para distorcer ou destruir o laboratório ou a reputação do investigador.

---

17 www.skepticalinvestigations.org

GARY E. SCHWARTZ

Ao longo dos anos, suportei repetidas vezes esses ataques. Um pequeno número de céticos profissionais, assim como virulentos membros de organizações excessivamente céticas, já me acusaram de ser:

- ingênuo;
- negligente;
- tendencioso;
- irracional;
- desonesto;
- fraudulento;
- antiético;
- louco.

E não necessariamente nessa ordem. Alguns de seus comentários foram maliciosos, francamente falsos e merecedores de uma ação judicial. Um conhecido jornalista de ciências e falso cético, por exemplo, descartou sumariamente toda a pesquisa do livro *The afterlife experiments*, assim como meu laboratório e eu, quando meu nome foi citado num programa de televisão.

Cito a transcrição do programa de tevê (na época em que escrevi este apêndice, a transcrição completa estava disponível no site da CNN http://transcripts.cnn.com):

> *O doutor Gary Schwartz acredita na Fada do Dente, acredita em OVNIs, acredita em levitação, acredita, como digo, na Fada do Dente. Portanto não é um cientista confiável.*

Sim, ele disse "Fada do Dente" duas vezes. Seu pronunciamento foi feito no programa *Larry King Live* e foi assistido provavelmente por milhões de espectadores. Eu não estava presente para me defender.

Mesmo que acreditasse na Fada do Dente — o que não é verdade —, isso seria razão para rejeitar sumariamente uma série de experimentos científicos cada vez mais controlados em condições duplo-cegas, para investigar se um médium pode obter

A GRANDE ALIANÇA

informações precisas sobre os mortos sem fraude, tendenciosidade ou erro do experimentador?

Observe que essa crítica atacou a mim e minhas supostas crenças, e não as evidências decorrentes das pesquisas.

Vamos considerar brevemente o que os pseudocéticos poderão dizer sobre *A grande aliança*, e como uma terceira pessoa objetiva, que realmente conhece os fatos, poderá responder a eles.

Embora alguns de vocês possam achar que estou dando excessivo peso à minha defesa, a triste verdade é que, se não ilustrar a natureza dos argumentos e oferecer exemplos de incoerências, as falácias dos pseudocéticos continuarão incontestadas e tidas como válidas, quando não são.

Eu o advirto, leitor, de que o que escrevo abaixo, um retrato fictício, imita o estilo e o tom das críticas dos pseudocéticos ao nosso trabalho ao longo dos anos. Às vezes, a linguagem não é gentil e as imagens não são bonitas.

Embora nem todos os pseudocéticos sejam tão maldosos em sua linguagem, o estilo de certos jornalistas pseudocéticos de grande visibilidade, como o criador do prêmio Pigasus, é o mesmo.

Por favor, lembre-se de que estou dizendo propositalmente essas coisas maldosas sobre mim para ajudá-lo a entender seus comentários grosseiros. Mas, antes, um pouco mais de história.

O "DISSE ME DISSE" DOS PSEUDOCÉTICOS

O problema de corrigir as afirmações dos pseudocéticos é que isso exige tempo e energia. Além disso, a correção dos erros quase sempre é tomada na base do olho por olho, dente por dente, como o "disse me disse" num processo de divórcio.

Eis um parágrafo exemplar dos pseudocéticos, contendo muitos comentários errôneos e depreciativos, escrito pelo criador do prêmio Pigasus e publicado em seu site em 2001, seguido de um breve texto de correção e comentário preparado por mim. Ele expressa o tom e o estilo das críticas pseudocéticas, que imitei a título de ilustração.

GARY E. SCHWARTZ

Como sei que esse cavalheiro aprecia o humor (foi um comediante profissional muito engraçado), vou chamá-lo de senhor P (homenagem ao seu prêmio).

Como Schwartz admitiu que nunca fez um experimento duplo-cego, insistindo que, quando adotar esse modelo, vai melhorá-lo para "triplo-cego" — seja o que for o que ele quis dizer —, vou aguardar essa implementação de controles adequados antes de fazer novos comentários; não é preciso explicar algo cuja existência ainda não foi mostrada. O que ele fez até agora parece ser uma série de jogos e provas amadoras, sem qualquer valor científico.

CORREÇÕES E COMENTÁRIO

Antes de tudo, um de nossos primeiros experimentos conduzidos com um médium, terminado bem antes da demonstração do experimento na HBO em 1999, era duplo-cego e foi descrito detalhadamente num dos primeiros capítulos de The afterlife experiments.

O senhor P mencionou explicitamente esse experimento duplo-cego com "controles adequados", mas parece tê-lo esquecido ou ignorado e preferiu dizer falsamente: "quando adotar esse modelo" e "nunca". O projeto básico de um experimento triplo-cego mais sofisticado foi cuidadosamente explicado ao senhor P, mas talvez tenha sido complexo demais para que ele o entendesse. Quando o senhor P escreve "seja o que for que ele quis dizer", mostra que foi ele que não entendeu a necessidade científica de melhorar os controles duplo-cegos convencionais.

Quando o senhor P rotula nossa pesquisa de uma "série de jogos e provas amadoras sem qualquer valor científico", ilustra a linguagem radical, a predisposição para a descrença e o desdém implícito, típicos da tática de muitos pseudocéticos.

Infelizmente, se um cientista não responde às falsas alegações de pseudocéticos com correções adequadas de quando em quando, o leitor pode presumir que suas críticas são válidas, quando na verdade

A GRANDE ALIANÇA

não são. Às vezes, é necessário defender a verdade, mesmo que isso seja desagradável e desgastante.

Ofereço sete exemplos fictícios de possíveis críticas pseudocéticas para ilustrar como alguns indivíduos incrédulos podem reagir às posições assumidas neste livro: a premissa de que são oportunos e justificados mais esforços científicos para descobrir se os espíritos existem e podem desempenhar um papel importante em nossa vida individual e coletiva.

Para tornar esse hipotético "disse me disse" o mais impessoal e justo possível, os pseudocéticos fictícios são identificados apenas por números, e uma terceira pessoa oferece as correções e comentários.

Pseudocético nº 1

Essa pesquisa é totalmente exploratória. Mesmo uns poucos experimentos controlados são preliminares. Nenhum deles seria publicado em importantes jornais científicos. O doutor Schwartz generaliza a partir de frágeis evidências e faz sugestões radicais que ultrapassam os "dados". Não existe nada aí.

Correções e comentários

Essa é uma crítica claramente enganosa e infundada.

Primeiro, o doutor Schwartz enfatiza, nos dois primeiros capítulos, que as investigações foram exploratórias e de prova de conceito, e que a maioria delas não seria publicada em jornais importantes — embora algumas sejam suficientemente completas para ser publicadas em jornais especializados.

Ele passa muito tempo explicando ao leitor por que a riqueza de resultados, embora preliminares, merece séria consideração.

Depois de questionar a importância e a credibilidade dessas investigações exploratórias, o pseudocético generaliza e infere erroneamente que as evidências devem ser "frágeis". Isso sem dúvida se refere às investigações pessoais de autociência, que, por sua natureza, têm a função de sugerir futuras pesquisas científicas em laboratório.

Quanto à alegação de que o doutor Schwartz fez sugestões "radicais que ultrapassam os dados", os fatos indicam claramente que ele considera regularmente hipóteses alternativas e lembra o leitor de que suas conclusões são experimentais.

É uma prática típica dos pseudocéticos adulterar os parâmetros e interpretações experimentais para extrair conclusões negativas errôneas.

Pseudocético nº 2

Haja imaginação! Esse livro é um voo de fantasia, uma coleção de pseudoexperimentos desconexos e experiências pessoais que nos mostram que Schwartz está louco e irracional.

Correções e comentários

Esse pseudocético rotula as investigações e experimentos exploratórios de "desconexos". Parece que ele não apreciou nem entendeu o fluxo intuitivo da apresentação do doutor Schwartz, muitas vezes baseada em sua vida real.

Ele também rotula as investigações e experimentos de "pseudo", mas não nos revela seus critérios. Será que ele rotularia as investigações de imagens biofotônicas e do fotomultiplicador de silício como pseudo?

Na verdade, essas investigações realizadas no laboratório da universidade utilizam métodos básicos de ciência experimental.

Além disso, que critérios esse pseudocético usa para concluir que o autor está "louco e irracional"?

Será porque o doutor Schwartz enfrenta sistematicamente as questões controversas que surgem da pesquisa sobre a vida após a morte? Ou porque ele encoraja cientistas e o público geral a pensarem que tais investigações e experimentos exploratórios podem revelar uma propriedade fundamental do universo?

Não é louco nem irracional levantar questões legítimas, mesmo que controversas, quando elas podem ser levadas ao laboratório e submetidas a teste.

Pseudocético nº 3

Sim, Schwartz pode ser um bom contador de histórias, e até pintar um belo quadro com as palavras. Mas e daí? A pintura nasce da imaginação; não existe nela nenhuma realidade.

Correções e comentários

Esse pseudocético chega a uma abrangente e errônea conclusão de que "não existe nela nenhuma realidade". Acho que essa frase pode ser reescrita como "A realidade aqui não é a que eu gostaria de explorar".

Assim, ele encobre sua relutância ao chamar o doutor Schwartz de "um bom contador de histórias" e ao desprezar um grande conjunto de observações, investigações exploratórias e experimentos formais como simples voos da imaginação.

Se esse pseudocético estivesse genuinamente interessado em números e detalhes experimentais, poderia ter lido algumas das publicações científicas do autor sobre temas correlatos em jornais especializados.

Mas isso teria derrubado seu argumento.

Pseudocético nº 4

As pessoas com quem Schwartz trabalha são no mínimo tão excêntricas, para não dizer loucas, quanto ele. Como essa mulher que se chama Mary, por exemplo, sabe que está falando com santos e anjos? Cegamente, Schwartz toma as experiências dessas pessoas pelo seu significado visível e sucumbe à sua tagarelice *New Age*.

Correções e comentários

Esse pseudocético faz uma série de afirmações infundadas de que o autor toma "cegamente" as experiências das pessoas "pelo seu significado visível" e "sucumbe à sua tagarelice *New Age*". Para ser capaz de fazer essas falsas afirmações, esse pseudocético indica que

1. não leu o livro;
2. leu-o, mas não entendeu ou não lembra sobre o que o doutor Schwartz escreveu;
3. está sendo radical e generalizando demais, ou;
4. está mentindo.

Um bom exemplo: o doutor Schwartz relata várias vezes que questionou regularmente o que Mary dizia e alegava, e não tomou nada disso por seu significado visível.

GARY E. SCHWARTZ

O doutor Schwartz testou Mary sob várias condições experimentais.

Os pseudocéticos costumam fazer acusações infundadas sem informação, ou ignorar informações importantes que invalidariam seus argumentos.

Pseudocético nº 5

Schwartz está sofrendo a perda de sua avó adotiva e agarrando-se a qualquer coisa que possa indicar que ela continua existindo. Somos obrigados a aceitar sua palavra em muitas de suas alegações. Ele raramente nos mostra os dados brutos. Por tudo o que sabemos, ele está inventando, ou pelo menos lhe falta uma correta percepção da situação.

Correções e comentários

Esse pseudocético afirma que o doutor Schwartz está "se agarrando a qualquer coisa" em relação à possível existência de Susy.

Entretanto, ele não menciona a complexa combinação de razões que na verdade o levaram a pesquisar sobre a existência de Susy, inclusive o fato de que:

1. era seu desejo pessoal "provar que ela continua existindo";
2. ela escreveu trinta livros no campo da parapsicologia e da vida após a morte;
3. era uma autoridade reconhecida nesses assuntos.

Esse pseudocético está certo quando afirma que o doutor Schwartz raramente relata todos os dados brutos de uma determinada investigação exploratória. Afinal, trata-se de um livro acessível para o grande público.

O doutor Schwartz poderia sugerir aos céticos seus muitos artigos científicos e seus dados completos de pesquisa.

A suposição de que o doutor Schwartz possa estar imaginando tudo implica que seus colegas e sujeitos de pesquisa estejam fazendo o mesmo, um cenário altamente improvável.

A acusação de que possa ser uma percepção equivocada requer que o leitor ignore as investigações e experimentos em que o doutor

A GRANDE ALIANÇA

Schwartz ofereceu conteúdo real e acuradas interpretações. Os fatos claramente contestam essa acusação.

Pseudocético nº 6
Schwartz está sendo obviamente tendencioso. Ele diz ter tido experiências pessoais até mesmo de cura. Se Schwartz encontrou evidências negativas, provavelmente não as viu, nem as relatou ou compreendeu. Ele está iludindo a si mesmo e ao leitor com sua afirmação de que coloca todas as possíveis explicações sobre a mesa.

Correções e comentários
Esse comentário mostra como este pseudocético conhece pouco dos quase quarenta anos de trabalho do autor na ciência e na academia.

Ele afirma que, se o doutor Schwartz descobriu evidências negativas, "provavelmente não as viu, nem as relatou ou compreendeu". Os fatos indicam claramente o contrário.

O doutor Schwartz e seus colegas publicaram numerosos estudos negativos, inclusive o relato de uma mulher que alegava ter capacidades mediúnicas e cuja mentira eles descobriram em laboratório, assim como detalhadas análises que demonstram que os chamados *orbs* são quase inteiramente resultado de lentes baratas ou reflexos luminosos.

No próprio livro, o autor descreve numerosas observações negativas e fracassos experimentais.

E em cada um dos livros anteriores do doutor Schwartz, assim como neste, ele dedica páginas a um cuidadoso exame de hipóteses alternativas.

Pseudocético nº 7
Os céticos já apontaram falhas fatais em pesquisas anteriores de Schwartz. Agora ele apresenta uns poucos experimentos preliminares e casos ocorridos em alguns de seus experimentos e em sua vida pessoal, e temos que levá-los a sério? Quem Schwartz pensa que é?

Correções e comentários
Uma tática comum dos pseudocéticos é afirmar que certas imperfeições ou limitações numa dada investigação ou num dado experimento são "fatais".

GARY E. SCHWARTZ

Esse foi mais longe ao afirmar que as pesquisas anteriores do autor fracassaram fatalmente e que a pesquisa de seu novo livro é ainda mais fraca.

A acusação de falha fatal é séria e merece especial atenção. Para colocar essa afirmação em perspectiva, vamos rever uma grave falha relatada na internet, assim como na revista *Skeptical Inquirer*, e considerar se ela merece o rótulo radical de fatal.

Um conhecido pseudocético, o senhor P, observou que a tela que separava os médiuns dos sujeitos, na demonstração da HBO, tinha uma minúscula fenda, pela qual era possível ver o sujeito.

O senhor P e seus colegas pseudocéticos aceitaram imediatamente essa observação, alegando que ela mostrava o quanto o autor e seus colegas eram ingênuos e negligentes, e que isso podia explicar os resultados.

Ao anunciar que o doutor Schwartz recebera o prêmio "Porco Voador" de 2001, o senhor P escreveu:

> Um exemplo de seu fraco controle dos "experimentos" foi o fato de não conseguir "isolar cuidadosamente" um sujeito de um médium durante os testes — de modo que o médium não tivesse nenhuma informação sobre o sujeito —, e deixar de perceber o médium espiando a área adjacente. Quando isso lhe foi apontado, ele o ignorou como um fator sem importância. É preciso mais rigor científico.

Entretanto, o que o senhor P e seus colegas não mencionaram foi que, durante as sessões, os médiuns não estavam de frente para a minúscula fenda e só poderiam tê-la visto no momento em que se sentaram de frente para a tela.

O vídeo registra claramente que, durante as sessões, os médiuns estavam de frente para a câmera e nunca olharam para os lados para espiar pela fenda. Isso fica óbvio no documentário da HBO.

A GRANDE ALIANÇA

Você, leitor, acredita que é razoável concluir que um único e rápido olhar, no início de uma sessão, poderia explicar os resultados positivos de mais de 80% obtidos pelos médiuns em sessões que costumam durar de dez a quinze minutos?

Parafraseando o pseudocético nº 7, "Quem este pseudocético pensa que é?".

O senhor P e seus colegas pseudocéticos também não mencionaram os resultados dos eletroencefalogramas e dos eletrocardiogramas no experimento da HBO, que indicaram que, durante as sessões, os médiuns mostravam menos sincronicidade com os sujeitos.

Em outras palavras, durante as sessões, os médiuns pareciam menos conectados psicologicamente com os sujeitos, o que não confirma a interpretação do senhor P de que os médiuns estavam olhando pela fenda em busca de pistas visuais.

Finalmente, o senhor P e seus colegas pseudocéticos também deixaram de mencionar os resultados de outras investigações e experimentos relatados no livro, que usaram telas sem nenhuma fenda e sessões telefônicas de longa distância, provavelmente porque os resultados foram positivos e não confirmam seu argumento falho.

Quando lemos críticas escritas por pseudocéticos, é importante avaliar cuidadosamente o uso de afirmações radicais e generalizações; essas palavras são em geral um sinal de que algo não está correto.

A princípio, pensei em incluir outros exemplos, mas o necessário formato "disse me disse" se torna cansativo tanto para mim quanto para o leitor. Espero que os exemplos oferecidos lhe permitam apreciar melhor algumas das estratégias do pseudoceticismo em ação.

Aceito perguntas, críticas e comentários sérios? Claro, sob certas condições: desde que a pessoa que critica:

1. tenha feito seu dever de casa;
2. não tenha deturpado os fatos;
3. não tenha apresentado críticas infundadas de uma maneira pouco amigável, quando não maldosa, perdendo seu tempo e fazendo-me perder o meu.

GARY E. SCHWARTZ

Coloco meu foco na descoberta, não no dogma. Os alvos de minha devoção são a investigação e o questionamento cético verdadeiros, não os dogmas e menosprezos dos pseudocéticos.

Tendo dito isso, devo confessar que meu coração foge dos dogmáticos, especialmente quando eles não têm consciência de que estão sendo dogmáticos e pseudocéticos.

Meus alunos e eu publicamos mais de vinte artigos de pesquisa sobre psicofisiologia da autoilusão e da repressão em jornais importantes e livros acadêmicos. Sei como é quando alguém atribui a outros o que não consegue ver em si mesmo.

Como discuti no Apêndice C, testemunhei casos de autoilusão e repressão não só em certos pseudocéticos, mas até em psicólogos e psiquiatras.

A educação acadêmica avançada, assim como a psicoterapia, não garante necessariamente que a pessoa tenha uma consciência acurada. Ela requer monitoramento regular, um posicionamento não defensivo e um genuíno e persistente desejo de se conhecer. Exige a coragem para se olhar no espelho, enfrentar quem somos e ter a inspiração para mudar.

É por isso que questiono continuamente a mim mesmo e aos outros sobre nosso raciocínio, nossa sanidade e nossa integridade. Tenho consciência do risco da autoilusão e da repressão.

Se você perguntar a alguém: "Você está com raiva?", e ele responder, num tom incisivo e raivoso: "Não, não estou com raiva!", a incoerência entre o que ele diz e o que expressa não verbalmente é um sinal de que sua consciência de si pode estar debilitada.

Regra geral, os pseudocéticos não gostam que alguém seja cético sobre suas crenças. Quase sempre se tornam defensivos e raivosos quando suas ideias são contestadas, e isso se aplica tanto a acadêmicos ilustres quanto a pessoas de pouca escolaridade.

Os céticos saudáveis, por outro lado, apreciam o questionamento e a contestação saudáveis, e aceitam críticas gentis.

Apesar de admirar o questionamento e o ceticismo saudáveis, deploro o cinismo e o dogmatismo pernicioso.

A GRANDE ALIANÇA

Sim, vez ou outra fico furioso e me coloco na defensiva, mas o que provoca minha ira são acusações mal-informadas, tendenciosas e maliciosas, que desrespeitam a investigação honesta e a descoberta genuína.

Reitero que *A grande aliança* pode estar errada em alguns de seus detalhes, e meus colegas e eu temos total consciência dessa possibilidade.

Entretanto, as evidências que surgem das experiências, obtidas no laboratório da universidade e no laboratório da vida real, indicam a séria possibilidade de que pode haver um lindo bebê na bacia, e seria um crime jogá-lo fora com a água do banho.

CELEBRANDO A OPORTUNIDADE DE INVESTIGAR A HIPÓTESE DE *A GRANDE ALIANÇA*

Como mencionei anteriormente, o doutor Carl Sagan é um dos meus heróis. Trata-se de uma mente criativa e visionária, comprometida com a ciência e com a possibilidade de que o universo seja maior do que a maioria de nós imagina atualmente.

Você deve lembrar que o doutor Sagan disse algo que acalmou minha mente e tocou meu coração, citado no início dos apêndices. Ele disse: "Quando Kepler descobriu que sua crença mais cara não correspondia a observações mais precisas, aceitou o *fato desconfortável*. Preferiu a dura verdade à mais cara das ilusões; essa é a essência da ciência".

A esperança para a humanidade e este planeta é que todos nós tenhamos o potencial de aprender a aceitar fatos desconfortáveis e preferir a dura verdade às mais caras ilusões. Essa é a essência da ciência, nosso maior desafio e nossa mais admirável capacidade.

Temos a capacidade de ver além das ilusões, ir além de nossos sentidos limitados e, como disse Marcel Proust, ver com novos olhos.

É uma ilusão pensar que a Terra é plana. Ela só parece plana por causa de nossa visão limitada quando estamos na sua superfície.

É uma ilusão pensar que o Sol gira em torno da Terra. Ele só parece girar por causa de nossa visão limitada quando estamos parados na Terra.

GARY E. SCHWARTZ

É uma ilusão pensar que os objetos são sólidos. Eles só parecem sólidos por causa de nossa visão limitada quando vemos objetos físicos.

É uma ilusão pensar que o espaço invisível está vazio. Ele só parece vazio por causa de nossa visão limitada quando processamos as frequências luminosas usando as células de nossas retinas.

Só porque temos ilusões com nossos sentidos limitados não significa que sejamos incapazes de ir além deles. A história da ciência oferece repetidas — e eu diria definitivas — evidências de que podemos mudar nossa mente e, à medida que novas evidências surgirem e nos despertarem, ir além daquilo em que acreditávamos até então.

O que é ainda mais notável para mim é que todos temos a capacidade inata de aprender essa metalição, essa lição das lições. Temos o potencial de ver além de nossos limites biológicos, e podemos evoluir e transformar nossa consciência.

Apesar de amar certas ideias e temer outras, isso não significa que sejamos incapazes de abandonar crenças que há muito acarinhamos e adotar novas ideias, que a princípio podem parecer estranhas, incertas, gigantescas e estar além de nossa imaginação.

A história da ciência nos mostra que nossa mente e nosso coração podem fazer isso. Como escreveu Dave Palmer e cantou Carole King: "Posso ver que você mudou de ideia, mas precisamos de uma mudança de coração".

O grande mérito deste livro é que, se tudo aqui relatado for verdadeiro, seria natural acreditar que a vida está repleta de esperança, oportunidades, aventuras e descobertas. A hipótese de *A grande aliança* dá novo significado e propósito a esta vida e à vida depois dela.

Se tantos médiuns estiverem certos — e enfatizo o "se" —, Carl Sagan mudou de ideia sobre a vida após a morte e sobre uma realidade espiritual mais ampla. E o mesmo fez Harry Houdini (como mostramos no capítulo 14).

Apenas uma semana antes de escrever o primeiro esboço deste apêndice, dois médiuns voltaram a afirmar que Einstein quer falar comigo. E, o mais importante, quer falar com todos nós.

A GRANDE ALIANÇA

Esta manhã, quando trabalhava na versão revisada deste apêndice, um conceituado professor da Universidade de Telavive, em Israel, e sua talentosa intuitiva me ligaram para revelar extraordinárias evidências de que a intuitiva podia trazer à luz fórmulas físicas de Einstein e outros notáveis físicos falecidos que podiam ser cientificamente confirmadas.

Estamos dispostos a ouvir o que Einstein, Sagan, Houdini e incontáveis pessoas sábias e dedicadas têm a nos dizer, se ainda estiverem aqui? Estamos dispostos a ouvir Sophia, Michael, Gabriel e incontáveis guias espirituais e anjos sábios e dedicados, se eles ainda estiverem aqui?

Estamos dispostos a ouvir o Grande Espírito, a Fonte, o Sagrado, se Ele/Ela ainda estiver aqui?

Espero que, se a ciência futura revelar que eles estão aqui, sejamos capazes de honrar a visão e a sabedoria de Carl. Que sejamos capazes de abandonar a ilusão de que o mundo físico é tudo o que existe e aceitar a verdade de que eles estão aqui conosco e para nós.

Essa é a essência da ciência. E também de A grande aliança — *ciência e espiritualidade caminhando juntas*.

FATOS E ESTUDOS

Temas voltados a divulgação, pesquisa e estudos científicos do comportamento humano e de fenômenos paranormais.

Apometria – Uma nova abordagem da desobsessão
Dárcio Cavallini

Casos europeus de reencarnação
Ian Stevenson

Conexão – Uma nova visão da mediunidade
Maria Aparecida Martins

Crianças que se lembram de vidas passadas
Ian Stevenson

Eles continuam entre nós
Vol. 1
Zibia Gasparetto

Eles continuam entre nós
Vol. 2
Zibia Gasparetto

Fantasmas do tempo
Leonardo Rásica

Lembranças de outras vidas
Michael Newton

Mediunidade e autoestima
Maria Aparecida Martins

Mediunidade clínica
Maria Aparecida Martins e Thiago Crispiniano

Me leva nos braços - me leva nos olhos
Annamaria Dias

Reencarnação: vinte casos
Ian Stevenson

Sinais da espiritualidade
Leonardo Rásica

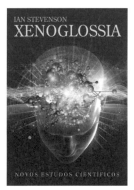
Xenoglossia – novos estudos científicos
Ian Stevenson

Projeção astral – o despertar da consciência
Liliane Moura Martins

Conheça livros de outras categorias no nosso site
www.vidaeconsciencia.com.br

Rua Agostinho Gomes, 2.312 – SP
55 11 3577-3200

grafica@vidaeconsciencia.com.br
www.vidaeconsciencia.com.br